# 新能源汽车及锂离子动力电池产业研究

郭 洪 刘婷婷 李 冕 著

东北林業大学出版社

Northeast Forestry University Press

·哈尔滨·

**图书在版编目（CIP）数据**

新能源汽车及锂离子动力电池产业研究 / 郭洪，刘
婷婷，李冕著. -- 哈尔滨：东北林业大学出版社，
2022.5（2024.4重印）

ISBN 978-7-5674-2768-6

Ⅰ．①新… Ⅱ．①郭… ②刘… ③李… Ⅲ．①新能源
—汽车工业—产业发展—研究—中国②新能源—汽车—锂
电池—电气工业—产业发展—研究—中国 Ⅳ.
①F426.471②F426.61

中国版本图书馆CIP数据核字(2022)第085496号

**责任编辑：** 刘天杰
**封面设计：** 海图航轩
**出版发行** 哈尔滨东北林业大学出版社（哈尔滨市香坊区哈平六道街6号邮编：150040)
**印　　刷：** 北京佳顺印务有限公司
**规　　格：** 170mm x 240mm　　1/16
**印　　张：** 12
**字　　数：** 280千字
**版　　次：** 2022年5月第1版
**印　　次：** 2024年4月第2次印刷
**定　　价：** 78.00元

如发现印装质量问题，请与出版社联系调换。（电话：0451-82113296 82191620）

# 前　言

新能源汽车产业作为我国重点发展的战略性新兴产业之一，加快培育和发展新能源汽车产业，是我国应对能源和环境挑战、推动传统汽车产业转型升级的紧迫任务，也是抢占未来竞争制高点、加快经济发展方式转变的战略举措。能源和交通是现代人类文明发展的两大基石。汽车是最重要的交通工具，能源的发展方向毋庸置疑是用风能、太阳能等新能源取代传统的化石能源。能将二者结合起来的纽带就是新能源汽车及其车载动力电池，在车载动力电池的选择上，现有的二次电池技术中，能量密度最高、综合性能表现最佳的锂离子电池是不二之选。

本书从新能源汽车产业理论介绍入手，针对新能源汽车主要技术、新能源汽进行了分析研究；另外对汽车能源结构优化与新能源车推广效益、新能源汽车高压安全与使用做了一定的介绍；还对新能源汽车的智能化、锂离子动力电池产业发展等进行探讨。与国内外同类书目相比，既有对新能源汽车本身关键技术的解读分析，也有对相关技术的解读分析、同时包含相关技术的发展趋势。希望本书能给新能源汽车、锂离子动力电池及其材料等产业领域的相关政府管理部门的工作人员、行业管理机构的工作人员、投融资机构分析师、奋战在产业一线的企业负责人及技术开发人员，以及其他感兴趣者带来一定的帮助。

在本书的策划和编写过程中，曾参阅了国内外有关的大量文献和资料，从其中得到启示；同时也得到了有关领导、同事、朋友及学生的大力支持与帮助。在此致以衷心的感谢！本书的选材和编写还有一些不尽如人意的地方，加上编者学识水平和时间所限，书中难免存在缺点和谬误，敬请同行专家及读者指正，以便进一步完善提高。

本书由云南大学郭洪，刘婷婷，李冕共同编写完成。

# 目 录

# 第一章　新能源汽车产业概况

## 第一节　新能源汽车产业的相关理论

### 一、新能源汽车

对新能源汽车的定义是新能源汽车是指采用非常规的车用燃料作为动力来源（或使用常规的车用燃料、采用新型车载动力装置），综合车辆的动力控制和驱动方面的先进技术，形成的技术原理先进、具有新技术、新结构的汽车。新能源汽车包括混合动力汽车、纯电动汽车（包括太阳能汽车）、燃料电池电动汽车、氢发动机汽车、其他新能源（如高效储能器、二甲醚）汽车等各类别产品。简而言之，新能源汽车即指在燃料或动力系统上与传统内燃机汽车有所区别的汽车。

### （一）混合动力汽车

混合动力汽车（Hybrid Electric Vehicles，HEVs）是指车辆驱动系由两个或多个能同时运转的单个驱动系联合组成的车辆，车辆的行驶功率依据实际的车辆行驶状态由单个驱动系单独或共同提供。因各个组成部件、布置方式和控制策略的不同，形成了多种分类形式。混合动力汽车是采用双动力驱动的汽车，即内燃机与电动机同时交替使用。其蓄电池可在内燃机工作时充电，同时也可以和纯电动汽车一样使用专用的充电口进行充电。混合动力车辆的节能、低排放等特点引起了汽车界的极大关注，并成为汽车研究与开发的一个重点，市场上的很多汽车均采用此种技术。

中国汽车产业紧跟国际新能源汽车发展形势，国内很多汽车生产商相继进入研发生产新能源汽车行列。中国最早的一款混合动力汽车是奇瑞公司生产的自主品牌混合动力车奇瑞 A5ISG。

比亚迪新款混合动力 F3DM 低碳版双模电动车上市，相比其他品牌新能源汽车，该款汽车拥有全球首创的 DM 双动力混合系统、纯电动（EV）和混合动力（HEV）两种模式自由切换等优点。在节能与新能源汽车商用车领域，福田汽车表现优异。福田汽车致力于节能减排新能源汽车的研发，不断开发出更节能环保的产品，并进入商业化运营。福田汽车生产的节能与新能源汽车覆盖卡车、客车和多功能汽车等多个领域，至今产销节能与新能源汽车近万辆，成为中国新能源汽车产销量最大的企业。福田汽车联合创新自主研发，采取柴油发动机结合动力电池的油－电混合动力技术路线，研发并正式批量生产 BJ6113C7M4D/BJ6123C7B4D 混合动力城市客车，该车被称为中国客车界"混合动力第一车"。

根据混合动力驱动的联结方式，混合动力系统主要分为三类。

一是串联式混合动力系统（Series Hybrid）：串联式混合动力系统一般由内燃机直接带动发电机发电，产生的电能通过控制单元传到电池，再由电池传输给电机转化为动能，最后通过变速机构来驱动汽车。在这种联结方式下，电池就像一个水库，只是调节的对象不是水量，而是电能。电池在发电机产生的能量和电动机需要的能量之间进行调节，从而保证车辆正常工作，这种动力系统在城市公交上的应用比较多，轿车上很少使用。

二是并联式混合动力系统（Parallel Hybrid）：并联式混合动力系统有两套驱动系统——传统的内燃机系统和电机驱动系统，两个系统既可以同时协调工作，也可以各自单独工作驱动汽车。这种系统适用于多种不同的行驶工况，尤其适用于复杂的路况。该联结方式结构简单，成本低。本田的 Accord 和 Civic 采用的均是并联式联结方式。

三是混联式混合动力系统：混联式混合动力系统的特点在于内燃机系统和电机驱动系统各有一套机械变速机构，两套机构或通过齿轮系，或采用行星轮式结构结合在一起，从而综合调节内燃机与电动机之间的转速关系。与并联式混合动力系统相比，混联式动力系统可以更加灵活地根据工况来调节内燃机的功率输出和电机的运转。此联结方式系统复杂，成本高。PRIUS 采用的是混联式联结方式。

1. 混合动力系统分为四大类

在现实生活中提及混合动力汽车时，更多的是按照其混合度的大小来进行判断。即根据，混合动力系统中，电机的输出功率在整个系统输出功率中占的比重，也就是常说的混合度的不同。根据混合度不同，将混合动力系统分为微混合动力汽车、轻混合动力汽车、中混合动力汽车和完全混合动力汽车四大类。

（1）微混合动力系统

微混合动力系统的代表车型是 PSA 的混合动力版 C3 和丰田的混合动力版 Vitz。从严格意义上来讲，这种微混合动力系统的汽车不属于真正的混合动力汽车，因为它的电机并没有为汽车行驶提供持续的动力。

（2）轻混合动力系统

轻混合动力系统的代表车型是通用的混合动力皮卡车。与微混合动力系统相比，轻混合动力系统除了能够实现用发电机控制发动机的启动和停止，还能够实现：①在减速和制动情况下，对部分能量进行吸收；②在行驶过程中，当发动机等速运转时，发动机产生的能量可以在车轮的驱动需求和发电机的充电需求之间进行调节。轻混合动力系统的混合度一般在20%以下。

（3）中混合动力系统

中混合动力系统的代表车型是本田旗下混合动力的 Insight、AccoM 和 Civic。与轻度混合动力系统不同，中混合动力系统采用的是高压电机。另外，中混合动力系统还增加了一个功能，即在汽车处于加速或者大负载工况时，电动机能够辅助驱动车轮，从而补充发动机本身动力输出的不足，从而更好地提高整车的性能。这种系统的混合程度较高，可以达到30%左右，目前技术已经成熟，应用广泛。

（4）完全混合动力系统

完全混合动力系统的代表是丰田的 PRIUS。与中混合动力系统相比，完全混合动力系统的混合度可以达到甚至超过 50%。技术的发展将使得完全混合动力系统逐渐成为混合动力技术的主要发展方向。

2. 混合动力汽车的优点

（1）采用混合动力后可按平均需用的功率来确定内燃机的最大功率，此时处于油耗低、污染少的最优工况下工作。大功率内燃机功率不足时，由电池来补充；负载少时，富余的功率可发电给电池充电。由于内燃机可持续工作，电池又可以不断得到充电，故其行程和普通汽车一样。（2）因为有了电池，可以十分方便地回收制动时、下坡时、怠速时的能量。（3）在繁华市区，可关停内燃机，由电池单独驱动，实现"零"排放。（4）有了内燃机，可以十分方便地解决耗能大的空调、取暖、除霜等纯电动汽车遇到的难题。（5）可以利用现有的加油站加油，不必再投资。（6）可让电池保持在良好的工作状态，不发生过充、过放，延长其使用寿命，降低成本。

尽管混合动力汽车具有较为明显的优点，但混合动力汽车也存在在长距离高速行驶状态下基本不省油的问题，因此混合动力汽车更适于在城市交通中使用。

## （二）纯电动汽车

纯电动汽车（Electric Vehicles，EVs）是指以车载电源为动力，用电机驱动车轮行驶，符合道路交通、安全法规各项要求的车辆。

纯电动汽车使用电动机提供动力，以电力为能源，将电池作为能源的存储部分，可以实现污染气体零排放且不依赖其他任何能源。纯电动汽车的大批量推广，能够在很大程度上解决能源与环境问题。

目前，纯电动汽车使用较多的是镍金属蓄电池和锂离子蓄电池。锂离子蓄电池具有体积小、能量密度与功率密度均较高、循环使用效率高达 90%、充电次数 1 000～3 000 次等优良特性，成为很多国家、地区、大型企业等的研发对象。

近年来锂电池的快速发展已经大大推进了纯电动汽车的发展，但是锂电池高昂的成本，电池的能量与功率较低还是限制了纯电动汽车代替传统汽车的步伐。在中国纯电动汽车多用于短途或者是小区域的小运量运输，如在城市公交、环卫汽车、邮政车辆、风景区、工业园、游乐园等。

纯电动汽车优点主要包括：

（1）污染气体零排放、噪声小；（2）汽车结构简单，易于维修和保养；（3）能量转换效率高；（4）平抑电网的峰谷差。

与此同时，纯电动汽车也存在蓄电池单位重量储存的能量太少，电动车的电池较贵，没有形成规模经济等缺点，因此制约了纯电动汽车的发展。

## （三）燃料电池汽车

燃料电池汽车（Fuel Cell Vehicles，FCVs）的工作原理是在汽车搭载的燃料电池中，使作为燃料的氢与空气中的氧发生化学反应，从而产生出电能启动电动机，进而驱动汽车。

燃料电池汽车的核心部件燃料电池采用能源的间接来源是甲醇、天然气、汽油等烃类化学物质，通过相关的燃料重整器发生化学反应间接地提取氢元素；直接来源是石化资源裂解反应提取的纯液化氢。燃料电池的反应结果将会产生极少的二氧化碳和氮氧化物，这类化学反应的副产品除了电能外主要是水，因此燃料电池汽车被称为"绿色的新型环保汽车"。燃料电池的能量转换效率比内燃机要高 2 ~ 3 倍，因此从能源的利用和环境保护方面，燃料电池汽车是一种理想的车型。

在世界范围内燃料电池技术已经取得了重大的进展。但是在开发燃料电池汽车中仍然存在着技术性挑战，如燃料电池组的一体化、提高商业化电动汽车燃料处理器和辅助部件等，汽车制造厂都在朝着集成部件和减少部件成本的方向努力，并已取得了显著的进步。

燃料电池的能量密度可以与汽油、柴油相比，所以行驶里程与传统汽车相当。虽然燃料电池汽车有良好的前景，但燃料电池的可靠性和稳定性都有待进一步研究与开发，故还处于小范围实验阶段。

燃料电池汽车具有以下优点：

（1）零排放或近似零排放；（2）减少了机油泄漏带来的水污染；（3）降低了温室气体的排放；（4）提高了石油经济性；（5）提高了发动机燃烧效率；（6）运行平稳、无噪声。

### （四）氢动力汽车

氢燃料汽车（Hydrogen Powered Vehicles，HPVs）是以氢为主要能量的汽车。一般的内燃机通常注入柴油或汽油，氢汽车则改为使用气体氢。燃料电池和电动机会取代一般的引擎，即氢燃料电池的原理是把氢输入燃料电池中，氢原子的电子被质子交换膜阻隔，通过外电路从负极传导到正极，成为电能驱动电动机，质子却可以通过质子交换膜与氧化合为纯净的水雾排出。

近年来，国际上以氢为燃料的"燃料电池发动机"技术取得重大突破，而"燃料电池汽车"已成为推动"氢经济"的发动机。用氢气作燃料有许多优点：首先是干净卫生，氢气燃烧后的产物是水，不会污染环境；其次是氢气在燃烧时比汽油的发热量高。在 20 世纪 70 年代，外国的科学家们就已设计出了能在马路上行驶的氢能汽车。中国也在 20 世纪 80 年代成功地造出了第一辆氢能汽车，可乘坐 12 人，储存氢材料 90kg。氢能汽车行车路远，使用的寿命长，最大的优点是不污染环境。目前常见的供给系统有 3 种：气管定时喷射式、低压缸内喷射式和高压缸内喷射式。随着储氢材料的研究进展，可以为氢能汽车开辟全新的途径。而最近，科学家们研制的高效率氢燃料电池，更减小了氢气损失和热量散失。

氢动力汽车的优点是排放物是纯水，行驶时不产生任何污染物。但氢动力汽车也存在一些较大的问题，如氢燃料电池成本过高，而且氢燃料的存储和运输按照目前的技术条件来说非常困难，因为氢分子非常小，极易透过储藏装置的外壳逃逸。另外最致命的问题是氢气的提取需要通过电解水或者利用天然气，如此一来同样需要消耗大量能源，除非使用核电来提取，否则无法从根本上降低二氧化碳排放。

### （五）其他类型汽车

除了以上几种主要新能源汽车之外，还有其他一些研发、生产、推广、应用规模均较小的新能源汽车。例如，天然气汽车、二甲醚汽车等。这类车辆一般是在传统内燃机的基础上针对气体的燃烧特性进行一定程度的改装，并在车身安装压缩气体罐取代油箱。其特点是改装程度较小，技术难点较低。

### （六）新能源汽车的标准体系

能源汽车标准体系是新能源汽车发展的一个重要影响因素。新能源汽车标准对新能源汽车技术方案的选择、研制、商品化及产业化的巨大影响力，促使各国都在原有传统汽车标准的基础上加快新能源汽车标准的制定与完善。制定新能源汽车的相关标准既能为新能源汽车产品质量提供技术保证，又可以规范新能源汽车生产企业的研发制造等环节，从而降低信息不对称，规范市场秩序。同时，通过制定新能源汽车的标准体系，促进新能源汽车产业化发展，有利于产业链延伸和发展，促进产业结构优化。

中国新能源汽车标准的制定工作是伴随着国内新能源汽车产业化发展而产生的，中国在选择制定新能源汽车标准时，主要依据国内新能源汽车产业开发和应用的趋势，并参考和借鉴国外相关行业性组织已出台的标准。中国对新能源汽车标准的制定工作始于1998年，这一年中国汽车标准化技术委员会成立了电动车辆标准化分技术委员会，正式开始研究制定中国的新能源汽车标准。

中国电动车辆标准化分技术委员会经过对国外新能源车辆标准化工作进行充分的分析和研究后，将新能源汽车分为纯电动汽车、混合动力汽车和燃料电池汽车3种类型并制定相应标准。政府提出中国要实施新能源汽车战略，推动纯电动汽车、插电式混合动力汽车及其关键零部件的产业化。由于电动汽车基础设施建设是电动汽车实现产业化的前提，所以，国家标准委员会积极开展电动车基础设施技术标准的研究工作。

## 二、新能源汽车产业联盟

### （一）产业联盟定义

20世纪80年代，产业联盟在发达国家和地区迅速发展，通过产业联盟这种新兴组织形式，联盟成员之间通过调整业务或合并等方式，能够实现资源配置最优化，从而获得单个企业无法获得的、持续的竞争优势。出于不同的观察视角，众学者对产业联盟的解释没有达成统一。西方理论中，较多学者将产业联盟称为企业战略联盟、产业技术联盟、合资等。

产业联盟是指合作企业采用供应协定、营销协定、技术许可生产、合资企业等方式进行长期合作，它优于正常的市场交易，但是此种合作还没有达到合并的程度。

产业联盟定义为产业联盟是合作企业为了实现优势互补、资源共享等战略目标，通过协议、合同等正式法律文件，使企业相互承诺和相互信任的一种合作活动，主要包括独家性合作生产、独家性购买协议、研发合作、互换技术成果协议、共同开拓市场等内容。

20世纪90年代，美国DEC总裁简·霍普兰德（J. Hopland）和管理学家罗杰·内格尔（R. Nagel）最早提出战略联盟概念，将战略联盟定义为两个或两个以上的企业或跨国公司，为了实现共同的战略目标所采取的共同合作、共担风险、共享利益的联合行动。

皮埃尔·杜尚哲（Pierre Dussauge）和贝纳尔·加雷特（Bernard Garrette）在《战略联盟》一书中，把企业战略联盟定义为：企业战略是两个或两个以上的企业，在保持各自独立性的基础上经历的长期合作关系。联盟以共享资源和能力为基础，以共同实施项目或者活动为特征。

西尔拉（Sierra）将产业联盟定义为，在相关行业中，处于行业领先地位的企业，在互为竞争对手的条件下成为伙伴关系，形成竞争性联盟。

产业联盟是指在某一特定领域中，以一个主导产业为核心，大量产权独立、地域分散、生产相同或同类产品或生产同一产业价值链上的不同产品的密切关联并分工的多个企业及高等院校、科研机构、中介组织等支撑机构，为了追求产业间的规模经济和范围经济效应，并形成强劲、持续竞争力而自发联合的一种新型产业组织形式，是一种企业间组织。

产业联盟是企业战略的一种特殊形式，具体表现在两方面：一是产业联盟有特定的产业目标，要解决产业共性问题；二是产业联盟成员数量较多，通常由产业中众多具有一定竞争优势的企业组成。

产业联盟是相关产业中的多个企业，为了抓住市场机遇，获得较大的竞争优势，通过协议合作、重新组建等方式，把企业的优势资源和核心能力集成在一起，形成一个半开放临时性组织，以共同完成某一关键项目的组织模式。

产业联盟是指地域相对分散、企业产权独立、生产产品相类似或者生产产品处在同一产业价值链上的，有着紧密关系的企业和组织，通过某种正式契约形成的集合，它是产业发展的新阶段。它具有特殊的效应和特征，其表现在：产业联盟是组织结构约束与灵活统一、竞争与合作统一的一种组织形式；产业联盟边界模糊化；产业联盟有固定的管理机构；政府是联系产业联盟企业的纽带；产业联盟不是垄断组织，也不是行业协会。

## （二）产业联盟分类

根据不同的分类标准，可以将产业联盟进行不同的分类，以下是产业联盟主要的分类方式。

将企业技术联盟进行划分，归结为5种类型：竞争型联盟——相互竞争的企业在某一特定的领域相结合，联合开发；交叉型联盟——处在不同行业的企业之间相互交换技术资源；短期型联盟——相关行业中，具有先进技术的企业同拥有市场优势的企业相互结合；开拓型联盟——多个企业提供自身具有优势的技术资源，共同开发新产品领域；适应环境型联盟——为了适应市场、技术更新等环境变化，同一行业的多个企业进行的联合。

根据企业在技术研究开发阶段选择的联盟伙伴的不同，将产业联盟分为以下 5 种类型：Supplier Alliance（与上游企业供应商合作，构成技术联盟）；Customer Alliance（与下游企业，或者产品用户合作，构成研发联合）；Comepetitor Alliance（与竞争对手合作，构成共同研发联盟）；Facilitating Alliance（与科研院校、政府等机构合作，构成共同研发联盟）；Complementary Alliance（与本企业技术方面紧密联系的企业合作，构成研发联盟）。

根据企业紧密程度，将产业联盟划分为 5 种类型：①股权联盟，是指处在相关行业的企业，以资本投入为基础，共同分担费用和风险，不参与经营管理的合作关系而形成的产业联盟。②契约型联盟，是指通过协议、合同等正式文件建立起来的相关企业间的合作关系。在这种方式的联盟中，成员的组织结构、资产规模和管理方式都不会发生变化，只通过协议进行合作。③非正式联盟，是指合作企业之间没有签订具有约束力协议的合作，而是以一种信任关系连接相互间的合作。④合资型联盟，是指相关行业的几家企业共同出资，成立一家新的企业，合作企业共享收益，共担风险的产业联盟形式。⑤国际联盟，是指欧美等国家的企业之间为了突破技术瓶颈，一起分担研发费用和风险建立起来的技术联盟。

根据产业价值链中企业合作伙伴的选择可以将产业联盟分为 3 类：企业可以在新产品开发过程中通过合作上游伙伴从事基础的、早期的研究阶段形成上游联盟；企业还可以通过联合下游企业获得生产、管理和市场营销知识形成下游联盟，从而实现商业上可行的技术到可销售的产品的过程；企业也可以联合其他技术企业共享资源和技术形成横向联盟，从而达到商业化的初期。横向联盟有多种形式，如品牌联盟、采购联盟、促销联盟、价值联盟等。上下游联盟可以统称为纵向联盟，即处于产业链上下游有关系的企业之间建立的联盟。这种联盟使处于价值链不同环节的企业采取专业化的分工与合作，利用企业自身的核心竞争能力与核心资源，发挥专业化的优势，通过联盟的长期稳定性创造价值。

随着产品市场竞争日趋激烈，越来越多的企业选择企业联盟这种组织形式，以增强自身企业竞争实力。但是，由于企业所处行业不同、规模大小不同、加入企业联盟的目的不同等，适合企业的联盟方式也是有差异的，企业应慎重选择联盟方式。

## （三）产业联盟特征

产业联盟不是某一个单一的企业法人，它是不同企业之间相互合作的一个整体，产业联盟主要具有以下特征。

### 1. 产业联盟以企业为主体

在产业联盟这种组织形式中，参与其中的所有企业均具有高度的独立性。产业联盟中可以有科研院校、政府等机构的参与，但是联盟的主体是企业。

### 2. 每个企业具有特定的目标

组建产业联盟的目的是实现一定产业目标，参与企业在各自保持独立性的条件下成立的这一组织，都有比较明确、具体的目标。参与成员的目标各有差异，但是总体上是统一的。

### 3. 开放的组织结构

参与联盟的成员范围广，数量多，并且还处于不断发展过程之中。产业联盟在发展过程中，不断有新成员加入，产业联盟规模不断扩大，有些联盟发展成为全国性甚至国际性联盟，如中国全国产业联盟——北京新能源汽车产业联盟和著名全球航空联盟——星空联盟。

**4. 固定的共同机构**

不同于地理产业集群与虚拟产业集群，产业联盟内部有固定的共同机构。该机构可以为研发机构、专业化机构等，通过这些固定的共同机构，持续地实现知识溢出效应及创新能力，提升企业竞争优势。

**5. 灵活的联盟关系**

联盟成员之间的合作关系不是企业间的市场交易关系，或者其他法律关系，而是企业成员之间优势互补的合作关系。不论产业联盟成员企业之间采取哪些合作方式，如建立合资企业、签订合作协议等，联盟成员的合作关系都限于一个或某几个特定领域。成员企业之间在合作领域内是合作关系，而在合作领域之外，各自保持经营独立。产业联盟成员企业合作关系不断发展，存续时间根据实际情况适当调整，灵活变动。

**（四）新能源汽车产业联盟**

新能源汽车产业联盟是产业联盟理论在新能源汽车企业中的应用，它具有一般产业联盟的特征，但由于目前理论界对于产业联盟有着许多不同角度的定义，新能源汽车产业联盟的概念也存在着不同的诠释方式。

本书中所指的新能源汽车产业联盟是指：由一个或多个新能源汽车整型生产企业与一家或多家汽车零部件生产企业以及相关专业化科研所（包括高校）之间，出于对共同市场的预期以及投入市场的回报率和相应投入风险的考虑，为达到利益共享、优势互补以各自达成特定战略目标，并最终获得良好的市场信誉，长期市场竞争优势等目的，在保持各自独立性的前提下，建立的以资源和核心能力互补为基础，以实现某些共同目标为目的的合作关系。需要说明的是，本书对于新能源汽车产业联盟的研究，是从新能源汽车整型生产企业的角度进行的，即对整型生产企业在产业联盟中的各项机制、策略的研究。

新能源汽车产业发展环境

# 第二节　新能源汽车产业发展环境

## 一、产业发展与国际竞争

全球金融危机之后，世界各国把加大科技创新和发展新型产业作为培育新的经济增长点、实现经济振兴、抢占新的国际竞争制高点的重要突破口。全球即将进入以知识为基础、信息和生物科技为主导，以新能源、新材料、微电子、生物科技、通信、计算机、机器人等为主要内容的创新密集和产业振兴时代。新一轮新型产业革命将改变人类生产和生活方式，推动全球形成新的产业链及市场，成为推动世界经济发展的主导力量。

现今，新型产业的发展和创新活动也已经由过去的一种单纯企业化行为，发展成一种政府职能化、政府推动和引导的社会化行为。历史经验表明，在新兴产业兴起并成长为主导产业的过程中，有的国家抓住产业更替的机遇后来居上，而有的国家因丧失机遇而衰落。以史为鉴，任何一个国家要跻身世界现今行列就必须在新兴产业领域取得突破，这是一条基本经验，也是落后国家获得跨越式发展实现后来居上的有效途径。

随着世界汽车工业的不断发展壮大，汽车工业在世界经济发展中的地位越来越突出，汽车工业逐渐成为很多国家的支柱产业，并对世界经济发展和社会进步产生巨大的作用和深远的影响。由于汽车产业在国民经济中占有重要地位，因此美国、德国、日本、韩国等汽车工业发达的国家十分重视汽车产业的发展，注重汽车产业发展方向，使之成为国家支柱产业。

中国汽车产业在20世纪90年代迅速发展，汽车产业规模快速扩大。中国汽车工业在GDP中占有较大比重，在国民经济中具有非常重要的地位。

汽车作为现代社会最主要的交通运输工具，一方面每天需要消耗巨量石油，给很多石油贫乏的国家造成资源压力，另一方面汽车排放的尾气含有多种污染气体，给大气造成严重污染。随着资源危机和全球大气环境的不断恶化，人们节能环保意识逐渐增强，研发生产以节能、环保为特征的新能源汽车已成为世界共识。

在新能源汽车领域，中国几乎与国际处于同一起跑线，中国启动了"863"计划电动汽车重大专项，关注新能源汽车产业发展。中国政府明确提出要加快培育发展战略性新兴产业。这不仅是立足当前应对金融危机，加快转变发展方式的重大举措，更是顺应新科技革命和低碳、绿色经济发展趋势，着眼长远抢占世界经济技术竞争制高点，实现中国经济社会可持续发展的战略决策。新能源汽车作为世界汽车产业发展方向，发展新能源汽车产业不仅能够解决能源安全，二氧化碳减排，国际金融危机等问题，更能够促进新技术革命，提升技术创新能力，带动产业升级，因此新能源汽车产业作为国家战略性新兴产业得到快速发展。

新能源汽车必定是汽车工业未来发展的方向，一个国家的新能源汽车研发生产水平决定了该国家未来在汽车领域的话语权。新能源汽车产业相关部门（政府、制造商、研发机构等）必须思考如何提高新能源汽车研发水平，加强产业竞争力，以在将来的新能源汽车领域占据一席之地。

## 二、新能源汽车产业技术创新与产业联盟

新能源汽车发展已有20年历史，由于新能源汽车产业技术复杂程度高，新能源汽车产业的技术研发需要掌握多种学科分支，而这样的技术只有很少几家企业掌握。产业联盟这种组织形式能够使成员之间通过调整业务或合并等，实现资源配置最优化，从而获得单个企业无法获得的、持续的竞争优势。因此，国内外新能源汽车产业技术创新主要采用产业联盟这样一个重要的组织形式来进行技术创新活动。参与联盟的企业协作克服与新能源汽车开发相关的共有风险，控制技术创新过程，并且可以获得产业创新最佳成果。

我国新能源汽车产业根据国内新能源汽车发展现状，众多汽车企业和研发机构等积极

发展新能源汽车产业联盟。我国第一个新能源汽车产业联盟——北京新能源汽车产业联盟成立，该联盟由北汽控股公司、北京公交集团、北京理工大学等单位共同发起。该联盟整合了国内新能源领域整车企业、零部件企业、科研院校等众多优势资源，联盟成员通过优势互补、合作创新，不断提升中国新能源汽车产业核心技术和创新能力。随着北京新能源汽车产业联盟的成立，国内其他省市纷纷建立新能源汽车联盟，重庆、上海、天津、广州、成都、湖北、吉林、浙江、安徽等省市都成立了各自的新能源汽车产业联盟，目前，中国已经建立了近40个不同类型的新能源汽车产业联盟。从国内新能源汽车产业联盟运行结果看，产业联盟是提升中国新能源汽车产业技术实力的一种有效组织形式。

在中国政府政策的大力扶持下，中国新能源汽车产业得到了较快的发展，自中国第一辆自主品牌的量产新能源汽车——长安杰勋进入市场。新能源汽车产业不断取得积极进展，置换技术达到先进水平，汽车企业积极投身于新能源汽车的研发生产。到目前为止，根据工业和信息化部车辆生产企业及产品公告，新能源汽车生产企业已经达到60多家，新能源汽车产品已经达240多种，新能源汽车示范推广试点工作取得积极进展的城市13个。

新能源汽车产业联盟为联盟内的汽车厂及零部件生产商提供了更大的发展动力和契机，使得联盟内的成员能够更好地发挥自身的作用，同时使得新能源汽车整车产品的生产能够高效进行。新能源汽车是中国汽车产业发展的重要方向，未来中国新能源汽车发展将更加成熟、规范。

# 第三节　中国发展新能源汽车产业的战略意义

汽车产业作为中国重要经济支柱，汽车行业必须顺应当今国际形势，紧跟现代汽车科技发展趋势，才能从容应对当今环境能源问题，并且在世界汽车产业中拥有自己的一席之地和话语权。发展新能源汽车产业不仅有利于保护环境、促进经济发展，而且更有利于促进社会和谐。下面将从供需两个层面来分析中国发展新能源汽车的战略意义。

## 一、供给角度的分析

### （一）龙头企业重点发展新能源汽车

新能源汽车产品大致分为混合动力、纯电动、氢燃料、燃料电池等几种类型。从发展情况看，混合动力车虽然具备节能环保的优势，有很好的省油效果，却难以驶入寻常百姓家，主要是因为目前的混合动力车省油不省钱，混合动力车省下的油钱不足以弥补其高昂的售价。发展氢动力车有很多局限：一是研发成本较高，据估计从研发到单车成本是5亿美元，再到投产成本会更高；二是氢燃料的存储和运输按照目前的技术条件来说非常困难；三是化学加氢站也是一个问题，所以普通老百姓能开上氢动力车好像是件很遥远的事情。相比之下，电动汽车技术相对简单成熟，只要有电力供应的地方都能够充电。目前国家主推的是电动汽车，电动汽车比氢能源车更现实一些。

北京的北汽控股集团纯电动汽车生产技术较为成熟，"北京牌" BE701 纯电动轿车已亮相，即将投入量产的"北京牌" BE701 纯电动车是搭载碳酸铁锂动力电池的纯电动车，经初步测试，该车最高车速为 160 km/h，最大续航里程为 200km。它作为北京新能源汽车的主要车型之一，目前北汽已经开发出多款纯电动商用车和乘用车，包括纯电动迷你商用车。

上汽集团作为国内新能源汽车先行者之一，紧跟产业发展趋势，与同济大学合作共同承担了国家 863 "电动汽车"重大专项，开始新能源汽车的历程，两者联合成立了上海燃料电池汽车动力系统有限公司。单从新能源汽车的发展路线上看，上汽集团一开始走的是以燃料电池和替代能源为主的技术路线。上汽集团成立了燃料电池汽车事业部，承担起上汽燃料电池汽车的研发和产业化、市场化工作，同时提出了燃料电池汽车"百千辆计划"。但认真观察了国际新能源研究走势后，上汽集团决定从燃料电池技术向混合动力和电池领域转移。燃料电池技术在全球产业化、商业化的难度过大，相反混合动力和纯电动汽车的技术更成熟，上汽集团目前做产业化主要是电动车和混合动力。上汽集团签署了入股新源动力及与大连化物所燃料电池战略合作协议，上汽集团作为新投资者出资 2 000 万元在上海设立全资子公司，全力开发新能源动力车。上汽集团明确新能源汽车产业化目标，向世博会提供跨越四大系统（纯电动、超级电容、燃料电池、混合动力）近千辆新能源车。上海世博会期间，上汽集团提供了 1 125 辆新能源汽车，技术上包括混合动力、纯电动、燃料电池、超级电容等多种方案，品种上包括轿车、大客车、观光车、出租车等多种样式。

以生产电池起家，在较短时间内快速成长的中国自主汽车品牌比亚迪，在这次新能源汽车浪潮中令世界汽车行业所瞩目。产业初期，比亚迪汽车就坚持走国际化路线，全力以赴投入纯电动汽车和 DM 双模电动车的研发和生产，其拥有的完全自主知识产权的核心技术——铁电池和 DM 双模系统均走在世界前列。凭借其精湛的电池技术，比亚迪早在 2005 年就凭借自身的电池技术优势开发出装备锂电池的福莱尔电动车。比亚迪以近 2 亿元收购了半导体制造企业宁波中纬，整合了电动汽车上游产业链，加速了比亚迪电动车商业化步伐。通过这笔收购，比亚迪拥有了电动汽车驱动电机的研发能力和生产能力。作为电动车领域的领跑者和全球二次电池产业的领先者，比亚迪将利用独步全球的技术优势，不断制造清洁能源的汽车产品。全球第一款不依赖专业充电站的双模电动车——比亚迪 F3DM 双模电动车在深圳正式上市。

中国著名汽车制造商长安集团，较早进入新能源汽车研究领域，长安汽车成功完成混合动力车改造项目。长安新能源汽车团队被纳入国家"863"项目，两年后成为"863"骨干团队，代表中国汽车参加国际新能源汽车展。长安集团生产的国内首款自主量产混合动力车长安杰勋 HEV 下线，并正式进入量产阶段。杰勋 HEV 汽车是国家"863"计划"电动汽车重大项目"的主要组成部分，在国家科技部、重庆市政府等各方的大力支持下，经过长达 6 年的艰苦攻关，杰勋 HEV 汽车研发成功，并且成为具有世界先进水平的量产车型。"环保、节能、让汽车可持续"是杰勋 HEV 的设计理念。奥运会期间，长安集团发运北京 20 辆长安杰勋，服务北京奥运。

奇瑞集团在 2000 年 7 月就开始了新能源汽车的研发历程，对混合动力汽车进行了初步调研与分析。奇瑞公司成立了"清洁能源汽车专项组"，专职负责混合动力汽车、替代燃料汽车等清洁能源汽车前沿技术研究与开发。

### （二）产业联盟为新能源汽车发展提供创新平台

新能源是一个新兴的领域，前期研发需要大量的资金和人力资源投入，同时，许多企业由于规模分散、重复研发等，形不成合力，使得中国新能源产业整体上较为落后。而产业联盟作为企业间互相协作和资源整合的合作模式，可以通过大范围的资源调配实现低风险，能在特定领域形成较大的合力和影响力，是实现企业优势互补、提高产业竞争力、实现超常规发展的重要手段。

中国最早于 2009 年 3 月成立汽车产业联盟，即北京新能源汽车产业联盟。由北汽控股公司、北京公交集团、北京理工大学等单位共同发起，在北京成立了国内第一个新能源汽车产业联盟。目前已有北京公交集团、中科院电工所、中信国安盟固利动力科技有限公司等 10 余家企业以及清华大学、北京理工大学等多所院校加入该联盟，产业联盟的成立有助于实现新能源汽车产、学、研、用的有效衔接。

随着北京新能源汽车产业联盟的成立，重庆、湖北、上海、天津、吉林、浙江、广州、安徽和成都等地成立了各自的新能源汽车产业联盟。

## 二、需求角度的分析

### （一）发展新能源汽车有利于节能减排

随着社会经济发展和城市人口的膨胀，中国很多大中型城市的交通均面临着诸多问题，其中比较突出的问题是城市空气污染、交通拥堵。拥堵的频繁发生和严重程度已经严重影响了城市的正常运转，给城市居民的工作和生活带来不便，衍生交通事故，加剧了城市环境污染。

目前，中国已成为全球最大的汽车生产和消费国，由此带来大量的二氧化碳等温室气体。中国现在及将来面临着节能减排的严峻挑战，随着汽车保有量的快速增长，道路交通体系消耗的燃料量持续上升，环境污染越来越严重。

交通工具的迅速增加加剧了城市的环境污染。目前，机动车污染已经上升为中国城市大气和噪声的主要污染源。在北京，汽车排放的一氧化碳、碳氢化合物、氮氧化物已占污染气体总排放量的 40% ~75%。特别是拥堵状态下对空气污染更加严重，由于堵车状态下汽车排出有害物质浓度比在正常行驶时高出 5~6 倍，交通拥堵就必然大大增加环境污染。

面临严峻的环境污染形势，发展以节能环保为特点的新能源汽车是中国汽车产业的必然趋势。积极发展、推广新能源汽车是解决城市环境问题的最佳选择。

### （二）发展新能源汽车促进产业成熟

中国经济快速发展，人们的经济生活水平不断提升，汽车已经成为人们日常生活的交通工具，为越来越多的普通家庭所拥有。随着石油危机多次发生，石油价格的不断上涨，人们对于能源汽车的关注逐渐提高，尤其是中国政府对于新能源汽车投入大量扶持资金，大额补助购买新能源汽车的消费者。得益于中央和政府的支持，新能源汽车产业在中国发展迅速，取得了很大的成绩。尤其在一些大型城市，其经济比较发达、人均收入较高、新能源汽车基础设施较好、接受力较强，在这些城市新能源汽车发展较快。

北京市拥有大量的潜在用户，可以为北京市新能源汽车产业发展提供市场，促进产业发展成熟。从私人购买的角度看，北京人均收入水平较高，人均汽车拥有量较高，汽车普及率较高，一大批淘汰旧车购买新车的消费者有承受能力、也有需求购买节能环保的新能源汽车。从公共事业用车的角度来看，北京市正在大力发展公共交通。

杭州是全国首批 13 个节能与新能源汽车示范推广试点城市之一，也是 6 个私人购买新能源汽车补贴试点城市之一。在发车仪式上，首批 30 辆纯电动出租车正式发车。这也标志着杭州市打造低碳城市、低碳交通，培育新能源汽车产业迈出了可喜的一步。

除了北京、杭州、深圳 3 个城市外，上海、重庆、武汉、大连等城市积极发展推广新能源汽车，不断完善新能源汽车产业基础设施等。这些举措对于新能源汽车产业的研发、生产、运营等起到了很大的促进作用，从而带动中国新能源汽车的整体发展。

# 第二章 新能源汽车主要技术

## 第一节 新能源汽车动力电池技术

动力电池系统由电池电芯和电池管理系统（Battery Management System，BMS）组成，主要为纯电动汽车、混合动力汽车及燃料电池汽车等提供动力支持，是新能源汽车的绿色心脏目前，动力电池系统无法满足新能源汽车大规模推广的首要矛盾在于能量密度、寿命、经济性三个方面无法取得完美平衡本节对国内外动力电池技术进行评析。

### 一、动力电池的分类

目前，可以作为车载动力源的电池类型很多，主要有铅酸电池、镍氢电池、锂离子电池（磷酸铁锂动力电池、锰酸锂动力电池、三元复合材料锂动力电池、钛酸锂动力电池、硅负极锂电池等）和燃料电池、超级电容器（锂离子复合超级电容器、石墨烯超级电容器等）等。

#### （一）动力铅酸电池

近二十年来，得益于汽车、通信、牵引车辆等市场快速增长的需求，铅酸电池在我国电池产业中所占比例最高；从技术上看，我国铅酸电池技术发展从无到有，通过自主开发和引进技术，在我国已形成了一个独特的铅酸电池分支产业群。

随着技术的进步，铅酸电池的污染已经变得很小，同时，铅酸电池相比锂离子电池成本优势明显，目前，铅酸电池除已广泛应用于通信、电力、不间断电源（UPS）与机车外，也已经成为电动自行车与微型/低速电动汽车的主流动力电池

#### （二）磷酸铁锂电池

磷酸铁锂动力电池主要以美国的 A123 和中国的比亚迪、力神、中航锂电等企业为代表；随着生产设备和工艺的提高，比亚迪 3.2V/200Ah 磷酸铁锂电池的能量密度目前已经逐渐提升到了 135Wh/kg，与此同时，磷酸铁锂电池一致性也明显提高。

#### （三）三元复合材料锂电池

此种电池电芯由三元复合材料制成，具有高度安全性、优异的电压一致性和长循环寿命等优点。

三元复合材料是最近几年发展起来的新型锂电正极材料，具有容量高、成本低、安全

性好等优异特性，其在小型锂电中逐步占据一定的市场份额，并在动力锂电领域具有良好的发展前景，三元复合材料综合了钴酸锂、镍酸锂和锰酸锂三类材料的优点，成为最具潜力的替代钴酸锂的正极材料。

特斯拉采用了松下的"18650型"镍钴酸锂三元锂电池 NCK18650，该电池的名义伏特数为 3.6V，名义最小容量为 2.75AH，重量为 45.5g，电芯的能量密度为 220Wh/kg。特斯拉通过对松下 NCR18650 电池的耐久性测试，发现即便是经历了 2 600 次的充放电循环，电池仍保持了 70% 的容量。

### （四）硅负极锂电池

硅负极锂电池是采用硅为负极材料的锂离子电池，理论上的能量密度比碳高出一个数量级，并具有良好的功率特性，不过因为充放电过程中材料形变大，容易粉化，严重影响使用寿命。

业界一直在进行硅负极的改性研究，之前，已经有厂商采用掺加合金方式而小幅度提高负极特性美国斯坦福大学及斯坦福国家加速器实验室的学者联合开发出了一种全新结构的锂离子电池用硅负极，使采用硅负极材料的锂离子电池具有比容量高、寿命长等特性。

采用硅合金负极材料的电池已经有日本公司量产，但是目前仍只是小幅度提升能量密度指标。

有技术潜力的硅负极发展方向包括硅纳米颗粒碳包裹技术、硅单晶技术等，这些技术的关键都在于解决内部应力对硅结构的破坏，硅负极电池能够解决动力电池瓶颈，其理论的能量密度可以解决目前制约电动车普及的续航里程问题，理论上可广泛适用于各类新能源汽车。

### （五）燃料电池

燃料电池是一种将燃料和氧化剂的化学能通过电极反应直接转换为电能的装置，是继水力、火力和核能发电之后的第四类发电技术。

燃料电池具有能量转换效率高、使用寿命长、比能量高等优点。

燃料电池包括氢燃料电池、甲烷燃料电池、甲醇燃料电池、固体氧化物燃料电池、熔融盐燃料电池和再生燃料电池等。

### （六）锌-空气电池

锌-空气电池以金属为负极活性物质，以空气中的氧气为正极活性物质，电解液一般采用碱性或中性的电解质水溶液。锌-空气电池具有高容量、高体积比能量和质量比能量、工作电压平稳、内阻较小和价格低廉等优点。国际上锌-空气电池的研制开发已经进入电动汽车应用阶段，日本三洋公司采用空气和电解液受力循环的方法，研制出 125V/560Ah 的动力型锌-空气电池，放电电流密度为 80mA/cm$^2$，最高可达 130 mA/cm$^2$。

### （七）锂-空气电池

锂-空气电池是一种非常有前途的电池技术，它可以显著地提高能量的储存能力，足以驱动电动汽车行驶里程500km，接近于汽油车的行驶能力。锂－空气电池技术（水系和非水系）仍然处于初始研发阶段，在比能量、安全性和费用方面，非水系的锂－空气电池表现出潜在的巨大优势，总的来说，锂－空气电池有非常高的理论比能量，在研究的初期阶段，锂－空气电池已经表现出比锂离子电池高出几个数量级的比能量。

### （八）锂离子复合超级电容器

这个技术是在超级电容的基础上，有一极采用锂离子的结构，与普通超级电容比，新结构兼备锂离子电池的结构优势。根据正负极置换锂电池结构不同，这种复合技术又分为锂离子超级电容器和超级电容锂离子电池。锂离子超级电容器保留了超级电容器长寿命的优势（一般而言，其寿命在10万次以上），借助锂离子结构将电压提高到3V以上（取决于材料选择和电解液的选择，目前的超级电容电压为2.5V或2.7V），这样能量密度可以大幅度提高1～2倍，预计可以达到50 Wh/kg。超级电容锂离子电池则更偏向锂离子电池，其能量密度略有损失，预计为90～120Wh/kg，但是，功率特性和循环寿命等指标有明显提升。

超级电容器适合混合动力汽车，而锂离子超级电容器可以将应用领域扩展到中短距离需要频繁充电的应用领域，如公交大巴。

### （九）石墨烯超级电容器

石墨烯超级电容器是采用石墨烯制备电极的超级电容器。石墨烯独特的二维结构用于电容器的电极材料，具有导电性好和比表面积高的优点，石墨烯超级电容器在实验室已经具有与锂离子电池相当的能量密度（实验室的能量密度达到170Wh/kg），功率密度方面保持超级电容的特征可以实现快速的充放电；：美国加州大学洛杉矶分校（UCLA）和日本物质材料研究机构（NIMS）各自都开发出了使用石墨烯作为电极，能量密度与二次电池相当的电容器。

石墨烯超级电容器具有高能量密度，并通过快速充电的方式可以解决动力电池瓶颈，如果能够解决成本问题，该技术可广泛适用于各类新能源汽车，成为动力电池的终结技术。

## 二、锂离子动力电池产业概述

锂离子动力电池产业包括上游锂电池材料碳酸锂行业，中游电池材料和下游锂电池生产厂商：

### （一）上游锂电池材料碳酸锂行业

一方面，由于规模化生产碳酸锂的企业必须拥有锂资源储量较为丰富的盐湖资源开采权，这使得该行业具备较高的资源壁垒；另一方面，由于全球盐湖绝大多数资源都是高镁低锂型，而从高镁低锂老卤中提纯分离碳酸锂的工艺技术难度很大，之前这些技术仅掌握在少数国外公司手中，这使得碳酸锂行业又具备了技术壁垒；因此，造就了碳酸锂行业的全球寡头垄断格局。

在自主研发盐湖提锂、提镁技术及生产工艺的基础上，我国一些大型化工企业近几年来在扎布耶盐湖和柴达木盆地深处开始建设碳酸锂、氢氧化镁等化工产品生产基地。目前，国内生产碳酸锂的企业主要集中在西藏矿业、中信国安、西部矿业集团、青海盐湖集团这四家公司，而西藏矿业和中信国安又占了其中绝大部分。

### （二）中游电池材料

锂电池材料可分为电极（正极/负极）材料、隔膜和电解液。正极材料是锂电池的核心，目前以锰酸锂、镍钴锰锂和磷酸铁锂为主。负极材料则以石墨、固体炭粒为主。在正负极中间则是电池电解液和隔膜。在锂电池产业链目前的产能比较中，锂电池正极材料的产能是最小的，这是整个产业链中最看好的一个环节。

1. 正极材料

国内外正极材料主要包括钴酸锂、三元材料和磷酸铁锂以及其他正极材料。据统计，中国锂离子电池正极材料市场份额增长迅速，近几年已占世界40%以上的市场份额，部分厂家的产品实现了出口。

（1）磷酸盐系列材料

由于磷酸盐系列材料具有比容量较高、安全性能较好、循环寿命较长以及原材料成本相对低廉的特点，是新能源汽车用锂离子动力电池的主要正极材料之一，目前对其开发和应用水平较高的国家是美国和中国。近来，日本也加快了对磷酸铁锂材料及其应用技术的研发工作。国内生产厂家众多，市场竞争激烈，但是只有少数厂家的产品能够满足车用动力电池的要求：

（2）尖晶石锰酸锂材料

尖晶石锰酸锂材料具有价格低廉、耐过充性好、放电平台高、倍率性能良好以及安全性能较好的优点，被认为是新能源汽车锂离子动力电池的理想正极材料之一，目前已在日本、韩国和中国开始批量生产应用。

（3）三元层状系列材料

三元层状系列材料是以镍锰或镍钴金属络合离子簇为骨架结构的层状正极材料，该材料体系具有良好的结构稳定性和热稳定性，是下一代高电压体系小型锂离子电池和中型锂离子动力电池的理想正极材料之一。目前，以三元层状材料为正极材料的中型锂离子动力电池的技术开发工作在我国新能源汽车产业技术创新工程中得到了大力支持。

2. 负极材料

负极材料以石墨为主。动力锂离子电池主要采用的负极材料包括人工石墨、天然石墨、中间相炭微球、硬炭和软炭等。与正极材料相比，负极材料占锂电池成本比重较低，国内已经实现产业化。负极材料的生产以日本与中国为主，约占世界总量的90%。目前，国内负极材料以人造石墨为辅，天然石墨为主，中间相炭微球（MCMB）次之，硬炭、软炭、钛酸锂及合金材料得到了初步应用。

3. 电解液

电解液由电解质锂盐、高纯度的有机溶剂和必要的添加剂等原料组成，对电池的比容量、工作温度范围、循环效率和安全性能等至关重要。国内电池企业的电解液配套已基本实现国产化。电解液占锂电池成本的5～15%，产品毛利率为25～30%。电解液企业的核心竞争力在于以添加剂为核心的配方，电解液行业具有重研发、轻资产的特点。电解质锂盐主要是六氟磷酸锂，占电解液成本的40%。

4. 隔膜

锂电池隔膜是除六氟磷酸锂之外唯一尚未完全国产化的锂电材料，我国生产电池隔膜的厚度和孔径的均匀度和国外相比还存在较大差距，国内所需的隔膜80%仍由进口满足，现有生产设备为低成本的单层聚烯烃拉伸隔膜生产线，主要供应中、低端市场，高端产品仍需依赖进口。

隔膜是锂电材料中技术壁垒最高的一种高附加值材料，毛利率通常达到70%以上，占锂电池成本的20%～30%。锂离子电池隔膜按制备工艺的不同主要分为干法和湿法两大类，主要区别在于隔膜微孔的成孔机理不同。目前国产化的隔膜主要为单层隔膜，分别是单层聚丙烯隔膜（干法）和单层聚乙烯隔膜（湿法），实现了批量生产和销售，产品主要应用于锂离子低端产品。另外，目前我国隔膜行业已在干法、湿法技术上实现突破，逐步实现产业化，进口替代空间打开。

### （三）下游锂电池生产厂商

近几年来，我国的新能源汽车锂电池产业发展十分迅速，主要以磷酸铁锂为主，生产能力仅次于日本。我国的汽车锂离子电池研发项目一直是国家"863"的重点项目，大部分材料实现了国产化，国内已自建和引进多条生产线，均已形成大规模生产。目前，国内唯一掌握车用磷酸铁锂电池组规模化生产技术的企业比亚迪，在世界上处于领先地位。

## 三、我国动力电池技术发展

### （一）现状

我国逐渐形成了产学研相结合的联盟体制，积极开展锂离子动力蓄电池的技术攻关，主要表现为以下三个层次的研究。

1. 锂离子电池的实用化

这方面的研究主要解决7个问题：高安全、高能量、高功率、电池集成技术、低成本、减轻资源和环境负担

2. 锂离子电池新技术的高性能化

为了扩大电池电力存储的范围，开发目前工程化产品达不到的高功率密度、高能量密度及低成本的电池原材料，需要解决5个问题：电池反应的快速化，高离子传导性材料开发，电化学窗口的扩大，负极的高容量—高输出率—低成本和正极的高容量—高输出率—低成本。

3. 创新电池系列的高性能化

研究内容是开发高能量密度且低成本的材料，与现有过渡金属氧化物不同的氧化还原反应的电池材料。例如，需要灵活使用硫系列化合物的活性物质（实现 Li/S 电池或使用金属锂负极电池等），探索高容量的正极材料和负极材料。

### （二）趋势

动力电池作为新能源汽车的关键核心技术，获得了世界各国政府的巨额研发资金投入，我国从第九个五年计划开始支持动力电池的研发工作，在目前制定的国家规划中，对其重视程度和支持力度前所未有，其中尤以能量型动力电池作为支持的重点。

目前，通过对相应技术进行攻关，我国动力电池技术水平得到了很大提升，自主研发出了用于混合动力汽车的高功率型动力电池和用于纯电动汽车的高能量型动力电池，形成了镍氢和锂离子系列车用动力电池产品。

随着电池技术的升级，正极材料主要以高电压的富锂锰酸锂电池为主，负极材料主要以石墨烯为主。

虽然锌－空气电池具有其他电池无法比拟的优势，然而由于锌－空气电池的正极采用多孔气体电极，工作时暴露于空气中，使锌－空气电池仍存在很多问题，限制了其商品化进程。未来需要从解决电解液"干涸"或吸潮及碳酸化和密封等方面进行改进，提高电池性能。

就全球锂离子电池布局来说，日本、韩国和中国厂商占据主导地位。目前，中国形成了以珠江三角洲、长江三角洲、北京－天津地区和中原地区为主的四大动力电池产业化聚集区域七从技术上看，日本企业仍然居于领先地位，其生产设备自动化程度高，中国和韩国的高端装备和技术均从日本引进，通过消化与吸收，不断完善和提高。近年来，中国和韩国迅速崛起，日本锂离子电池市场份额逐渐下跌。与韩国、日本构成世界"三强"，全球锂离子电池市场份额呈现中、韩、日三分天下的局面。

# 第二节　新能源汽车驱动电机技术

驱动电机是新能源汽车动力系统的核心关键部件，新能源汽车用驱动电机主要包括直流电机、交流异步电机、交流永磁电机和开关磁阻电机四类一本节对新能源汽车用驱动电机产品发展、技术现状与电机材料进行研究分析

## 一、发展概述

20 世纪 80 年代前，几乎所有的新能源汽车电驱动系统均采用直流驱动电机，因为其控制简单，且性能能够满足汽车日常运行要求。但是直流驱动电机必须有机械换向器，电机运行时换向器表面会产生火花，不仅换向器易损坏，而且产生较大的电磁干扰，这对电子化的电动汽车来说是致命的缺陷。随着电力电子技术、机械制造技术和自动控制技术的发展，交流异步电机、交流永磁电机和开关磁阻电机显示出比直流电机更优异的性能，直流驱动电机也逐步被这些电机取代。

新能源汽车驱动电机通常要能够频繁地启动/停车、加速/减速、低速或爬坡时要求高转矩，高速行驶时要求低转矩，并要求变速范围大。新能源汽车用驱动电机系统在负载要求、技术性能以及工作环境等方面有特殊的要求，具体要求包括如下几个方面。

（1）低速大扭矩，高速宽调速；（2）高密度、轻量化；（3）低成本；（4）高效率；（5）能够实现能量回馈；（6）控制精度高，动态响应快；（7）高可靠性与安全性。

### （一）国外发展概况

由于市场的限制及新能源汽车用电驱动系统的成熟度不够，国际上新能源汽车电驱动系统专门的供应商不多，一般由传统电机企业、汽车电子企业或电池企业拓展的供应商提供，目前，新能源汽车用驱动电机的市场正处于成长期，成熟产品已有应用，但还没有出现形成市场规模的产品，市场发展空间巨大。随着新能源汽车市场的发展，国外的驱动电机供应商会很快成熟，并以高端与系统级产品为主。

总体而言，美、欧开发的电动客车多采用交流异步电机，为了降低车重，电机壳体大多采用铸铝材料，电机恒功率范围较宽，最高转速可达基速的 2 ~ 2.5 倍。日本近年来上市的电动汽车大多采用永磁同步电机，电机恒功率范围很宽，最高转速可达基速的 5 倍，在功率密度、产品集成度方面具有较大优势。

### （二）国内发展概况

我国以纯电驱动新能源汽车发展作为汽车工业转型的主要战略取向，强调将重点支持驱动电机系统及核心材料等关键零部件的研发。近几年，我国新能源汽车呈现快速发展的趋势，乘用、商用的新能源汽车在驱动电机及相应的电控产品方面均有突破。

## 二、技术现状及评析

### （一）电机制造技术

近年来，从国际范围来看，先进驱动电机技术逐渐成为多学科综合发展的产物。以日本为例，目前其驱动电机在结构、材料等多方面进行了改进，涉及冶金、加工、绝缘材料、工程材料等多个领域安川电机开发出适用于纯电动汽车和混合动力汽车的"QMET Drive"驱动电机系统，并应用于马自达混合动力轿车；名古屋工业大学开发出了混合励磁电机，与目前使用的混合动力汽车永磁电机相比，该励磁电机稀土类磁铁的用量减半。

在欧美，博世、大陆等传统的汽车零部件供应商也利用技术优势对驱动电机进行改进和性能提高以大陆集团为例，已经研制出用于新能源汽车的电励磁同步电机此外，美国特斯拉汽车公司的 Moclles 纯电动汽车采用了异步电机，最大功率为 185kW，最高转矩为 270N·m。

我国大力研究和推广稀土永磁电机的开发及应用，尤其近年来高耐热性、高磁性能钕铁硼永磁体的成功开发及电力电子器件的进一步发展，促进稀土永磁同步电机研发向着高速、高转矩、大功率方向发展。

在面向分布式驱动平台方面，集成轮毂电机的电机车轮总成和轮边电机总成具有较大优势。汽车结构大为简化，制动能量回收也可以很直接地在轮毂电机驱动车型上得以实现。法国米其林（Michelin）开发出集成悬浮电机、驱动电机及减速机构的电动车轮；英国 Protean 轮毂电机采用一体轮结构；德国 Fraunhofer 轮毂电机集成了电力电子控制器。其他如 TM4 轮毂电机、三菱外转子轮毂电机等也达到了较高的技术水平。

目前，我国轮毂/轮边电机的研发仍集中在高校和研究所，实际车辆应用中采用轮毂电机的车型很少，其中具有代表性的是同济大学、清华大学和中国汽车工程研究院。

### （二）电机控制技术

从国外先进技术的发展趋势来看，车用驱动电机的发展相对传统电机行业所涉及的电气、电子、机械、材料等多领域发展的依赖程度进一步加强，驱动电机系统的共同合作提高的趋势越发明显近年来，国外相继推出了应用于不同车型的电驱动控制器和整车控制器，日本、美国和欧洲一些国家在此领域处于领先地位。在国家计划推动下，各大汽车厂商都推出了相关的控制系统和部件。

丰田 Camry 混合动力轿车采用集成控制单元 PCU，实现对其双行星齿轮排 THS 型混联式传动系统的协调控制。

本田公司开发的集成 PCU 已成功应用于混合动力汽车 CIVIC。动力电池电控单元与驱动电机电控单元集成在一起，而且各主要装置单独构成集成包，具有小型化、轻量化的优点。

美国通用汽车 VOLT PHEV 也采用集成控制单元（TPIM）实现对其双电机混联式传动系统的协调控制，可控制电动机与发动机的输出能量分配，并具有能量管理、再生制动、电池状态判断等功能。

在车用电力电子集成技术方面，我国学术界较早地关注了电力电子集成这一重要发展趋势，并成立了课题组，进行了专项研究。

### （三）电机产品价格分析

近年来，永磁材料的价格波动和特斯拉纯电动汽车（采用异步电机）的成功使驱动电机的类型问题成为新能源汽车及驱动电机行业的热门话题之一，下面对永磁电机和异步电机性能、价格方面等做简要分析。

1. 异步电机与永磁同步电机性价比

（1）异步电机

异步电机坚固耐用，生产技术成熟，通过矢量控制或者直接转矩控制以实现转矩的控制，一般能实现小于基速的恒转矩和大于基速的恒功率机械特性，速比（最高转速与基速的比值）一般为 2~3。

在早期新能源汽车研发中，异步电机应用比较普遍。通用公司早期的电动汽车 EVI 采用通用电气制造的异步电机驱动。该异步电机为常见的 4 极铝压铸转子，采用矢量控制；通用 EVI 异步电机系统的设计师现供职于特斯拉公司，或许这是特斯拉公司研发电动汽车用 4 极异步电机的原因之一。为了提高异步电机效率，特斯拉公司的异步电机采用铜压铸转子。

虽然异步电机有诸多优点，但其效率比永磁电机低 3% ~ 10%，高效区范围小于永磁电机，且体积较大。为此，不少新能源汽车异步电机通过提升转速来增加电机功率密度。在车速最高时，异步电机需要运行在 12 000 ~ 17 000rpm。

在异步电机价格方面，产业基础较为成熟，其价格主要受材料影响较大，其中以铜、硅钢、铝等金属材料作为其主要原料，因此异步电机价格总体上受金属材料价格变化影响较大。

（2）永磁电机

永磁电机具有效率高，功率密度高，功率因数大等显著优点，因此被广泛应用于新能源汽车驱动系统。

在国外车用永磁电机研究和开发中，日本成果较为显著。丰田公司陆续推出采用永磁电机驱动的混合动力汽车 Prius、Camry、Lexus，这几款产品销量在同类产品中处于领先地位。

我国车用永磁电机经过了几十年的发展，从技术研究向产品开发方向转变。由于我国稀土资源丰富，国内生产的永动电机性价比优势较大，在我国纯电动乘用车型中应用广泛，在电动客车应用中部分采用异步电机。在功率（转矩等级）、功率密度和效率方面，我国车用电机系统的主要技术指标已达到或者接近国际先进水平。

与异步电机相比，永磁电机在产业基础方面需要较大的投入，特别是在永磁转子制造、永磁电机集成方面需要增加生产设备：在材料方面，永磁电机除了铜、硅钢、铝以外，永磁材料的成本占永磁电机总成本价格的 15% ~ 20%。永磁电机功率密度、峰值效率、高效率区普遍高于异步电机，相同转矩和功率要求的永磁电机通常较异步电机更小，因此在价格上两者基本相当。

2. 驱动电机及控制系统成本影响因素分析

影响电机及其控制系统成本的因素主要有以下几个方面。

（1）原材料价格

电机及控制器的材料价格占电机系统总价格的 70% 以上，其中以硅钢片、磁钢、1GBT、电容器等占据超过 50% 的成本比例，因此，加快推进原材料和部件的国产化是降低产品价格的主要因素。

（2）生产成本

通过增加自动化生产设备的投入，提高产量，降低产品批量价格，成本降价空间为提高产品质量和一致性，降低售后服务与维修费用，成本可降低 5% ~ 7%。

当前丰田车用电机系统在效率等性能方面与满足规模化应用目标值的差距最小（仅为 10%），但在成本方面的差距仍然显著。满足大规模应用的车用电机系统成本目标值是 8 ~ 10 $/kW（即相当于当前内燃机的单位功率成本工业制造经验表明，扩大产能会降低单位功率成本，但要满足新能源汽车大规模应用，技术突破至关重要。

### 三、未来发展趋势

目前，车用电机驱动系统的发展趋势主要是永磁化、数字化和集成化，具体表现在以下几个方面。

（1）电机的功率密度不断提高，永磁电机应用范围不断扩大。（2）电机的工作转速不断提高，回馈制动的高效区不断拓宽。（3）电驱动系统的集成化和一体化趋势更加明显。（4）车用电驱动控制系统的集成化和数字化程度不断加大。（5）车用电驱动系统产业集群发展趋势不断显现。

## 第三节　新能源汽车电控系统技术

电控系统是新能源汽车的大脑，总体包括整车能量管理系统、再生制动控制系统、电机驱动控制系统、电动助力转向控制系统以及动力总成控制系统等。电控系统涉及各子系统功能的协调，对新能源汽车安全、稳定运行至关重要；同时，电控系统的设计水平还将间接影响到电池组的使用寿命。

在新能源汽车电控系统技术领域，国内外主要的汽车生产企业和零部件厂商都在积极参与电控技术的研究和开发，争夺新能源汽车电控系统的技术优势。

### 一、国外电控系统技术概述

日本丰田公司一直走在新能源汽车电控技术前列，主要产品包括 FT – EV Ⅲ、RAV4 和 Prius 等车型，其电控系统采用独立整车控制器的电控系统构架，包括电动车辆整车控制器、电池管理系统、电机管理系统和电动助力转向系统等。整车控制器接收驾驶员的操作信号和汽车的运动传感器信号，经过控制策略计算，通过左、右两组电机控制器和逆变器分别驱动左后轮和右后轮。第二代 RAV4 EV 车辆进一步增加了电池管理系统的充电速度和效率的提示功能，且车辆驾驶的能量管理可以依据司机不同的驾驶需求实现经济模式和动力模式的切换管理。Prius 混合动力则采用行星齿轮的混联结构，其电控系统与 EV Ⅲ 相似，还包含了独立的发动机控制器。后期车型更引进了发动机两极增压优化控制技术，进一步降低整车能耗。

日本本田公司的新能源车辆采用发动机 + ISG 电机同轴并联形式，实现混合动力驱动。该混合动力电控系统最新改进为将刹车踏板和制动单元设计成两个独立的部件，结构包括刹车板、无刷电机、减速齿轮和滚珠丝杆，提供高精度的液压控制和制动快速响应。新的制动能量、回收系统能量回收效率提高了 8%。此外，系统还根据液压压力的不同和电动机转速的变化来自动调节制动的强度。

美国通用汽车公司的 Volt 增程式纯电动车辆是其较为成功的车型。在电池电量充足时，车辆以纯电动模式运行，城市工况运行里程达 80km，基本满足城市通勤需求；当运行里程需要增加时，发动机和发电机将作为电能的提供者，为主驱动电机提供电能。

德国大众高尔夫电动车则采用一体化的电驱动系统，其核心部件包括重约80kg的电动机和变速器以及差速器、能量管理则通过集成于驱动系统中的高压脉冲逆变器进行，该逆变器内部集成了DC/DC转换器，与12V车载电源和充电设备一起构成了一套集成式的驱动单元。此外，如德尔福、大陆、博世集团和RICARD。等企业也推出了数款新能源汽车整车电控系统产品。

## 二、国内电控系统技术概述

我国汽车工作业发展迅速，已成为全球汽车制造业第一大国。新能源汽车电子控制技术作为汽车工业的核心竞争力之一，为我国汽车工业的转型升级提供了新的发展动力和契机。我国新能源汽车电控系统发展思路和国外的技术路线类似，覆盖的类型和车型也非常广泛。电控系统电池管理模块的设计和配置、整车控制网络构架和能量管理策略是新能源汽车电控系统的主要突破点。

深圳比亚迪汽车采用磷酸铁锂电池作为其所有新能源车辆的电能存储单元，其实行双模式驱动策略：在低速时为纯电机工作，高速和加速过程中发动机为电机助力。奇瑞汽车的新能源轿车覆盖了纯电动车辆、混合动力车辆和燃料电池车辆等领域，其电控系统采用"动力电池＋电驱动器＋电动化底盘＋常规充电设施"的解决方案，其小型电动车辆定位于代步车，通过匹配蓄电池的容量，优化了车辆的续航里程。

南车时代、天津松正公司、郑州宇通客车则将整车控制器与电机控制器集成，减少整车网络中控制节点数目，降低了成本和系统复杂度清华大学、天津大学、北京交通大学等高校在新能源汽车电控系统的功率和能量优化方面，引入了智能信息的人车路系统优化策略，进一步优化驾驶特性和行驶环境与车辆能量规划策略的匹配。

广西玉柴机器股份有限公司自主开发的发动机＋ISG电机＋离合器的同轴并联控制系统、YCHPT混合动力电机控制器、离合器控制器以及混合动力控制器等产品，并可根据用户需求灵活配置电控系统数据，产品节油率达到25%以上。而搭载天津松正混合动力系统的公交车节油率最高可达到30%以上，现已有超过3 000辆在北京、天津、郑州、苏州、昆明和海口等33个城市开始运营，在国内混合动力公交车系统的市场占有率居于首位。

目前，在电控单元的设计上，我国已经形成一种比较成熟的"V"字形设计模式。即由"功能设计"（Function Design）到"快速控制原型"（Rapid Control Prototyping），再到"目标代码生成"（Target Code Generation）、"硬件在环仿真"（Hardware in the Loop），最后为"实机测试"（Laboratory Test）。如果发现功能与要求不符，则可以回到其中任何一步加以修改和完善。

同时，在软件开发过程中遵循AUTOSAR，即汽车开放系统架构。

AUTOSAR通过对软件进行明确的功能层次和模块划分，对软件各层和各模块的接口作明确的定义，对各模块作为独立的功能单元进行封装，减少各软件模块间的耦合，使不同公司软件模块的互换和重用成为可能。

目前，国内部分企业、高校及科研机构已初步掌握了新能源汽车电控系统的软硬件开发能力，产品功能较为完备，且基本满足新能源汽车的需求，部分产品已经实现批量生产。另外，控制系统中的某些关键部件（如功率开关元件 IGBT 等）主要依赖进口；同时，由于新能源汽车的电控系统涉及电气电子、控制、汽车等多个领域，在国内发展时间较短，国内设计的电控系统往往存在自动化程度不高、操作性差、故障率高等问题企业和研究机构不仅需要加强研发，而且也亟需培养更多交叉学科的专业人才。

# 第四节　新能源汽车明星产品关键技术

## 一、丰田普锐斯动力系统

PRIUS Hybrid（PRIUS），是日本丰田汽车推出的世界上第一款大规模生产的混合动力汽车，美国是 Prius 最大的市场，Prius 也是迄今为止销量最多的混合动力车型。

其主要特点表现在：

根据行驶条件的不同，可以仅靠电动机驱动力来行驶，或者利用发动机和电动机共同驱动行驶，另外还安装有发电机，可以一边行驶，一边给蓄电池充电。

利用动力分离装置将发动机的动力分成两部分，一部分用于驱动车轮，另一部分用于给电动机供电或给蓄电池充电。电动机擅长从低速带开始发挥威力，而发动机则在高速带大显身手。本系统通过理想地控制二者，可在所有条件下提供高效率行驶停驶时自动停止发动机，减少能量浪费。

## 二、特斯拉 Model S 电池系统

特斯拉 Model S 并不是特斯拉的第一款产品，特斯拉的第一款产品是使用莲花汽车底盘的超级跑车，特斯拉 Model S 是一款价位更低一些的普及型产品。核心技术在于电池系统，最初，特斯拉 Roadster 车型采用的是松下的钴酸锂 18650 电池，目前风靡的 Model S 车型采用的是松下的 18650 型三元材料锂电池，特斯拉是唯一一家采用 18650 型锂离子电池的公司，18650 型锂离子电池技术较为成熟，功率高、能量密度大，且一致性较高，但安全系数较低，热特性和电特性较差，成本也相对较高。Teda 选择最传统的 18650 型电池的主要原因是，首先，Tesla 选择的是业界最著名的日本 Sanyo（被松下收购）的电池，在电池的一致性上做到了最好；其次，传统的 18650 型锂离子电池已经有十几年的生产历史，属于比较成熟的技术；最后，18650 型容量较小，一旦某一节或几节单体电池起火爆炸，也不至于造成多么严重的后果，而如果是容量很大的电池，一节电池出问题就有可能造成严重后果。

当然，Tesla 的选择也需要付出相应的代价，整个电池组让 Model S 的体重大幅增加，就算车身有 95% 以上采用铝材，但整车重量依然达到 2.1t。6831 节电池想要完美地进行管理几乎是一个不可能完成的任务，但是 Tesla 最终还是基本上做到了，Tesla 采用的策略也是非常独特的，采用分层次管理的办法。

（1）69 节电池构成一个 Brick，每个 Brick 中的电池全部并联。（2）9 个 Brick 构成一个 Sheet，每个 Sheet 中的 9 个 Brick 串联。（3）11 个 Sheet 再串联，构成整个电池包，可以计算一下 $69 \times 9 \times 11 = 6831$。

电池包中，Sheet 是最小的可以更换的单元，也就是说，如果某节电池出问题需要更换，只能将包含这节电池的 Sheet 进行更换，但是仅仅有这些层次还不够，对于每一个层次都要进行监控，于是每个 18650 电池单元的两端均设置有保险丝，一旦电池过热或者电流过大则立刻融断，断开输出。每个 Brick 的两端均设置有保险丝，一旦 Brick 电流输出过大则立刻融断。每个 Sheet 的两端同样设置有保险丝，一旦 Sheet 电流过大则立刻融断。仅仅有保险丝还不够，于是在每个 Sheet 的层面上，均设置有 BMB（Battery Monitor Board）即电池监控板，用以监控 Sheet 内的每个 Brick 的电压，温度以及整个 Sheet 的输出电压、在这个电池包的层面上，设置有 BSM（Battery System Monitor），用以监控整个电池包的工作环境，包括电池包的电流、电压、温度、湿度、方位等。在整车层面，设置有 VSM（Vehicle System Monitor），用以监控 BSM。

Model S 采用了液冷式电池热管理系统。电池热管理系统的冷却液为 50% 水与 50% 乙二醇混合物如。

冷却管道曲折布置在电池间，冷却液在管道内部流动，带走电池产生的热量。冷却管道内部被分成四个孔道，为了防止冷却液流动过程中温度逐渐升高，造成末端散热能力不佳，热管理系统采用了冷却液双向流动的流场设计，冷却管道的两个端部既是进液口，也是出液口，电池之间及电池和管道间填充电绝缘但导热性能良好的材料，其作用如下。

（1）将电池与散热管道间的接触形式从线接触转变为面接触。（2）有利于提高单体电池间的温度一致性。（3）有利于提高电池包的整体热容，从而降低整体平均温度。

通过上述热管理系统，电池组内各单体电池的温度差异控制在 ±2℃ 内。容量衰减只与行驶里程数明显相关，而与环境温度、车龄关系不明显。上述结果的取得依赖电池热管理系统的有力支撑。

## 三、大众 e‑up!"三大电"及车身

大众纯电动 e‑up! 车型的外观，下面分别从电池、电机、电控等方面对其加以分析。

### （一）电池

由总容量为 18.7km/h 的电池模块（包含 17 个电池组，总共 204 块电池单体）供电，重量为 240kg，续航里程可达 120～160km，加速从 0 至 60km/h 只需 4.9 秒。大众 e‑up! 最大的亮点是位于侧后方的充电插口，大众汽车提供的选择是安装充电墙盒或者通过墙插组件电线随时充电，保障消费者可以更安心地在户外驾驶车辆充电方式有普通充电和快速充电，利用快速充电（40kW 的直流充电桩）可以在 1h 内充入 80% 电量，普通充电充满电则需要 6h。

### （二）电机

大众 e - up！电动车的电动机前置，锂电池单元位于车身的中下部，行驶模式为前轮驱动，采用一款德国制造的电动机，最大功率为 60kW，峰值转矩为 210Nm，最高车速为 135km/h。

### （三）电控

一方面，大众 e - up！在节能方面十分出色，提供三种驾驶模式供选择，另一方面就是使用了制动能量回收系统。e - up！制动能量回收系统分为五个等级，D（在只使用刹车时回收能量）、D1 - D3 和 B，不同级别的能量回收程度不同，B 为最高等级。

### （四）车身

车身是基于内燃机引擎的大众微型车平台衍生而来的，所以和大众其他微型车内饰等零部件可以通用；采用了碳纤维结构，并未使用碳铝纤维框架等新技术、新材料，所以车身单位自重较大，百公里加速需 12.4s；电池模块安装在车辆底盘上，有效地节约空间。

## 四、宝马 i3 "三大电" 及车身

在欧洲新能源汽车豪华品牌领域，宝马的步伐明显要快于奥迪，宝马是新能源规划最明确，也是市场推进做得最积极的著名传统汽车制造企业。宝马 i3 包含纯电版及增程版。下面，分别从电池、电机、电控等方面对其纯电版加以分析。

### （一）电池

宝马配备了 19kWh 的高压锂离子电池组。采用三星（SD1）/博世（BOSCH）合资锂电池，目前宝马 i3 拥有两种充电方案，分别用宝马提供的充电盒以及家用 220V 的电源来充电宝马 i3 的充电方式还分为快充与慢充两种方式；

如果使用宝马配备的 3.7kW 墙盒充电装置，16A 的电流强度，5.5h 左右能够完成 80% 的充电量，这是慢充方式。而快充方式则是使用 50kW 的充电盒，仅需要不到 30min 就可以充 80% 的电量。宝马 i3 自身还配备便携式充电线，充电线的长度大约为 5m，家用 220V 电源就可以为其充电。

宝马汽车公司宣布为其 i3 车型推出了一款奥地利微电子公司（Austria Micro Systems，AMS）的全新电池管理系统，该电池管理系统采用的是型号为 AS8510 的芯片。该芯片是一种可以应用于汽车上的集成化数据采集前端集成电路。同时，该芯片作为目前最为先进的模拟集成电路和传感器的领导产品，其在宝马 i3 车型上的应用主要作用是可以为 i3 汽车提供极为准确的电池电压测值。

### （二）电机

i3 的电动机采用了宝马 eDrive 技术，带有集成功率电子装置的混合动力同步电机、充

电器和用于能量回收的发电机功能，最大输出功率达到了 125kW，最大转矩达到了 250Nm；配备后轮驱动系统，0 ~ 100km/h 加速时间为 7.2s，最高车速可达 150km/h，其中动能最大能够回收 50kW。

## （三）电控

纯电动版车型搭载一款名为 Connected Drive 的信息系统，它将为驾驶员提供所在地附近的充电站信息。拥有三种驾驶模式：舒适、经济、超级经济，宝马 i3 还配备自动导航系统来实现自动驾驶功能，整套系统包括了自动刹车、自动停车系统，在车速低于 40km/h 的状态下，该车还可以实现自动变道：

## （四）车身

BMWLifeDrive 结构是首个专门为纯电力驱动汽车设计的汽车车身结构它由两个相互独立的单元组成：Life 模块——碳纤维制成的乘客舱，以及由底盘组件、驱动组件和高压锂电池构成的 Drive 模块。该结构的优势是通过将所有驱动组件稳固安放在下部模块，免去了中央通道对内部空间的占用，让乘客拥有更多空间。LifeDrive 结构不仅抵消了高压锂电池的重量，还降低了汽车的重心。

车身轻量化技术是宝马 i3 的一大亮点，凭借 BMW 高效动力策略（BMW Efficient Dynamics）轻量化技术，BMW i3 通过首次使用碳纤维材质批量生产乘客舱，为汽车制造业带来了一场革命。这种碳纤维材质比钢材轻约 50%，比铝材轻约 30%，BMW i3 不仅以此成了轻量化的新标准，还彻底抵消了例如因高压锂电池产生的额外重量。同时，碳纤维还是一种多应用的高强度材料，增强了所有乘客的安全性。宝马 i3 是市场上第一款车体主要由碳纤维材料制成的量产汽车，宝马 i3 底盘部分为铝合金，纯电动版车身总重仅为 1 195kg。

# 第三章　新能源汽车类型

## 第一节　纯电动汽车

### 一、概述

纯电动汽车（Blade Electric Vehicles，BEV）是指以车载电源（如铅酸蓄电池、镍镉蓄电池、镍氢蓄电池或锂离子蓄电池）为动力，用电动机驱动车轮行驶，符合道路交通、安全法规各项要求的车辆。就定义来说是指单纯用蓄电池作为驱动能源的汽车，它是涉及机械、动力学、电化学、电机学、微电子和计算机控制等多种学科的高科技产品。

#### （一）纯电动汽车的特点

（1）节能，不消耗石油。（2）环保，无污染，噪声和振动小。（3）能量主要是通过柔性的电线而不是刚性联轴器和转轴传递，各部件的布置具有很大的灵活性。（4）驱动系统布置不同会使系统结构区别很大。（5）采用不同类型的电动机（如直流电动机和交流电动机）会影响到纯电动汽车的质量、尺寸和形状。（6）不同类型的储能装置也会影响电动汽车的质量、尺寸及形状。（7）能源效率高，多样化。（8）不同的补充能源装置具有不同的硬件和机构，如蓄电池可通过充电器充电，或者采用替换蓄电池的方式。（9）结构简单，生产工艺相对成熟，使用维修方便。（10）动力电源使用成本高，续驶里程短。

#### （二）纯电动汽车的分类

纯电动汽车有多种分类方法，可按所选用的蓄能装置或驱动电动机的不同来分类，其中又可有许多不同组合；也可按驱动结构布局或用途的不同来分类。

1. 按蓄能装置分类

纯电动汽车目前所采用的蓄能装置主要有铅酸蓄电池、锂蓄电池、镍氢蓄电池、钠硫蓄电池，其中，铅酸蓄电池技术较成熟，价格也较便宜，但其性能和使用寿命都要差些。其余几类均属于正在研究改进的蓄电池，其性能都比铅酸蓄电池要好许多，但目前价格较贵，随着工艺技术的成熟及批量的扩大，其性价比也一定会有较大的提高。

2. 按驱动电动机分类

纯电动汽车的驱动电动机主要有直流电动机、交流电动机、永磁同步电动机、开关磁阻电动机等。直流电动机具有控制较简单、成本较低、技术成熟等优点，但直流电动机由于具有电刷，因此存在有换向火花、电刷易磨损、需定期维护等缺点。交流感应电动机本身具有坚固耐用、效率高、体积小、免维护等优点，并且整个驱动系统调速范围宽，能较有效地实现再生制动，但由于其驱动控制器必须通过逆变器并采用矢量控制变频调速，其线路较复杂，价格也较高。永磁同步电动机采用永久磁铁励磁，具有能量转换效率高、过载能力强等优点，但目前尚存在成本较高、功率受限等缺点。开关磁阻电动机驱动系统是一种新型的典型机电一体化装置，具有结构简单、坚固可靠、制造成本低、调速性能好、效率高、能有效地实现发电回馈制动等优点，其缺点主要是振动及噪声较大，需通过技术措施来改进。

3. 按用途分类

纯电动汽车可分为电动轿车、电动货车和电动客车三种。电动轿车是目前最常见的纯电动汽车。除了一些概念车，纯电动轿车已经有了小批量生产，并已进入汽车市场。电动货车主要应用在矿山、工地及一些特殊场地。目前纯电动小客车也较少见，纯电动大客车用作公共汽车，在一些城市的公交线路以及在世博会、奥运会上已经有了良好的表现。

## 二、纯电动汽车的关键技术

### （一）电动机及控制技术

对于现代电动汽车而言，电动机驱动系统需要满足一些基本的要求：高功率密度和高瞬时输出功率；在电动汽车低速或者爬坡时，能提供低速大转矩输出，高速时能为巡航提供高速低转矩特性；具有宽调速范围，包括恒转矩区和恒功率区；转矩响应快速；在较宽的转速和转矩工作区内，保持较高能量效率；再生制动时，可实现高的能量回收效率；在各种工况下，具有高的可靠性；价格合理。

现在电动汽车采用的驱动电动机一般为感应电动机和永磁同步电动机。一般要求在制动时能够实现能源回收，即再生制动。再生制动有利于电动汽车的节能和延长行驶里程，同时也保留了常规的制动系统和 ABS 制动系统，以保证可靠的制动性能。其中永磁同步电动机具有较高的功率密度和效率以及宽广的调速范围，并且控制相对容易？发展前景十分广阔，在电动汽车驱动系统中占有重要位置。

内置式永磁同步电动机不需要经电励磁转换便可以通过正弦交流电或脉宽调制方式使其运行，控制相对比较简单，与其他类型电动机相比具有环境适应性好、性能更加可靠、体积更小而且质量更轻、响应更快等优点。内置式永磁同步电动机的输出特性曲线非常接近电动汽车驱动电动机理想特性曲线。内置式永磁，同步电动机的设计理论正在不断完善和继续深入，该电动机结构灵活，设计自由度大，有望得到更高性能，适合用作电动汽车高效、高密度、宽调速牵引驱动。在车体有限的空间里，永磁电动机可以做到较高的功率密度且结构简单、工作稳定。

已有很多汽车生产厂商采用永磁同步电动机作为发展方向，同步电动机，产品功率覆盖 3~123 kW，电动机恒功率范围很宽，最高转速可达基速的 5 倍。丰田汽车公司的电动车 RAV4 就采用了东京电机公司的内置式永磁同步电动机作为驱动电动机，其下属的日本富士电子研究所研制的永磁同步电动机可以达到最大功率 50 kW，最高转速 13 000 r/min。

尼桑公司研发的新一代电动小客车在美国加利福尼亚州投入使用。驱动电动机采用了钕铁硼材料，电动机体积很小，额定功率40 kW，最高转速13 100 r/min。在法国 VEDELIC 电动车计划中，PSA 电动车动力传动系统生产商 Moteurs Leroy Somer 改进了驱动电动机，选择的新型驱动电动机即为三相永磁同步电动机，最大功率为30 kW，最大转矩145 N·m。德国第三代奥迪混合电动车驱动电动机采用了永磁同步电动机，其最高转速为12 500r/min，最大输出功率32 kW。

我国永磁材料丰富，已开发出高剩磁密度和高矫顽力的永磁材料，所以永磁同步电动机已经成为我国发展电动汽车驱动电动机的最佳选择。随着永磁材料性能的提高和成本的降低，永磁同步电动机以其高效率、高功率因数和高功率密度等优点，正逐渐成为电动汽车驱动系统的主流电动机之一。

在纯电动汽车中，电动机是唯一的动力源，电动机及其控制技术完全决定了车辆的性能。现在电动汽车上采用最多的电动机是感应电动机和永磁同步电动机，有几种控制技术可以用来控制它们。

1. 矢量控制技术

采用矢量控制方式的变频器不仅可在调速范围上与直流电动机相匹配，而且可以控制感应电动机准确产生转矩。但是矢量控制方式需要准确的被控感应电动机的参数，还需要位置和电流传感器，否则难以达到理想的控制效果。

2. 直接转矩控制

直接转矩控制的思想是以转矩为中心来进行综合控制，不仅控制转矩，也用于磁链量的控制和磁链自控制。直接转矩控制与矢量控制的区别是：它不是通过控制电流、磁链等量间接控制转矩，而是把转矩直接作为被控量控制，其实质是用空间矢量的分析方法，以定子磁场定向方式对定子磁链和电磁转矩进行直接控制的。这种方法不需要复杂的坐标变换，而是直接在电动机定子坐标上计算磁链的模和转矩的大小，并通过磁链和转矩的直接跟踪实现 PWM 脉宽调制和系统的高动态性能。

3. 参数辨识

在永磁同步电动机控制中，为了达到高精度的转速和转矩控制，就必须建立电动机的模型，基于 park 方程的 dq 轴等效模型被广泛采用，一般认为模型中的电感值为常量，即认为磁路是线性的。但在电动机的实际运行中，存在着严重的非线性效应。根据永磁同步电动机的转矩等式可以看出定子电流会随着负载的变化而变化，负载越大，定子电流也就越大，这时电动机的气隙磁场就会出现饱和。饱和程度随着 dq 轴电流的变化而变化，电流越大，饱和越严重，如果不对该问题进行处理，将导致控制效果变差。图 3-1 和图 3-2 所示

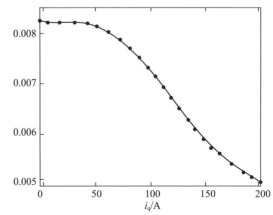

图 3-1 交轴电感随交轴电流的变化规律

为实际测得的某电动机参数变化情况。

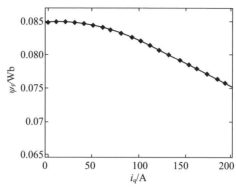

**图 3-2　永磁体基波磁链随交轴电流的变化规律**

4. 无传感器控制

无传感器控制主要指无位置传感器，该技术可以提高电动机运行的可靠性，降低控制系统的成本，主要有基波激磁估算法和高频信号成分法。

基波激磁估算法依赖于电动机的动态模型，主要包括反电动势估算法、磁链估算法、模型参考自适应估算法、扩展卡尔曼滤波法器估算法以及状态观测器估算法。

高频信号成分法是为了弥补基波激磁估算法的不足而发展起来的一种无位置传感器控制方法。高频信号成分法就是利用电动机转子的空间凸极效应估算出转子的位置信息，主要应用在具有空间凸极性的内置式永磁同步电动机中。高频信号成分法所需的高频信号主要有注入的旋转高频信号、注入的脉动高频信号或逆变器 PWM 载波频率成分信号，由于该方法利用的是转子的空间凸极性，因此可以实现电动机在低速甚至静止情况下的位置估计。

5. 故障诊断

电动机的故障诊断是为了尽早发现故障，以降低破坏程度，提高驾乘人员的安全系数。

电动机本身的故障包括定子绕组故障、永磁体故障和转子偏心等。定子绕组故障包括匝间短路、相间短路、相与外壳短路、某相开路等；永磁体故障包括高温退磁、由于机械强度不足造成的损伤等；转子偏心包括静态偏心和动态偏心。

## （二）蓄电池管理系统及策略

在纯电动汽车使用中，为确保蓄电池性能良好，延长蓄电池使用寿命，必须对蓄电池进行合理有效的管理和控制，使蓄电池工作在合理的电压、电流、温度下。所以纯电动汽车动力蓄电池的蓄电池管理系统（Battery Management System，BMS）非常重要。蓄电池管理系统对蓄电池组的使用过程进行管理，对蓄电池组中各单体蓄电池的状态进行监控，可以维持蓄电池组中单体蓄电池的状态一致性，避免蓄电池状态差异造成蓄电池组性能的衰减和安全性问题。

蓄电池管理系统主要包括数据采集、状态估计、热管理、安全管理、能量管理、故障诊断以及数据通信等功能。其中数据采集是其他功能的基础，需要采集蓄电池的电压、电流、温度等值。

蓄电池作为动力点，必须串联使用才能达到电压要求，而多个蓄电池串联使用一段时间后，蓄电池内阻和电压产生波动，单体蓄电池的状态差异会逐渐显现出来，不断循环的充放电过程加剧了单体蓄电池之间的不一致性。蓄电池成组后，大功率充放电时，蓄电池组发热，在蓄电池模块内形成一定的温度梯度，使各单体蓄电池工作时环境温度不一致，削弱单体蓄电池间的一致性，降低蓄电池组充放电能力。

此外，大规模储电系统中蓄电池成本约占总成本的一半。串联成组的蓄电池系统，只要其中一节失效，如不及时发现，整串蓄电池都会跟着报废，甚至引起着火等严重安全事故。

蓄电池管理系统存在几个关键的技术，包括荷电状态（State Of Charge，SOC）估计、热管理、电量均衡以及故障诊断等，其中 SOC 估计和热管理最为核心。

1. 蓄电池 SOC 估计

蓄电池荷电状态 SOC 估计的准确性对于蓄电池的使用具有很重要的意义，但是由于其内部的电化学反应过程极其复杂，同时对 SOC 估计的影响因素很多，较难实现，因此 SOC 的准确估计一直是制约电动汽车行业发展的瓶颈之一。到目前为止，SOC 的估算策略大体上有两类：一种是根据蓄电池内部参数的变化，来推断其 SOC 的值；另一种是通过检测蓄电池的外特性，如充放电倍率、电压、温度、电流、寿命等参数，来推断 SOC 的值。虽然新的 SOC 估计方法不断出现，但电动汽车动力蓄电池 SOC 的精确估计问题一直没有得到彻底解决。电动汽车的动力蓄电池都是蓄电池组，如何定义一致性不好的蓄电池组的 SOC 仍然是一个问题。为了保持蓄电池的安全性，普遍采用使用能力最差蓄电池单体的 SOC 来定义蓄电池组的 SOC。

目前比较常用的 SOC 估计方法有：放电实验法、安培计量法、内阻法、负载电压法、开路电压法、神经网络法等，下面分别对这几种方法进行简单的介绍。

（1）放电实验法

放电实验法是最可靠的 SOC 估计方法，且适用于一切类型的蓄电池。具体方法：在实验室中蓄电池以恒定的电流进行连续放电，直到蓄电池电量全部放出，蓄电池的剩余电量就是放电电流与放电时间的乘积的累计值。该方式易操作且数据准确，同时还不受 SOH 的影响。但是它有两个显著的缺点：一是需要大量的实验时间；二是无法在线测量，进行实验时，蓄电池不能正常工作。

（2）安培计量法

安培计量法本质上就是只考虑流进和流出的蓄电池电量，而不考虑蓄电池外部的电气特性和内部的结构，该方法适用于所有蓄电池，是实际应用中最常用的估计方式。该方式的优点就是易操作，精度也可以，且可以在线测量。

（3）内阻法

内阻法是根据蓄电池内阻与蓄电池的电量存在一定的函数关系这一特点来估算蓄电池的 SOC 大小的方法，该方式一般用于放电后期的铅酸蓄电池。

（4）负载电压法

在放电开始的瞬间，蓄电池的电流保持不变，而蓄电池的电压一下从开路转变为负载状态，根据负载电压和开路电压与蓄电池 SOC 的变化规律相似这一特点，可以依据放电时刻的电流和电压来估算蓄电池的 SOC 值。该方法的优点是在恒流放电时，能够实时估算出蓄电池的 SOC 值，但是，在实际的应用中，蓄电池的电压是剧烈波动的。因此该方法很少应用于实车上，常用作充放电结束的判据。

（5）开路电压法

开路电压法是最简单的蓄电池 SOC 估计方式，是依据蓄电池的开路电压与其 SOC 存在近似线性的关系这一特点来判断蓄电池内部的状态，具体的方法是：先将蓄电池进行充分的静置，然后测量蓄电池的开路电压值 OCV（Open Circuit Voltage），最后建立 SOC－OCV 的对应关系，从而根据测量到的蓄电池开路电压来计算蓄电池的 SOC 值。该方式在建立 SOC－OCV 的关系时，由于对测量的要求较为严格，需注意充分考虑温度变化、静置前的充放电特性等因素对 SOC－OCV 关系的影响，且蓄电池的静置时间要适当，既要保证蓄电池的电压得到充分的恢复，又不能因为时间过长受到自放电效应的影响。

由此可知，开路电压法虽然简单，但是蓄电池需要很长的静置时间，以达到电压稳定，这段时间至少几个小时，因此，这种方法不适于电动汽车的在线检测，只适用于驻车状态下，该方式一般用于估计电源系统初始和终止时的 SOC 值，通常与 AH 计量法一起使用，从而得到更好的估计效果。

（6）神经网络法

蓄电池是一个复杂的非线性系统，对其建立一个准确的数学模型是很难的，而神经网络具有模拟任何非线性系统的特点，因此利用神经网络的方法来估计 SOC 一直是研究的热点。

在蓄电池 SOC 中常采用三层典型神经网络，输入、输出层的神经元个数由实际需要来确定，中间层神经元个数根据问题的复杂度和训练后的精度调整；利用神经网络对蓄电池 SOC 进行估计，一般常以电压、电流、温度、内阻等作为输入，以 SOC 值作为输出，通常这种估计方法的精度高，但权值的确定需要大量的训练数据。

2. 蓄电池组热管理

蓄电池组热管理系统是从使用者角度出发的一套系统，作用是确保蓄电池组工作在适宜的温度范围内。该系统包括蓄电池箱、风机、传热介质、监测设备等部件。主要有五项功能：蓄电池温度的准确测量和监控；蓄电池组有效的散热和通风；低温条件下蓄电池组的快速加热，使其能够正常工作；有害气体产生后的有效通风；蓄电池组温度场的均匀分布。

蓄电池组热管理系统设计过程中的关键技术包括：确定蓄电池最优工作温度范围、蓄电池热场计算及温度预测、传热介质选择、热管理系统散热结构设计和风机与测温点选择等。

（1）确定蓄电池最优工作温度范围

在不同的气候条件、不同的车辆运行条件下，蓄电池组热管理系统要确保蓄电池组在安全的温度范围内运行，并且尽量将蓄电池组的工作温度保持在最优的范围之内。所以设计蓄电池组热管理系统的前提是要知道蓄电池组最优的工作温度范围，可以由蓄电池制造者提供，也可以由蓄电池使用者通过实验来确定。

（2）蓄电池热场计算及温度预测

蓄电池不是热的良导体，仅掌握电池表面温度分布不能充分说明蓄电池内部的热状态，通过数学模型计算蓄电池内部的温度场，预测蓄电池的热行为，对于设计蓄电池组热管理系统是不可或缺的环节。

（3）传热介质选择

传热介质的选择对热管理系统的性能有很大影响，传热介质要在设计热管理系统前确定。按照传热介质分类，热管理系统可分为空冷、液冷及相变材料冷却3种方式。空气冷却是最简单的方式，只需让空气流过蓄电池表面。液体冷却分为直接接触和非直接接触两种方式。矿物油可作为直接接触传热介质，水或者防冻液可作为典型的非直接接触传热介质。液冷必须通过水套等换热设施才能对蓄电池进行冷却，这在一定程度上降低了换热效率。蓄电池壁面和流体介质之间的换热率与流体流动的形态、流速、流体密度和流体热传导率等因素相关。

①空冷方式的主要优点有

结构简单，质量相对较小；没有发生漏液的可能；有害气体产生时能有效通风；成本较低。其缺点在于其与蓄电池壁面之间换热系数低和冷却、加热速度慢。

②液冷方式的主要优点有

与蓄电池壁面之间换热系数高，冷却、加热速度快；体积较小。其主要缺点有：存在漏液的可能；质量相对较大；维修和保养复杂；需要水套、换热器等部件，结构相对复杂。

（4）热管理系统散热结构设计

蓄电池箱内模块之间的温度差异会加剧蓄电池内阻和容量的不一致性，如果长时间积累，会造成部分蓄电池过充电或者过放电，进而影响蓄电池的寿命与性能，并造成安全隐患。蓄电池箱内模块的温度差异与蓄电池组布置有很大关系，一般情况下，中间位置的蓄电池容易积累热量，边缘的蓄电池散热条件要好。

（5）风机与测温点选择

在设计蓄电池热管理系统时，希望选择的风机种类与功率、温度传感器的数量与测温点位置都恰到好处。

## （三）整车控制技术

整车控制系统的要求是根据驾驶员的操作和当前的整车及部件工作的状况，在能保证整车的统一协调和安全可靠满足动力性要求的前提下，以整车经济性能为目标，按照制定的控制策略选择尽可能优化的工作条件，控制能量的合理流动，以达到最佳经济性。与传统内燃机轿车相比，电动汽车的控制系统更复杂，包含了诸多的控制系统及控制部件。电动汽车需要利用总线网络对整车进行分层综合控制和管理。

实现电动车的高性能运行，需要对动力系统进行控制，使各个部件能够协调、高效地工作，这就是整车控制技术。它是整车控制系统的核心，负责整车动力输出、动力性能和能量管理，通过对采集、接收到的数据按预先设定好的规则进行处理，然后向各个 ECU（Electric Control Unit）发出控制指令，使其运行在预期的状态下，从而达到提高整车驾驶性能、优化能量利用的目的。整车控制技术对车辆驾驶动力性有重大影响，是纯电动车研究的重要内容。

整车控制功能分为集中式控制和分布式控制两种结构。

第一，集中式控制系统由系统核心处理器完成对所有信号和能量数据的处理和分配工作，系统运行时，核心控制器通过数字或者模拟的方式直接接收所有需要用到的数据，然后根据控制策略对数据进行分析处理，再发出对各个单元执行机构的控制命令，集中控制系统具有处理集中、实施性强、响应快、成本低的优点，但存在布线和维护困难等缺点，现在汽车中已经基本不再采用。

第二，整车控制技术分布式控制系统由核心控制器通过现场总线与各个电控制 ECU 通信，在系统运行过程中，各个电控单元 ECU 分别采集各自控制对象的反馈信号和动态信息，然后通过现场总线传递给核心控制器。核心控制器根据这些信息，进行控制策略的计算，然后将运算得到的执行指令通过现场总线发送给各个电控单元 ECU，各个 ECU 接收到指令后，根据被控对象的当前状态参数，再发出对被控对象的控制命令。分布式控制系统具有模块化、复杂度低和灵活配置等优点。现在纯电动车一般采用分布式控制系统，由 CAN 总线来实现对各个电控单元 ECU 的通信与控制。电动汽车整车控制系统是由整车控制器、通信系统、部件控制器以及驾驶员操纵系统构成。以整车控制器为控制核心，通过 CAN 总线通信方式对其他控制部件及系统进行协调控制。

纯电动车的动力控制系统可分为整车控制系统和两个子系统，两个子系统包括电驱动系统和动力电源系统。

整车控制系统由整车控制器、CAN 通信网络、加速踏板和制动踏板等组成；电驱动系统由电动机及其控制器、机械传动装置和驱动车轮组成；动力电源系统由蓄电池、蓄电池管理系统组成。

整车控制器作为纯电动车最主要的控制器，负责整车的运行管理及对各个相关 ECU 电控单元的控制，它的基本功能有以下几个方面：

1. 驱动控制功能

加速踏板和制动踏板是纯电动车中最主要的输入信号，驾驶员通过对这两个踏板进行操作，将驾驶员的操作意图传递给车辆，然后电动车的动力电动机必须根据驾驶员的操作意图输出驱动力矩或制动力矩。因此，整车控制器要采集踏板信息，解析出驾驶员的操作意图，并将其转化为对电动机的力矩输出需求，这一功能是整车控制器最基本、最重要的功能。

2. 制动能量回馈控制

纯电动车以电机作为唯一的动力输出源，电机除了有电动机的功能外，还具有发电机的功能。当驾驶员的意图是驱动车辆前行时，电机就当电动机使用，当驾驶员的意图是对车辆进行减速时，电机就可以当发电机使用，利用电动车的制动能量发电，同时能量存储在储能装置中，当满足一定条件时，将能量反充给动力蓄电池组。在这个过程中，整车控制器根据加速踏板和制动踏板的开度，以及当前车速和动力蓄电池的 SOC 来判断某一时刻是否进行制动能量回收，如果可以，整车控制器向电机控制器发出相关指令，回收部分制动能量。

3. 整车能量优化管理

在纯电动车中，动力蓄电池是提供能量的唯一来源，蓄电池除了给动力驱动系统供电以外，还需要给其他车载电控单元提供能量。因此为了获得最大的车辆行驶里程，整车控制器将负责车辆的能量优化管理，以获得最佳的能量利用率。

4. 故障诊断与处理

连续监视整车电控系统进行故障诊断。存储故障代码，供维修和例行检查时使用。根据故障内容，及时进行相应安全保护处理。对故障进行分级处理，对于一些小故障，能够维持车辆的最基本驾驶，保障车辆行驶到最近维修站进行维修。

整车控制器在完成动力总成控制的同时，还需要管理其他附属部件，从各个环节上合理控制车辆的运行状态、能源分配，各个部分工作协调，以达到发挥各部分的优势和汽车可靠运行的目的。同时车辆需要在满足驾驶员意图，汽车的动力性、平顺性和其他基本技术性能以及成本控制等要求的前提下选择合适的控制策略。针对各部件的特性及汽车的运行工况，控制策略要实现能量在电机、蓄电池及电动附件之间合理而有效的分配，使整车系统效率达到最高，获得整车最大的经济性以及平稳的驾驶感觉。

# 第二节  混合动力汽车

## 一、概述

混合动力汽车并不是一个新概念。自 1881 年首辆纯电动汽车问世、1896 年内燃机汽车诞生以来，伴随着人们对汽车综合性能提高的不断追求，在 1894 年就出现了第一辆混合动力汽车。混合动力汽车出现的原因是当初单一的纯电动汽车（续驶里程短和动力蓄电池性能差），单一的内燃机汽车（内燃机功率小、使用不方便）均存在技术弱点，不过，随着内燃机技术的进步和汽车的流水线批量生产，混合动力汽车遭遇了与纯电动汽车相同的命运，逐渐没落，直至 20 世纪 90 年代因为解决环境和能源问题的需要才重新引起重视，并取得了明显的技术进步。

混合动力汽车有油电混合、气电混合、电电混合等多种不同的形式，即使对应其中的一种混合形式，由于动力传动系统组成的不同，仍存在多种结构。在详细分析各种结构的定义、特点和工作原理之前，给出几个基本概念：

第一，动力传动系统。动力传动系统是汽车上用于储存、转换和传递能量并使汽车获得运动能力的所有部件的总称，具体包括车载能量源、动力装置、传动系统和其他辅助系统四部分。

第二，车载能源。车载能量源是用于能量储存或进行能量的初始转换以向动力装置直接供能的所有部件的总称，它由能量直接储存装置或能量储存、调节和转换装置组成。例如，对于传统内燃机汽车，车载能量源为燃油箱（能量直接储存）；对于燃料电池电动汽车，车载能量源由氢气罐或储氢金属（能量储存）和燃料电池堆（能量转换）两部分组成。

第三，动力装置。动力装置是用于把其他形式的能量转化为机械能（旋转动能）的装置，并直接作为传动系统的输入，如常规汽车上的内燃机、纯电动汽车上的电机等。

第四，传动系统。传动系统是用于调节和传递动力装置输出的动力，使之与汽车行驶时驱动轮处要求的理想动力达到较好匹配的所有部件的总称，它具有减速、变速、倒车、中断动力、轮间差速和轴间差速等功能。传动系统与动力装置配合工作，能保证汽车在各种工况条件下正常行驶，并具有良好的动力性和经济性。传动系统一般由离合器、变速器、万向传动装置、主减速器、差速器和半轴等组成。

第五，辅助系统。辅助系统是用于从动力装置中获取动力，区别于直接驱动车辆，主要用于维持汽车良好的操控特性、舒适性等的所有部件的总称，如转向助力系统、制动助力系统、空调系统（动力装置直接拖动）、辅助电气系统（12V/24V发电机系统）等。

依据组成混合动力汽车的两个或多个能同时运转的单个动力传动系统之间动力联合位置的不同，混合动力汽车分为串联、并联和混联三种基本类型。

### （一）串联混合动力汽车

串联混合动力汽车是混合动力汽车的一种基本结构，其单个动力传动系统间的联合是车载能量源环节的联合，即非直接用于驱动汽车的能量的联合，并同时向动力装置供能。

串联混合动力汽车具有如下特点：

（1）车载能量源环节的混合。（2）单一的动力装置。（3）车载能量源由两个以上的能量联合组成。

燃油箱、发动机、发电机与动力蓄电池组共同组成车载能量源，共同向驱动电动机提供电能，电动机驱动系统和传动系统组成单一的电驱动系统。

串联混合动力汽车实现了车载能量源的多样化，可充分发挥各种能量源的优势，并通过适当的控制实现它们的最佳组合，满足汽车行驶的各种特殊要求。例如，采用发动机–发电机和动力蓄电池组两种车载能量源的串联混合动力汽车，即可满足汽车一定的零排放行驶里程，同时通过发动机–发电机的工作为动力蓄电池组进行补充充电，延长了汽车的有效行驶里程，为实现纯电动汽车的实用化提供了解决方案。

### （二）并联混合动力汽车

并联混合动力汽车是混合动力汽车的一种基本结构，其单个动力传动系统间的联合是汽车动力或传动系统环节的联合，通过对不同动力装置输出的驱动动能的联合或耦合，并经过相应的传动系统输出到驱动轮，满足汽车的行驶要求。

并联混合动力汽车具有如下特点：

（1）机械动能的混合。（2）具有两个或多个动力装置。（3）每一个动力装置都有自己单独的车载能量源。

发动机和电动机驱动系统输出的机械动能经过动力耦合后输出到传动系统驱动汽车行驶，发动机具有自己独立的车载能量源——燃油箱，电动机驱动系统具有自己独立的车载能量源——动力蓄电池组。

依据动力耦合方式的不同，并联混合动力汽车具有单轴联合式、双轴联合式和驱动力联合式三种布置方案，具体如图 3 - 3 所示。单轴联合式机械动力的耦合是在动力装置输出轴处完成的，传动系统的输入为单轴。其结构示意如图 3 - 3（a）所示，实际应用如图 3 - 4 所示。发动机的输出轴通过离合器与电动机的转子轴直接相连，而动力蓄电池组通过控制器的调节作用于电动机定子，实现了发动机与电动机输出转矩的叠加。单轴联合式实现了把不同动力装置的机械动力输出一体化，结构紧凑，但电动机要经过特殊设计。

双轴联合式机械动力的耦合是在传动系统的某个环节中完成的，通常称位于传动系统中的这种耦合部件为动力耦合装置。它具有两个或多个输入轴，而输出轴仅有一根并直接与驱动轴相连，其结构如图 3 - 3（b）所示。双轴联合式只是把不同的动力装置的输出进行动力合成，因此系统元件可选用已有的现成产品，开发成本较低。

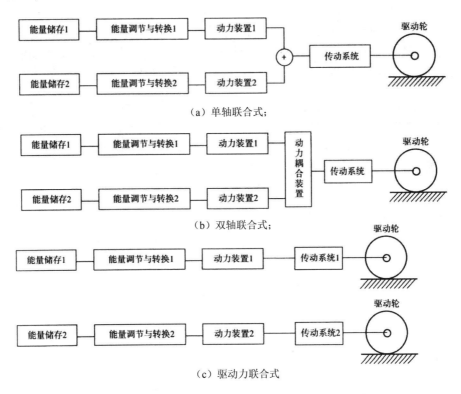

（a）单轴联合式；

（b）双轴联合式；

（c）驱动力联合式

**图 3 - 3 并联混合动力汽车动力传动系统的三种基本类型**

驱动力联合式机械动力的混合是在汽车驱动轮处通过路面实现的，其结构如图 3 - 3（c）所示。由于具有两套独立的动力传动系统直接驱动汽车，因此在充分利用地面附着力方面驱动力联合式具有优势，通过合理控制，可大大改善汽车的动力性能，但系统组成比较庞大，控制复杂。

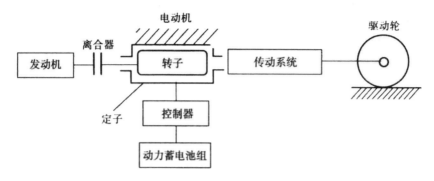

图 3 - 4 单轴联合式并联混合动力汽车

## （三）混联混合动力汽车

为优化动力传动系统的综合效率，充分发挥汽车的节能、低排放潜力，在实际应用中，混合动力汽车动力传动系统并非单纯是简单的串联式结构或并联式结构，而是由串联式结构和并联式结构复合组成的串/并联混合式结构，即所谓的混联式结构。典型的混联混合动力汽车动力传动系统如图 3 - 5 所示。

在图 3 - 5 中，混联混合动力汽车动力传动系统具有两个电机系统，即发电机和电动机驱动系统，兼备了串联混合动力车载能量源的混合以及并联混合动力机械动能的混合，在实际应用中主要有两种方案，即开关式和功率分流式，分别如图 3 - 6 和图 3 - 7 所示。

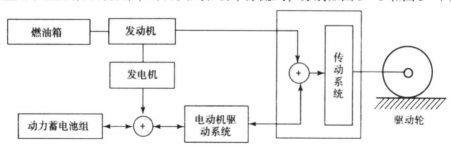

图 3 - 5 典型的混联混合动力汽车动力传动系统

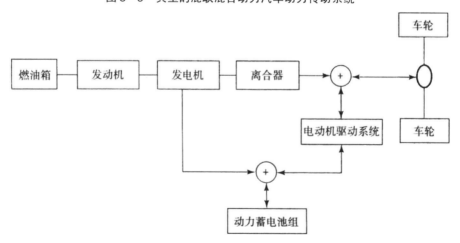

图 3 - 6 开关式混联混合动力汽车

在图 3 - 6 中，离合器起到了串联结构和并联结构的切换作用，若离合器打开，则该混合动力传动系统即为简单的串联式结构；若离合器接合且发电机不工作，则该混合动力传动系统即为简单的并联式结构；若离合器接合且发电机工作于发电模式，则该混合动力传动系统即为复杂的混联式结构。

在图 3 - 7 中，巧妙地利用了行星轮系功率分流以及 3 个自由度的特点，发动机、发电机以及驱动轴分别与行星轮系的 3 根轴相连。在正常工作时，发动机的输出动力自动分流为两部分：一部分直接输出到驱动轴，与电动机驱动系统输出的动力联合组成并联式结构；一部分输出到发电机，发电机发出的电能与动力蓄电池组组成串联式结构。

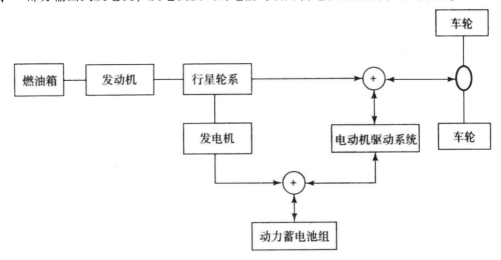

图 3 - 7　功率分流式混联混合动力汽车

## 二、混合动力汽车的结构与原理

### （一）串联混合动力汽车的结构与原理

串联混合动力汽车的结构简图如图 3 - 8 所示，汽车由电动机 - 发电机驱动行驶，电机控制器的供电来自发动机 - 发电机 - 发电机控制器（以下简称发动机 - 发电机组）与动力蓄电池组组成的串联式结构。整车综合控制器、电机控制器、发动机控制器、发电机控制器、蓄电池管理系统等通过通信线缆连接组成整车控制系统，依据控制系统的状态信息以及驾驶员操控指令、车速等整车反馈信息，由整车控制器实施预定的控制策略，并输出指令到电机控制器，实施电动机 - 发电机的电动（驱动汽车行驶）、发电（再生制动能量回收）控制；输出指令到发动机控制器、发电机控制器，实施发动机 - 发电机组的开关控制以及输出功率控制；输出指令到蓄电池管理系统，实施动力蓄电池组的充、放电能量管理。

依据发动机 - 发电机组的工作状态以及动力蓄电池组的充、放电状态，串联混合动力汽车具有七种工作模式。

各种工作模式的具体说明如下：

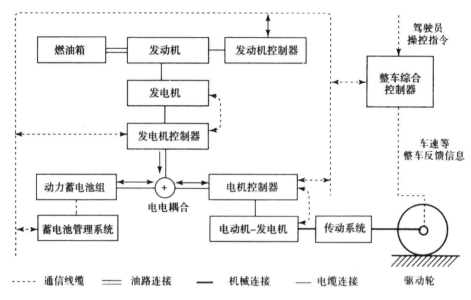

图 3-8　串联混合动力汽车的结构简图

第一，当动力蓄电池组具有较高的电量且动力蓄电池组输出功率满足整车行驶功率需求时，串联混合动力汽车以纯蓄电池组驱动模式工作，此时发动机 - 发电机组处于关机状态。

第二，当汽车以纯蓄电池组驱动行驶时，若汽车减速制动，则电动机 - 发电机工作于再生制动状态，汽车制动能量通过再生发电回收到动力蓄电池组中，即工作于再生制动充电模式。

第三，当汽车加速或爬坡需要更大的功率输出且超出了动力蓄电池组的输出功率限制时，发动机 - 发电机组起动发电，并同动力蓄电池组一起输出电功率，实施混合动力驱动工作模式。

第四，当动力蓄电池组的电量不足且发动机 - 发电机组输出功率在驱动车辆的同时有剩余时，实施动力蓄电池组强制补充充电工作模式。

第五，当动力蓄电池组的电量不足且发动机 - 发电机组处于发电状态时，若汽车减速制动，则电动机 - 发电机工作于再生制动状态，汽车制动能量通过再生发电与发动机 - 发电机组输出功率一起为动力蓄电池组充电，实施动力蓄电池组的混合补充充电。

第六，当动力蓄电池组的电量在目标范围内，一旦发动机 - 发电机组输出功率满足汽车行驶功率需求时，为提高串联混合动力系统的能量利用效率，采用纯发动机驱动工作模式，此时发动机 - 发电机组输出功率与汽车行驶功率需求相等。

第七，若动力蓄电池组的电量过低，则为保证整车行驶的综合性能，需要对动力蓄电池组进行停车补充充电，此时发动机 - 发电机组输出的功率全部用于为动力蓄电池组进行补充充电。

### （二）并联混合动力汽车的结构与原理

并联混合动力汽车的结构简图如图 3-9 所示。

　　汽车的行驶动力由发动机、电动机－发电机通过机电耦合装置单独或联合提供。整车综合控制器、电机控制器、发动机控制器和蓄电池管理系统等通过通信线缆连接组成整车控制系统，依据控制系统的状态信息以及驾驶员操控指令、车速等整车反馈信息，由整车控制器实施既定的控制策略，并输出指令到电机控制器，实施电动机－发电机的电动（驱动汽车行驶）、发电（再生制动能量回收）控制；输出指令到发动机控制器，实施发动机的开关控制以及输出功率控制；输出指令到蓄电池管理系统，实施动力蓄电池组的充、放电能量管理。

　　依据发动机、电动机－发电机的工作状态以及动力蓄电池组的充、放电状态，并联混合动力汽车具有六种工作模式，见表3－1。

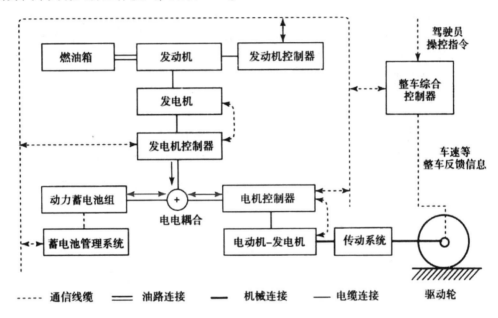

图3－9　并联混合动力汽车的结构简图

表3－1　并联混合动力汽车的工作模式

| 工作模式 | 发动机－发电机组 | 动力蓄电池组 | 电动机－发电机 | 整车状态 |
|---|---|---|---|---|
| 纯蓄电池组驱动 | 关机 | 放电 | 电动 | 驱动 |
| 再生制动充电 | 关机 | 充电 | 发电 | 制动 |
| 混合动力驱动 | 发电 | 放电 | 电动 | 驱动 |
| 强制补充充电 | 发电 | 充电 | 电动 | 驱动 |
| 混合补充充电 | 发电 | 充电 | 发电 | 制动 |
| 纯发动机驱动 | 发电 | 既不充电也不放电 | 电动 | 驱动 |
| 停车补充充电 | 发电 | 充电 | 关机 | 停车 |

### （三）混联混合动力汽车的结构与原理

以功率分流式混联混合动力汽车为例，其结构简图如图 3 – 10 所示。

混联混合动力汽车同时具备了并联混合动力汽车机电耦合以及串联混合动力汽车电耦合的特点。汽车的行驶动力由发动机、电动机 – 发电机通过机电耦合装置单独或联合提供。电机控制器的供电来自发动机 – 发电机组与动力蓄电池组组成的串联式结构。整车综合控制器、电机控制器、发动机控制器、发电机控制器和蓄电池管理系统等通过通信线缆连接组成整车控制系统，依据控制系统的状态信息以及驾驶员操控指令、车速等整车反馈信息，由整车控制器实施既定的控制策略，并输出指令到电机控制器，实施电动机 – 发电机的电动（驱动汽车行驶）、发电（再生制动能量回收）控制；输出指令到发动机控制器，实施发动机的开关控制以及输出功率控制；输出指令到发电机控制器，实施发电机的工作状态控制（工作转速或发电功率）；输出指令到蓄电池管理系统，实施动力蓄电池组的充、放电能量管理。

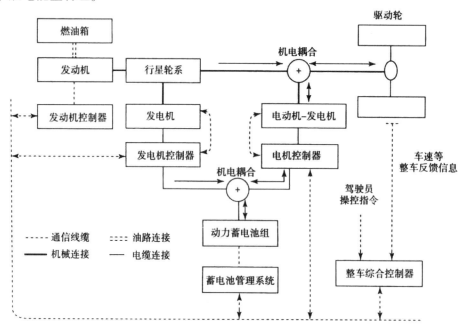

**图 3 – 10　功率分流式混联混合动力汽车的结构简图**

依据发动机、发电机、电动机 – 发电机的工作状态以及动力蓄电池组的充、放电状态，混联混合动力汽车具有五种工作模式。

各种工作模式的具体说明如下：

第一，当动力蓄电池组具有较高的电量且动力蓄电池组输出功率满足整车行驶功率需求或整车需求功率较小时，为避免发动机工作于低负荷和低效率区，混联混合动力汽车以纯电动机驱动模式工作，此时发动机处于关机状态。

第二，当汽车以纯电动机驱动行驶时，若汽车减速制动，则电动机 – 发电机工作于再生制动状态，汽车制动能量通过再生发电回收到动力蓄电池组中，即工作于再生制动充电模式。

第三，当汽车需求功率增加或动力蓄电池组电量偏低时，发动机起动工作，若发动机输出功率满足汽车行驶功率且动力蓄电池组不需要充电，则整车以纯发动机驱动模式工作，此时动力蓄电池组既不充电也不放电，发动机输出的功率分为两部分，一部分直接输出到驱动轮，另一部分经过发电机、电动机转换后输出到驱动轮。

第四，当汽车急加速需要更大的功率输出时，整车以混合动力驱动模式工作，此时发动机工作，动力蓄电池组放电，发动机输出的功率分为两部分，一部分直接输出到驱动轮，另一部分经过发电机、电动机转换后输出到驱动轮。另外，动力蓄电池组放电输出额外的电功率到电机控制器，使电动机输出更大的功率，满足汽车总功率需求。

第五，当动力蓄电池组的电量不足且发动机输出功率在驱动汽车的同时有剩余时，实施动力蓄电池组强制补充充电工作模式。此时，发动机工作，发动机输出的功率分三部分，一部分直接输出到驱动轮，一部分经过发电机、电动机转换后输出到驱动轮，另一部分经发电机后为动力蓄电池组进行充电。

图 3-11 所示为丰田普锐斯混联混合动力汽车几种典型的工作模式。

对于丰田普锐斯混联混合动力汽车，汽车以纯发动机驱动模式起步，当汽车需求功率达到发动机起动门限时，发动机起动，汽车进入正常工作模式，如图 3-11 (a) 所示。发动机输出动力经过行星轮系分成两条路径：一条为驱动发电机发电，产生的电功率直接输出到电动机-发电机，电动机-发电机电动运转并驱动车轮；另一条直接驱动车轮。整车综合控制器自动对两条路径的动力进行最佳分配，以最大限度地优化系统效率。当汽车高速行驶需要较高动力输出时，动力蓄电池组进行放电，额外增大了电动机-发电机的输出功率，整车获得的功率为发动机输出功率与动力蓄电池组放电功率之和，如图 3-11 速制动时，混合动力系统自动实施再生制动能量回收，如图 3-11 (c) 所示。当汽车遇到红灯停车时，发动机自动熄火，避免了发动机怠速运转引起的不必要的油耗和污染物排放。

## (四) 插电式混合动力汽车的结构与原理

插电式混合动力汽车本身是一种混合动力汽车，与普通混合动力汽车不同的是其车载的动力蓄电池组可以利用电力网（包括家用电源插座）进行补充充电，具有较长的纯电动行驶里程，必要时仍然可以在混合动力模式下工作。与普通混合动力汽车相比，插电式混合动力汽车具有较大容量的动力蓄电池组、较大功率的电机驱动系统以及较小排量的发动机。为满足纯电动行驶的需要，插电式混合动力汽车的辅助系统均为电动化的辅助系统，如电动助力转向、电动真空助力、电动空调等，而且还额外增加了车载充电器。

插电式混合动力汽车的工作原理为：当动力蓄电池组通过电力网充满电后，汽车优先以纯蓄电池组驱动模式工作；直至动力蓄电池组电量达到纯蓄电池组驱动模式工作的下限时，发动机起动，整车自动切入常规混合动力汽车控制模式，动力蓄电池组在满足混合动力行驶功率需求的前提下，维持在一个较低的电量状态，直至下一次通过电力网充满电。

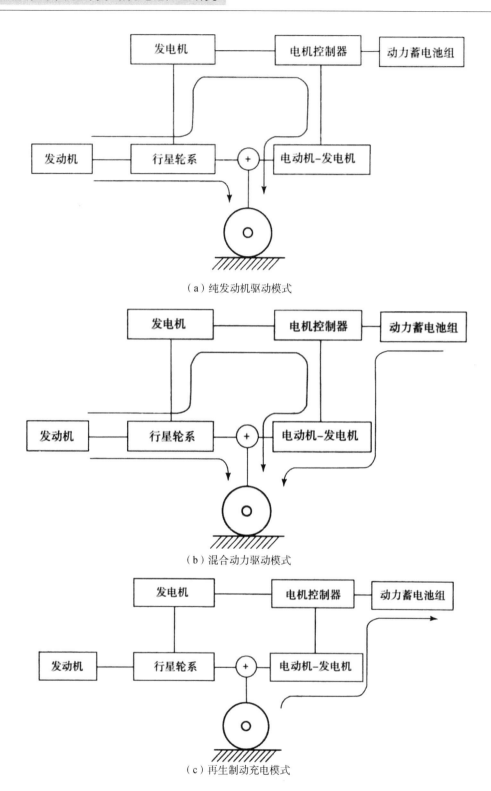

（a）纯发动机驱动模式

（b）混合动力驱动模式

（c）再生制动充电模式

图3-11　丰田普锐斯混联混合动力汽车几种典型的工作模式

### （五）增程式电动汽车的结构与原理

增程式电动汽车本身是一种串联混合动力汽车，其设计理念是在纯电动汽车动力传动系统的基础上，增加一个增程器（通常为小功率的发动机－发电机组或燃料蓄电池发电系统等），延长动力蓄电池组一次充电续驶里程，满足日常行驶的需要。相比于纯电动汽车，增程式电动汽车可以采用较小容量的动力蓄电池组，有利于降低动力蓄电池组的成本。相比于串联混合动力汽车，增程式电动汽车的增程器功率偏小，动力蓄电池组容量配置偏高。

增程式电动汽车完全靠电动机－发电机驱动，在起步或者短途行驶时，由车载大容量的动力蓄电池组通过电机控制器为电动机－发电机提供动力，电动机－发电机带动汽车行驶。当动力蓄电池的电量低于设定工作下限时，车载增程器起动，整车工作于串联混合动力汽车工作模式，满足汽车的行驶动力需求。值得注意的是，增程式电动汽车与插电式混合动力汽车的区别是，前者的发动机功率更小，而且由于在串联混合动力汽车工作模式下，增程器的输出功率不足以补充动力蓄电池组的电量消耗，从而难以像常规串联混合动力汽车那样无限制长距离行驶，因此必须及时对动力蓄电池组进行补充充电。

# 第三节　燃料电池电动汽车

## 一、燃料电池电动汽车概述

燃料电池电动汽车是指以氢气、甲醇等为燃料，通过化学反应产生电流，依靠电动机驱动的汽车。其电池的能量是通过氢气和氧气的化学作用，而不是经过燃烧直接变成电能或动能的。燃料电池的化学反应过程不会产生有害物质，燃料电池的能量转换效率比内燃机要高 2 ~ 3 倍。单个的燃料电池必须组合成燃料电池组，以便获得必需的动力，满足车辆使用的要求。从能源的利用和环境保护方面而论，燃料电池电动汽车是一种理想的车辆，所以，燃料电池电动汽车被认为是电动汽车发展的终极目标。

### （一）燃料电池电动汽车的特点

燃料电池电动汽车（Fuel Cell Electric Vehicle，FCEV）采用燃料电池作为动力源。相比于内燃机汽车，燃料电池电动汽车主要有以下优点：

（1）因燃料直接通过化学反应产生电能，无热能转换过程，故不受卡诺循环的限制，能量转换效率高，实际能量转换效率高达 50% ~ 70%。（2）当燃料电池使用氢燃料时，其排放的是水，无污染；当使用甲醇、汽油等其他燃料时，排放的 CO 比汽油车少 1/2。（3）燃料电池堆可由若干个单个电池串联或并联而成，可根据质量分配均衡和空间有效利用的原则，机动灵活地进行配置。（4）燃料电池无运动部件，振动小、噪声低，零部件对机械加工精度要求不高。

### （二）燃料电池电动汽车的类型

虽然燃料电池电动汽车的历史不长，但是与纯电动汽车相比，燃料电池电动汽车无须依赖蓄电池技术性能的完善，与内燃机汽车相比，则具有环保、节能的优势。因此，燃料电池电动汽车已成为全世界新能源汽车开发的热点，且世界各国不断地开发出不同结构的燃料电池电动汽车。

1. 按有无蓄能装置分类

根据燃料电池电动汽车是否配备蓄能装置，可把燃料电池电动汽车分为纯燃料电池电动汽车和混合型燃料电池电动汽车两大类。

（1）纯燃料电池电动汽车

纯燃料电池电动汽车的燃料电池是电动汽车上电能的唯一来源。这种类型的燃料电池电动汽车，要求燃料电池的功率大，并且无法回收汽车制动能量。因此，纯燃料电池电动汽车目前应用较少。

（2）混合型燃料电池电动汽车

混合型燃料电池电动汽车上除燃料电池外，还同时配备了蓄能装置（如蓄电池、超级电容或飞轮电池等）。由于蓄能装置可协助供电，因而可减小燃料电池的功率，且蓄能装置还可用于汽车制动时的能量回收，所以可提高燃料电池电动汽车的能量利用率。因此，燃料电池电动汽车多采用混合型结构。

2. 按燃料电池与蓄电池的结构关系分类

根据混合型燃料电池电动汽车中燃料电池和蓄电池的电路结构，可将混合型燃料电池电动汽车分为串联式和并联式两种，如图 3 – 12 所示。

（1）串联式燃料电池电动汽车

串联式燃料电池电动汽车动力系统如图 3 – 12（a）所示。其燃料电池相当于车载发电装置，通过 DC/DC 转换器进行电压变换后对蓄电池充电，再由蓄电池向电动机提供驱动车辆的全部电力。串联式燃料电池电动汽车的特点与普通的串联混合动力电动车相似。其优点是可采用小功率的燃料电池，但要求蓄电池的容量和功率要足够大，且燃料电池发出的电能需要经过蓄电池的电化学转换过程，从中有能量的转换损失。目前，串联式燃料电池电动汽车较为少见。

（2）并联式燃料电池电动汽车

并联式燃料电池电动汽车动力系统如图 3 – 12（b）所示。它由燃料电池和蓄电池共同向电动机提供动力。根据燃料电池与蓄电池能量大小的配置不同，又可将其分为大燃料电池型和小燃料电池型两种电动汽车。大燃料电池电动汽车主要由燃料电池提供电力，蓄电池的容量较小，只是在电动汽车起步、加速、爬坡等行驶工况时协助供电，并在车辆减速与制动时进行能量回收。小燃料电池电动汽车则必须采用大容量的蓄电池，由蓄电池提供主要的电力，而燃料电池只是协助供电。并联式是目前燃料电池电动汽车采用较多的形式。

3. 按提供的燃料不同分类

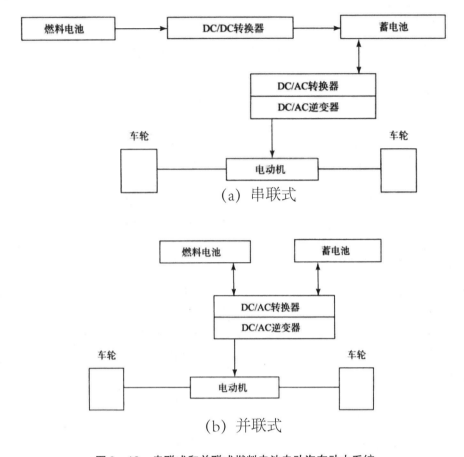

图3-12 串联式和并联式燃料电池电动汽车动力系统

根据燃料电池所提供的燃料不同，燃料电池电动汽车又可分为直接燃料电池电动汽车和重整燃料电池电动汽车两大类。

（1）直接燃料电池电动汽车

直接燃料电池电动汽车的燃料主要是纯氢，也可以用甲醇等燃料。采用纯氢作燃料的燃料电池电动汽车，其氢燃料的储存方式有压缩氢气、液态氢和合金（碳纳米管）吸附氢等几种。

（2）重整燃料电池电动汽车

重整燃料电池电动汽车的燃料主要有汽油、天然气、甲醇、甲烷、液化石油气等。重整燃料电池电动汽车的结构要比氢燃料电池电动汽车复杂得多。比如，甲醇重整燃料电池电动汽车需要对甲醇进行200℃左右的加热以分解出氢，汽油重整燃料电池电动汽车也需要对汽油进行1000℃左右的加热以分解出氢。无论采用什么燃料，重整燃料电池电动汽车都需设置重整装置，将其他燃料转化为燃料电池所需的氢。

直接以纯氢为燃料的燃料电池电动汽车对储氢装置的要求较高。但与重整燃料电池电动汽车相比，直接燃料电池电动汽车的结构简单、质量轻、能量效率高、成本低。因此，目前的燃料电池电动汽车采用重整技术的相对较少，大都以纯氢为车载氢源。

### （三）燃料电池电动汽车的构成

燃料电池电动汽车与普通燃油汽车相比，其外形和内部空间几乎没有什么区别，不同之处在于动力系统。燃料电池电动汽车动力系统的基本组成部分有燃料电池系统、电子控制系辅助蓄能装置及驱动电动机。

1. 燃料电池系统

燃料电池系统的核心是燃料电池电堆。此外，其还配备了氢气供给系统、氧气供给系统、气体加湿系统、水循环及反应物生成处理系统等，用以确保燃料电池堆正常工作。

（1）氢气供给系统

氢气供给系统的功能包括氢的储存、管理和回收，由于气态氢需要采用高压的方式储存，因此，储氢气瓶必须有较高的品质。储氢气瓶的容量决定了一次充氢的行驶里程。

轿车一般采用 2~4 个高压储氢气瓶，大客车通常采用 5~10 个高压储氢气瓶来储存所需的氢气。

液态氢比气态氢需要更高的压力进行储存，且要保持低温。因此，在使用液态氢时对储氢气瓶的要求更高，还需要有较复杂的低温保温装置。

不同的储氢压力，需要采用相应的减压阀、调压阀、安全阀、压力表、流量表、热量交换器、传感器及管路等组成氢气供给系统。在从燃料电池堆排出的水中，含有少量的氢，可通过氢气循环器将其回收。

（2）氧气供给系统

氧气供给系统有纯氧和空气两种供给方式。当以纯氧方式供给时，需要用氧气罐；当从空气中获得氧气时，需要用压缩机来提高压力，以确保供氧量，增加燃料电池反应的速度。空气供给系统除了需要有体积小、效率高的空气压缩机外，还需配备相应的空气阀、压力表、流量表及管路，并对空气进行加湿处理，以确保空气具有一定的湿度。

（3）水循环系统

在燃料电池反应过程中，会产生水和热量，需要通过水循环系统中的凝缩器加以冷凝并进行气水分离处理，部分水可用于反应气体的加湿。水循环系统还用于燃料电池的冷却，以使燃料电池保持在正常的工作温度。

2. 辅助蓄能装置

混合式燃料电池电动汽车还配备辅助蓄能装置。辅助蓄能装置可采用蓄电池、超级电容和飞轮电池中的一种组成双电源的混合动力系统，或采用蓄电池＋超级电容、蓄电池＋飞轮电池的三电源系统。

燃料电池电动汽车配备辅助蓄能装置的作用是：

（1）在燃料电池电动汽车起动时，由辅助蓄能装置提供电能，带动燃料电池起动或带动车辆起步。（2）在燃料电池电动汽车运行过程中，当燃料电池输出的电能大于车辆驱动所需的能量时，辅助蓄能装置可用于储存燃料电池剩余的电能。（3）在燃料电池电动汽车加速和爬坡时，辅助蓄能装置可协助供电，以弥补燃料电池输出功率的不足，使电动机获得足够的电能，产生满足车辆加速和爬坡所需的电磁转矩。（4）向车辆的各种电子设备、电器提供工作所需的电能。（5）在车辆制动时，将驱动电动机转换为发电机工作状态，将车辆的动能转换为电能，并向辅助蓄能装置充电，以实现车辆制动时的能量回收。

### 3. 驱动电动机

驱动电动机用于将电源所提供的电能转换为电磁转矩，并通过传动装置驱动车辆行驶。与纯电动汽车和混合动力汽车一样，燃料电池电动汽车用驱动电动机也可采用直流有刷电动机、交流异步电动机、交流同步电动机、永磁无刷直流电动机和开关磁阻电动机等。

不同类型的电动机具有不同的性能特点。燃料电池电动汽车通常是结合整车的开发目标，综合考虑各种电动机的结构与性能特点以及电动机的驱动控制方式和控制器结构特点等，选择适宜的驱动电动机。

### 4. 电子控制系统

直接燃料电池电动汽车的电子控制系统包括燃料电池系统控制器、DC/DC 转换器、辅助蓄能装置能量管理系统、电动机驱动控制器及整车协调控制器等，各控制功能模块通过总线连接。

（1）燃料电池系统控制器

燃料电池系统控制器用来控制燃料电池的燃料供给与循环系统、氧化剂供给系统、水/热管理系统并协调各系统工作，以使燃料电池系统能持续向外供电。

（2）DC/DC 转换器

DC/DC 转换器用于改变燃料电池的直流电压，由电子控制器控制。电子控制器的作用是通过调节 DC/DC 转换器的输出电压，将燃料电池堆较低的电压上升至电动机所需的电压。DC/DC 转换器的作用不仅仅是升压和稳压，在工作时通过控制器的实时调节，还可使其输出电压与蓄电池的电压相匹配，协调燃料电池和蓄电池负荷，起到限制燃料电池最大输出电流和最大功率的作用，以避免燃料电池因过载而损坏。

（3）辅助蓄能装置能量管理系统

辅助蓄能装置能量管理系统对蓄电池的充电、放电、存电状态等进行监控，使辅助蓄能装置能正常地起作用，实现车辆在起动、加速、爬坡等工况下的协助供电，并在车辆运行时储存燃料电池的富余电能，实现汽车制动时的能量回馈。蓄电池能量管理系统通过对蓄电池电压、电流、温度等参数的监测，还可实现蓄电池的过充电、过放电控制，进行蓄电池荷电状态的估计与显示。

（4）电动机驱动控制器

电动机的类型不同，其控制系统的电路结构和工作原理也有所不同。总体上，电动机驱动控制器的主要控制功能有：电动机的转速与转矩调节、电动机工作模式控制（设有制动能量回馈的电动汽车）、电动机过载保护控制等。

（5）整车协调控制器

整车协调控制器基于设定的控制策略对各控制功能模块进行协调控制。一方面，控制器根据加速踏板传感器、制动踏板传感器、挡位开关送入的电信号判断驾驶员的驾车意图，并输出控制信号，通过相关的控制功能模块实现车辆的行驶工况控制；另一方面，控制器根据相关传感器和开关输入的电信号，获取车速、电动机转速、是否制动、蓄电池和燃料电池的电压和电流等信息，判断车辆的实际行驶工况和动力系统的状况，并按设定的多电源控制策略输出相应的控制信号，通过相应的功能模块实现能量分配调节控制。此外，整车协调控制还包括整车故障自诊断功能。

### （四）燃料电池电动汽车的关键技术

对于燃料电池电动汽车而言，最被关注的性能指标主要有续驶里程、最高车速、最大爬坡度、最大转矩、功率及最大功率等。这些性能指标的高低，除了与燃料电池的性能这一关键因素有关外，还与车载储氢技术、辅助蓄能装置、电动机及其控制技术、动力系统的构成与整车的布置、整车的控制技术等密切相关。

1. 燃料电池系统

燃料电池技术是燃料电池电动汽车最关键的技术之一。燃料电池堆的净输出功率、耐久性、低温起动性及成本等，直接影响燃料电池电动汽车的性能和发展。目前，降低燃料电池成本是燃料电池电动汽车研究的最重要目标，而控制燃料电池成本最有效的手段则是减少燃料电池材料（电催化剂、电解质膜及双电极等）的成本，降低加工（膜电极制作、双电极加工和系统装配等）费用。在降低燃料电池成本的同时，进一步提高燃料电池的性能，是目前燃料电池电动汽车技术研究的重点。此外，燃料电池系统还有许多需要攻克的工程技术难题，如系统的起动与关闭时间、系统的能量管理与变换操作、电堆水热管理模式以及低成本高性能的辅助装置（空气压缩机、传感器及控制模块）等。

2. 车载储氢装置

目前燃料电池电动汽车大都以纯氢为燃料。车载储氢装置对燃料电池电动汽车的动力性及续驶里程影响很大。如前所述，常见的车载储氢装置有高压储氢瓶、低温液氢瓶及金属氢化物储氢装置三种。除液态储氢方式外，目前的车载储氢装置的质量储氢密度和体积储氢密度均较低，而液态储氢需要很低的温度条件，其成本和能耗都很高。如何有效地提高体积储氢密度和质量储氢密度，是车载储氢装置研究的重点。

储氢气瓶采用质量轻、机械强度大的材料，通过减小储氢气瓶的质量和提高储氢压力来提高储氢装置的体积储氢密度和质量储氢密度，这是通常的研究方案。另一个比较理想的方案是，采用储氢材料与高压储氢复合的车载储氢新模式，即在高压储氢容器中装填质量较轻的储氢材料。这种储氢装置与纯高压储氢方式（>40 MPa）相比，既可以降低储氢压力（约10 MPa），又可以提高储氢的能力。复合式储氢装置的技术难点是如何开发吸氢和放氢性能好、成形加工工艺好、质量轻的储氢材料。

3. 辅助蓄能装置

对于混合型燃料电池电动汽车而言，辅助蓄能装置性能的好坏、能量控制策略的优劣等对燃料电池电动汽车动力性和经济性的影响都很大。因此，研究与开发高性能的辅助蓄能装置，也是燃料电池电动汽车发展所必需的。

目前，燃料电池电动汽车用辅助蓄能装置主要有蓄电池、超级电容和飞轮电池三种。对用于燃料电池电动汽车的蓄电池来说，功率大、密度高、短时间大电流的充放电能力强尤为重要。目前，燃料电池电动汽车采用镍氢蓄电池的较多。锂离子蓄电池由于具有比能量大、比功率高、自放电少、无记忆效应、循环特性好、可快速放电等特点，已被一些燃料电池电动汽车用作辅助蓄能装置。相比于蓄电池，超级电容具有短时间内大电流充放性能好（可达蓄电池的 10 倍）、充放电效率高、循环寿命长等许多优点。作为唯一的辅助蓄能装置（FC + C）或作为辅助蓄能装置之一（FC + B + C），超级电容在燃料电池电动汽车上的应用将会逐渐增多。

4. 电动机及其控制技术

电动机用于产生驱动车轮转动的电磁转矩，其性能对燃料电池电动汽车的动力性和经济性影响极大。与工业用电动机相比，燃料电池电动汽车用驱动电动机在最大功率、最高转矩、工作效率、调速性能等方面均有较高的要求。目前，燃料电池电动汽车上使用较多的主要是永磁无刷直流电动机、交流异步电动机、交流同步电动机及开关磁阻电动机等。研究与开发出功率更大、更加高效且体积小、质量轻的电动机，并配以更加先进可靠的电动机控制技术，也是燃料电池电动汽车发展所需要解决的关键技术之一。

5. 系统管理策略与电子控制技术

整车动力系统的优化设计，能量管理策略，整车热管理及整车电子控制（动力控制、能量管理、热管理及制动能量回馈等自动协调控制）等，对燃料电池电动汽车的动力性、经济性也起到了关键的作用。因此，整车动力系统参数的选择与最优化设计、多动力源的能量管理策略与最优化控制、整车热管理的最优化控制、整车各控制系统的协调控制等，均是燃料电池电动汽车发展必须面对的关键课题。

## （五）燃料电池电动汽车存在的主要问题

燃料电池电动汽车有燃油汽车无法比拟的优势。但是，由于燃料电池电动汽车的性能、成本及燃料的供给配套设施等问题还尚待解决，因此完全替代燃油汽车还尚需时日。

1. 燃料电池电动汽车的性能还有待提高

与燃油汽车相比，燃料电池电动汽车的动力性、耐久性、起动性能（起动时间及低温起动）、续驶里程等均需要提高。

燃料电池是燃料电池电动汽车的核心部件，必须要解决的问题是提高功率密度、耐久性和起动性能。

重整器是确保燃料电池电动汽车能使用纯氢以外燃料的关键部件。提高重整器的工作可靠性、循环寿命、起动性和负荷响应性，以及小型化和轻量化，是燃料电池电动汽车必须要解决的问题。此外，开发实用型的汽油重整器具有极为重要的意义，因为当汽油重整器在燃料电池电动汽车上大规模使用时，燃料电池电动汽车燃料供给的基础设施可以与燃油汽车共用。

氢储存技术的提高是解决以纯氢为燃料的燃料电池电动汽车续驶里程问题的关键，未来目标是一次加氢的续驶里程能达到 500 km 以上。

2. 制造成本和运行成本过高

制造成本和运行成本过高是燃料电池电动汽车商用化的最大障碍，而燃料电池电动汽车制造成本居高不下的最主要原因就是燃料电池价格昂贵。

在燃料电池中，无孔石墨双极板的成本（包括石墨板材料价格和加工费用）占了整个燃料电池系统成本的50%以上。无孔石墨板的优点是导电性好、质量轻、耐腐蚀，其缺点是机械强度低，不易加工且难以薄片化。如今世界上正在研究改用金属板或复合板作双电极，这不仅可以降低材料费用，而且可以减薄双极板、降低加工难度、实现大批量生产，从而较大幅度地降低燃料电池的成本，提高燃料电池的比功率。

质子交换膜的费用也较高，其成本在燃料电池系统中排第二位。目前广泛采用的质子交换膜的工作温度极限是85℃。为确保燃料电池正常工作，就必须消耗燃料电池51%的能量，以移走燃料电池工作所产生的热量，这就大大降低了燃料电池的比能量。提高质子交换膜材料的工作温度极限和降低膜的厚度，是提高燃料电池的比能量，降低成本的有效途径。

催化剂铂是昂贵的金属，减少其用量可有效降低燃料电池的成本，但现在的燃料电池催化剂铂的用量已减至很低的水平，因此，单纯通过减少铂的用量来降低燃料电池的成本已较困难。提高铂的回收技术或寻求铂的替代品，成了降低燃料电池成本最有效的措施。

对氢燃料电池电动汽车而言，氢气的制备、储藏和运输成本要远高于汽油和柴油，因此燃料电池电动汽车的运行成本也较高。降低氢燃料的成本或研究与开发高效的汽油重整器，也是燃料电池电动汽车能被市场接受所要努力的方向。

（3）燃料供给体系的建立尚需时日

目前，燃料电池电动汽车的燃料供给体系尚未建立，加氢站、加甲醇站等基础网络设施建设几乎为零。要使燃料电池电动汽车实现商用化，氢燃料的供应及燃料供给基础设施建设必须同步进行。

当大规模地使用燃料电池电动汽车时，如何较为经济地获取氢，就成了燃料电池电动汽车应用必须解决的首要问题。虽然通过重整技术可将天然气、汽油等转化为燃料电池所需的氢燃料，但是这要消耗大量的能量，且未能摆脱对有限资源的依赖，也不能完全消除对环境的污染。通过热分解或电解的方法可从水中获取氢，这虽然是一种取之不尽的制氢方法，但需要消耗较多的能源，不具备实用性。利用太阳能制氢是较有前途的制氢方法。太阳能发电后通过电解水制氢，或利用太阳能直接分解水制氢等技术均处于研究与开发之中，此外，生物制氢技术也是获取氢源的有效途径。只有到了能以太阳能或其他再生能源获取廉价氢燃料的时候，燃料电池电动汽车的燃料问题才能根本解决。

气态氢的密度很小，需要通过高压储存，而液态氢又需要低温储存。因此，氢燃料生产基地的储存设备、运输装备和充氢站等，相比于汽油和柴油的储存设备、运输装备和加油站等均要复杂得多。加氢站的技术要求和费用要比加油站高得多，这需要国家给予政策扶持。在美国及欧洲一些国家，有关加氢站建设的法规早已成型，我国也正在积极做相关的工作。

只有当燃料电池电动汽车的性能及成本能与燃油汽车相抗衡，又有完备的燃料供给体系时，燃料电池电动汽车才能真正实现商用化。

## 二、质子交换膜燃料电池

现代燃料电池电动汽车主要装用燃料电池发动机来提供电能，燃料电池发动机以氢气为燃料，由单体燃料电池组成的燃料电池组（堆），以及气体供应系统、循环水系统、电能管理系统等辅助装备共同组成。

### （一）质子交换膜燃料电池的基本性能

质子交换膜燃料电池（Proton Exchange Membrane Fuel Cell，PEMFC）又名固体高聚合物电解质燃料电池，其燃料有：压缩氢气、液化氢、储氢合金储存的氢气、甲醇改质产生的氢气、汽油改质产生的氢气等。氧化物有：氧化剂和空气。其工作温度一般在 80℃ 左右，当温度在 80℃ 左右时易于快速起动，电池能够在 -20℃ 时起动。

质子交换膜燃料电池的能量转换效率理论上可达到 70% ~ 80%，现在各国研发的质子交换膜燃料电池实际能量转换效率已达到 50% ~ 60%。质子交换膜燃料电池用可传导质子的聚合膜作为电解质，这种聚合膜具有选择透过 H + 离子的功能，是质子交换膜燃料电池的关键技术。

质子交换膜燃料电池比能量可达到 200 W·h/kg 左右，燃料电池采用氢气作为燃料电池燃料时，质量比功率不小于 150 W/kg，采用甲醇改质的氢气作为燃料时，质量比功率小于 100 W/kg。当前研发的燃料电池电动汽车对质子交换膜燃料组（堆）的电压要求达 350 ~ 400 V、功率达 30 ~ 200 kW。

质子交换膜燃料电池可以连续不断地工作，并适合部分负荷和满负荷输出特性的要求，可以得到与燃油发动机汽车相同的续驶里程、灵活性和机动性。这些优越的性能为其在燃料电池汽车上使用带来了很大便利，质子交换膜燃料电池是"电动汽车"较理想的一种车载发电电源。

质子交换膜燃料电池的基本单位为单体质子交换膜燃料电池，再由多个单体质子交换膜燃料电池组成质子交换膜燃料电池组（堆）。在质子交换膜燃料电池组（堆）上装备压缩机、加湿器等的系统，共同组成燃料电池发动机（发电机）。

### （二）单体质子交换膜燃料电池

1. 单体质子交换膜燃料电池的构造

单体质子交换膜燃料电池的关键部件包括：阴极（氢燃料极）、阳极（氧化极）、质子交换膜和催化剂等。它们的结构形式和理化特性，是决定质子交换膜燃料电池性能的重要因素。

2. 单体质子交换膜燃料电池的工作原理

质子交换膜燃料电池的工作原理如下：

阳极：$1/2O_2 + 2H^+ + 2e^- \rightarrow H_2O$

阴极：$H_2 \rightarrow 2H^+ + 2e^-$

总的反应：$H_2 + 1/2O_2 \rightarrow H_2O$

质子交换膜燃料电池中氢离子 $H^+$ 从负极以"水合物"作为载体向正极移动。因此，在质子交换膜燃料电池的正负极间，必须保持有 400 mm/Hg 压力的水汽。在工作过程中要不断地补充水分，使得燃料气体流和氧化剂（空气等）气体流保持一定的"湿润"状态。在氢离子 $H^+$ 流过质子交换膜时，将水分附着在质子交换膜上，保持质子交换膜处于湿润状态来防止质子交换膜脱水，质子交换膜脱水时会使得燃料电池的内阻大幅度上升。

### （三）燃料电池组（堆）

1. 燃料电池组（堆）的构造

燃料电池组（堆）是由多个单体质子交换膜燃料电池串联组成，单体质子交换膜燃料电池的电压为 0.7~1V，串联成燃料电池组（堆）的总电压达 250~500 V，以保证燃料电池汽车驱动电动机所需要的工作电压和电流。

2. 燃料电池组整体组装的要求

（1）使反应气体均匀分布。氢气、氧化剂的流场设计，要求能够均匀通过每一个单体燃料电池中的流场表面，进入燃料电池组中的反应气体受到的阻力要小，保证各个单元燃料电池的电压一致性。（2）控制每一个燃料电池单体之间反应气体相互隔离，不发生泄漏。（3）冷却水在流场表面流过时，要求冷却均匀，不会因温度不均匀而使局部过热。

3. 燃料电池组的电路连接方式

多个单体燃料电池串联的燃料电池组中，每个单体燃料电池的负极板与相邻的单体燃料电池的正极板串联，电流在整个燃料电池组表面流过形成串联组合。然后由两端的单体电池的电极输出总的电压和电流。要求降低燃料电池组的内阻，并避免发生短路。

4. 燃料电池组的密封性

在模压成整体的质子交换膜燃料电池组中，各个单体电池之间的密封性要求很高。密封性不良的质子交换膜燃料电池会因为氢气泄漏而降低氢气的利用率，并使质子交换膜燃料电池的效率降低。

# 第四节　其他清洁能源汽车

## 一、气体燃料汽车

气体燃料汽车又称为燃气汽车，主要分为液化石油气汽车和天然气汽车两种。根据汽车使用可燃气体的形态不同可分为三种：压缩天然气 CNG（Compressed Natural Gas），主要成分为甲烷；液化天然气 LNG（Liquefied Natural Gas），主要成分为甲烷，经深度冷冻液化；液化石油气 LPG（Liquefied Petroleum Gas），主要成分是丙烷和丁烷的混合物。燃气汽车的发动机在燃料供应系统、工作循环的参数、配气机构参数等方面，针对燃气的物化特性进行了专门设计，因此，燃料的热效率高，经济性好。

两用燃料燃气汽车——具有两套燃料供应系统（其一为 CNG 或 LPG），燃气和燃油两种燃料之间可以进行切换的一类车辆，不能同时使用两种燃料。与单一燃料汽车相比，由于要兼顾两种燃料的物化特性，发动机结构参数几乎不做改造，一般是在用车的改装，因此燃烧效率低。

双燃料燃气汽车——燃用 CNG 或 LPG 与汽油（柴油）混合燃料的汽车。双燃料汽车保留汽油、柴油的供油系统，外加一套供气系统，技术较为成熟；专用气体燃料汽车可以充分发挥天然气理化性能特点，价格低，污染少，是最清洁的汽车。

第一，燃气汽车是清洁燃料汽车。天然气汽车的排放污染大大低于以汽油为燃料的汽车，一氧化碳降低 80%，碳氢化合物降低 60%，氮氧化合物降低 70%。$CO_2$ 减少 20% ~ 30%，噪声降低 40%，尾气中不含硫化物、铅和苯，大大减轻了对环境的污染，因此，许多国家已将发展天然气汽车作为一种减轻大气污染的重要手段。

第二，抗爆震性好，辛烷值达 103 ~ 110，远高于汽油，有利于增大燃气压缩比，提高发动机的动力性能。

第三，天然气汽车经济性好。天然气的价格比汽油和柴油低得多，燃料费用一般节省 50% 左右，使营运成本大幅度降低；燃料以气态进入气缸，燃烧较充分，热效率高，运行平稳，噪声低，积炭少，不需经常更换机油和火花塞，可使发动机的大修期延长 30% ~ 40%，使润滑油更换周期延长 50%，降低了维护费用和运行成本。

第四，比汽油汽车更安全。与汽油相比，压缩天然气本身就是比较安全的燃料。这表现在：燃点高，天然气燃点在 650℃ 以上，比汽油燃点（427℃）高出 223℃，所以与汽油相比不易点燃；密度低，与空气的相对密度为 0.48，泄漏气体很快在空气中散发，很难形成遇火燃烧的浓度；爆炸极限窄，仅 5% ~ 15%，在自然环境下，形成这一条件十分困难；释放过程是一个吸热过程，当压缩天然气从容器或管路中泄出时，泄孔周围会迅速形成一个低温区，使天然气燃烧困难。

另外，设计上考虑了严密的安全保障措施。对高压系统使用的零部件，安全系数均选用 1.5 ~ 4 以上，在减压调节器、储气瓶上安装有安全阀，控制系统中，安装有紧急断气装置；储气瓶出厂前要进行特殊检验。气瓶经常规检验后，还需充气做火烧、爆炸、坠落、枪击等试验，合格后，方能出厂使用。

## （一）气体燃料汽车的组成及工作原理

天然气发动机结构包括燃气供给系统、进气控制系统、点火控制系统等，其他还包括传感器和电子控制模块。

### 1. 燃气供给系统

储存、输送清洁燃料，根据发动机不同工况的要求，配制一定数量和浓度的可燃混合气送入气缸，保证发动机的动力性、经济性和排放达标。

### 2. 进气控制系统

进气系统不仅要对空气进行过滤、计量，为了增大进气量而提高发动机的功率，还必须对进气实施各种电子控制，提供一个和发动机负荷相对应的可变的进气增压压力，而增压器的废气旁通阀可以通过释放涡轮处的排气压力来减小增压压力，这通过一个膜片推动杠杆来完成。

### 3. 点火控制系统

功能及原理和汽油机的点火控制系统相似，ECU 通过各种传感器信号判定发动机的工况，并进行通电时间控制、点火提前角控制和爆震控制。

高压的压缩天然气从储气钢瓶出来，经过天然气滤清器过滤后，经高压电磁阀进入高压减压器。高压电磁阀的开合由 ECM 控制，高压减压器的作用是将高压的压缩天然气（工作压力 200 ~ 300 bar）经过减压将压力调整至 7 ~ 9 bar。高压天然气在减压过程中由于减压膨胀，需要吸收大量的热量，为防止减压器结冰，从发动机将发动机冷却液引到减压器对燃气进行加热。经减压后的天然气进入电控调压器，电控调压器的作用是根据发动机运行工况精确控制天然气喷射量。天然气与空气在混合器内充分混合，进入发动机缸内，经火花塞点燃进行燃烧，火花塞的点火时刻由 ECM 控制，氧传感器及时监控燃烧后尾气的氧浓度，推算出空燃比，ECM 根据氧传感器的反馈信号和控制 MAP 及时修正天然气喷射量。

天然气发动机电子控制系统可以精确地控制进入发动机气缸内的空气和燃油的混合比、燃烧过程，以优化发动机性能，改善汽车驾驶性能，并且更加严格地控制汽车所排出的废气对空气的污染。

## （二）气体燃料供给系统的组成及工作原理

CNG 发动机燃料控制系统由储气瓶、高（低）压电磁阀、减压器、燃气滤清器、热交换器、节温器、燃料计量阀、混合器等部件组成。

LNG 发动机燃料控制系统由储气瓶、电磁阀、稳压器、燃气滤清器、热交换器、节温器、燃料计量阀、混合器等部件组成。

燃料供给系统的作用：

压力管理：将气瓶中的高压转换为混合器前极低的压力。

温度控制：极低温度的燃气将冻结管路和部件，燃料控制系统有效加热并将燃气温度控制在合理范围内。

供气控制：燃料计量阀上装有压力和温度传感器，给 ECU 提供稀薄燃烧需要的燃气温度和压力信息，精确控制喷嘴喷射量。同时，高压燃气需要电磁阀控制燃气的开断。

储气瓶是作为一种用以替代油箱盛装、储存、供给燃料（液化天然气），并且可以多次重复充装的低温绝热压力容器。

### 1. 储气瓶

CNG 储气瓶结构比较简单，主要采用无缝钢质气瓶。储气压力一般为 20 MPa，容量有 40 L、45 L、50 L 三种规格，可充入 $8 m^3$、$9 m^3$、$10 m^3$。气瓶上装有安全阀，其内装有 100℃ 的易熔合金和 26 MPa 的爆破片。当气瓶内气体压力、温度超过上述数值时会自动放气。出厂前都要经过严格的安全检验，包括静水压力爆破试验、压力循环试验、耐火试验、坠落试验和枪击试验。

LNG 储气瓶主要结构是双层容器。内胆能够承受一定的压力，用来储存和供给低温液态的液化天然气。在内胆外壁缠绕由玻璃纤维纸和光洁的铝箔组成的多层绝热材料，多层材料在高真空条件下具有热导率低、隔热性能高、质量轻的特点。

外壳主要用来与内胆形成夹层空间（两层容器之间的空间）和把内胆支撑起来。

夹层空间被抽成高真空，与多层绝热材料共同形成良好的绝热系统，用以延长液化天然气的储存时间。

外壳和内胆之间设置支撑系统将内胆外壳合理固定。支撑系统的设计能够承受车辆在行驶时所产生的加速、减速和振动。

气瓶所有的外部管路、阀件都设置在气瓶的一端，并用保护环或保护罩进行防护。阀门系统的设置能够满足液化天然气的充装和供给。

内胆设置了两级安全阀（管路系统中），能在内胆超压时起到保护作用。在超压情况下主安全阀（Svp）首先打开，其作用是泄放由于绝热层和支撑正常的漏热损失导致的压力上升，或真空遭破坏后以及在失火条件下的加速漏热导致的压力上升。副安全阀（Svs）的压力设定比主安全阀高，在主安全阀失效或发生堵塞时，副安全阀启动。

在夹层超压条件下，外壳的保护是通过一个环形的真空塞来实现的。正常情况下，真空塞被大气压压紧在真空塞座内，使大气与夹层空间隔绝，保证夹层的真空度。由于低温液体或蒸汽受热后体积变化比较大，即使少量的低温液体或蒸汽泄漏进入夹层，也会导致夹层压力迅速升高。当夹层压力超过一定压力（0.15～0.2 MPa）时，真空塞将会打开泄压。

设置了经济阀（Er），在使用过程中（长时间停驶除外），经济阀能够优先使用气瓶内胆顶部由于自然蒸发被汽化而形成的天然气蒸汽，从而降低气瓶内部的压力，使得正在使用气瓶的压力不会升至安全阀的开启压力，因而不用放空。

还设置了过流阀（Ef），当外部管路发生破裂，管路流量大于设定值时，过流阀自动关闭；当关闭过流阀前的液体使用阀后，过流阀自动回位。通过过流阀自动关闭，从而可以有效避免次生危险的发生。

除此之外，多数厂家还设置了自增压系统。自增压系统包括：增压截止阀（Pv）、升压调节阀（PBr）、自增压盘管（Pr）及相应的管路。该系统能够保证且稳定地提供气瓶的正常供液压力和流量的要求，仅仅通过与空气进行热交换，而不需额外的能源。稳定的压力是通过调节升压调节阀来控制的，当气瓶顶部的压力低于升压调节阀设定的压力（也就是系统需要的压力）时，液化天然气通过增压截止阀和升压调节阀后进入自增压盘管与空气进行热交换，液体变成蒸汽回到气瓶的顶部。由于液化天然气的液气比较大，因此使得压力升高。当压力等于升压调节阀的压力后，升压调节阀自动关闭，气瓶压力不再继续升高。

2. 燃气滤清器

燃气滤清器分为高压滤清器和低压滤清器，能过滤掉燃气中0.3以上的杂质，确保进入气缸等元件的燃气清洁。

安装滤清器时注意放水口朝下，进出气口不能装反，每隔 3 000～5 000 km 放一次水，并且定期更换滤芯。

3. 减压器（稳压器）

减压器（稳压器）的工作原理为通过压力膜片克服弹簧阻力，带动杠杆，调整节流孔的流通面积，从而控制减压后的天然气压力。其作用是通过节流和加热，使储气罐中高压的压缩天然气减至 7～9 bar 的低压天然气。

安装减压器（稳压器），进出气口不能装反，应定期检查阀芯、膜片及密封件。

### 4. 热交换器

天然气由液态变为气态导致燃气温度大幅度降低，通过发动机的冷却液给天然气进一步加热，可防止进入燃料计量阀前的燃气结晶，以免影响燃料计量阀性能。换热器多采用交叉流结构以避免因燃气过冷和冷却液过热时导致的热冲击。应安装在靠近发动机进气管和振动较小的位置，但不应直接安装在发动机上。安装位置不能高于发动机散热器顶部。否则会导致加热水不能流经减压器，导致减压器结冰冻裂。

### 5. 节温器

节温器也叫作调温器，其作用是保持出口燃气在 0～40℃，因为当燃气出口温度 > 60℃时，燃气会变得稀薄，导致燃气流量减小。一般情况下，燃气温度超过 40℃，30 s 内节温器关闭；燃气温度低于 10℃，30 s 内节温器开启，冷却液进入热交换器内，燃气又得到加热。

节温器的开启与关闭受燃气温度控制，冷却液的进口与出口不能接反，进口处有"IN"标记，出口处有"OUT"标记。

### 6. 燃气喷射（计量）阀（FMV）

电控单元根据发动机运行工况调整燃气计量阀喷嘴电磁阀的占空比，控制燃气喷射量，保证发动机在设定的空燃比下运行。上柴 LNG 发动机的燃气计量阀：上面集成了低压截止阀、燃气压力传感器（NGP）和燃气温度传感器（NGT）。喷射阀的数量根据发动机型号配置 6～12 个，经热交换器和节温器后被加热到合适的温度范围，进入燃气喷射阀。燃气依次流经阀体上的压力及温度传感器，然后经过喷嘴进行流量控制，最后从出口流出。

### 7. 电控调压器（EPR 阀）

电控调压器是一个连续流量燃气供给装置，由一个内置微处理器控制的大功率快速执行器驱动，将经过一级减压后的天然气压力降到系统所需压力，并可在一定范围内精确控制燃气出口压力，使发动机在目标空燃比下运行。另外，在一级减压器和电控调压器之间装有低压燃气切断阀，必要时 ECU 可通过该阀切断燃料的供给。

一方面，电控调压器内部的电控单元通过内置的压差传感器，测量进入混合器的空气与燃气的压力差，并将其传给 ECU；另一方面，电控调压器接收 ECU 发出的压差指令，执行器通过驱动调压器的膜片调节进入混合器的燃气压力，从而使实际压差与指令压差相符，实现燃气供给的闭环控制。在电控调压器内还配有干式燃气温度传感器，用于压差指令的温度修正以提高控制精度，可以保证各缸混合气浓度的均匀性，有利于发动机采用稀薄燃烧方式。

### 8. 混合器

混合器采用喉管和十字叉结构，天然气从小孔中进入混合器。将天然气和中冷后的空气充分混合，使燃烧更充分、柔和，有效降低 $NO_x$ 排放和排气温度。

### （三）天然气发动机进气控制系统的组成及工作原理

为了使发动机和增压器更合理地匹配，在较宽的转速范围内改善发动机的性能，新一代的天然气发动机在进气系统中采用了电控可调增压装置，实现对进气压力的闭环控制天然气发动机进气控制系统主要由气流控制系统和气流计量系统组成，气流控制系统包括电子节气门、增压器、废气旁通控制阀、废气旁通阀、防喘振阀、加速踏板位置传感器。

气流计量系统的工作原理为：ECU 根据传感器信号计算空气流量，进而确定需要供给发动机的燃料量，气体速度和密度是 ECU 估算的主要依据。通过进气支管压力 MAP 和进气温度 MAT 以及发动机转速，ECU 能够估算出进入发动机的进气量，ECU 通过节气门前和涡轮增压器前的压力传感器估算出天然气抵偿的空气体积以及冷却液温度带来的影响，包括节气门前压力传感器、节气门后进气压力温度传感器、进气压力温度传感器和氧传感器。

1. 电子节气门

电子节气门是最重要的进气流量控制装置，ECU 不断测量位置传感器的反馈信号，通过 PWM 信号控制节气门，从而直接控制发动机动力输出。

电子节气门一般采用多个位置反馈传感器（通常用双向纠错电位计或霍尔传感器）来进行调速，以增加安全性和冗余检查。

根据 ECU 的指令，电子节气门有三种工作状态：

（1）当发动机速度低于怠速目标值时，ECU 进行怠速控制，即控制节气门开度位置，保持发动机速度在怠速目标值附近。（2）当发动机速度超过最大额定转速时，ECU 限制节气门开度位置，即速度越高节气门开度位置越小。（3）当发动机速度在怠速和最大额定转速之间时，节气门开度位置直接由踏板控制，即节气门开度位置随踏板位置同步变化。

每 1 万千米（视当地气体清洁度而定），检查节气门内部是否有明显的油污，若有，则需用节气门清洗剂清洗节气门碟阀部分，清洗后用干压缩空气吹干。清洗后，用手按压碟阀，检查碟阀运动有无卡滞、是否回位，若出现卡滞，则需要更换电控节气门总成。

2. 废气旁通控制阀

ECU 根据各种传感器传来的数据，控制着电子节气门和废气旁通阀，通过控制废气旁通控制阀的占空比，控制着涡轮增压器废气旁通控制膜片上的压力，也就控制了废气经过旁通阀的流量，从而控制发动机的增压压力，采用该技术能有效提升发动机低速扭矩。

3. 防喘振阀

当发动机突然减速时，由于节气门关闭，增压器出口至节气门间的压力会迅速升高，导致增压器剧烈振动，这种现象叫喘振。为了避免这种现象发生，在增压器出口和入口之间并联一个防喘振阀。防喘振阀共有三个接口，两个直径大的接口分别连接增压器入口和增压器出口，较细的通气软管和进气支管压力相通。当节气门突然关闭时，通气软管将节气门后的低压压力传递到防喘振阀压力反馈接头上，打开防喘振阀单向截止膜片，使增压器压气机前后压力平衡，避免增压器喘振，保护增压器。

### 4. 节气门前压力传感器

节气门前压力传感器是一种压力－电压转换器，安装在涡轮增压器与混合器之间的进气管路上，它用来测量节气门之前的增压空气压力。压力值和其他的传感器信号一起确定节气门的气流速率，同时被用于增压压力控制。

### 5. 节气门后进气压力温度传感器

节气门后进气压力温度传感器安装在电子节气门下游的进气管上，尽可能让传感器温度、压力探头置于混合气气流中。通过测量中冷后的压力、温度，结合发动机转速、排量、充气效率，利用速度密度法即可计算出混合气流量。

### 6. 进气压力温度传感器

进气压力温度传感器是进气支管压力传感器，它被用来测量进入发动机气缸前的进气支管内的压力。测量的压力结合其他的测量值用来确定发动机的空气流量，从而确定燃料流量。进气温度传感器是一个热敏电阻，安装在发动机进气管上。它通过监测进入和排出的空气温度，与其他传感器相结合来确定进入和排出发动机的空气流量。

### 7. 宽域氧传感器

由于天然气发动机大多采用了稀薄燃烧技术，其尾气中氧离子的浓度较高，一般的开关型氧传感器无法准确测量氧离子的浓度。宽域排气氧（UEGO）传感器，能够连续地检测出尾气中的氧含量，可用于稀薄燃烧应用中，以确定进口处的空燃比，UEGO传感器比标准的开关式传感器要复杂得多。

宽域氧传感器是以普通的加热、开关型二氧化锆氧传感器为基础扩展而成，其结构主要包括氧浓度差电池、泵电池、扩散室、参考室和加热器等。废气通过扩散孔进入扩散室（称"取样废气"），若扩散室中取样废气的氧浓度和参考室中空气的氧浓度

不同，氧浓度差电池的两电极（电极 C、D）间会产生氧浓度差电池电压（即 Nernst 电压）。二氧化锆型氧传感器有一特性，即当氧离子移动时会产生电动势，反之，若将电动势加在二氧化锆组件上，会造成氧离子的移动。根据此原理，通过宽域氧传感器的控制器（内置于发动机控制单元 ECU 中）改变泵电压的大小和方向来可改变宽带氧传感中氧离子的扩散方向和速率（泵入或泵出扩散室），使氧浓度差电池输出电压维持在 0.45 V。

### 8. 大气环境传感器

作用：通过测量进气压力、温度、湿度，并根据所测得的湿度、压力来修正实际控制空燃比和天然气供给量，使发动机运行在最佳状态。

安装要求：该传感器要求安装在空气滤清器和增压器之间的空气管路上，为保证环境传感器测量值正确，安装时必须保证传感器底面 4 个湿度测量小孔不被挡住，并且该传感器温度、压力探头必须置于气流中以测量正确值。

大气环境传感器是汽车电控发动机的一个气体传感器部件，它通过测量进入发动机气缸气体的进气压力、温度和湿度将信号传输给 ECU 部件，通过 ECU 综合其他传感器数据来对空燃比值进行修正。大气环境传感器一般安装在空气滤清器和空气增压器之间的管路上。若发动机曲轴箱通风口引至增压器前的空气管路上，环境传感器必须安装在曲轴箱通风口上游，以免污染传感器探头。

### （四）天然气发动机电子控制系统

国内使用的电控天然气控制系统，目前主要分为两大供应商：一个是美国的 Econtrols，另一个是美国的伍德沃德。重汽、玉柴主要装备 Econtrols 系统，潍柴主要装备伍德沃德系统。

### （五）天然气汽车使用与维护

1. CNG 汽车安全使用规则

（1）严格执行加气安全操作规程。气瓶加气，压力不得高于 20 MPa。使用的天然气应做净化处理，符合车用天然气气质标准。（2）严禁在装置有故障和系统存在漏气的情况下燃气运行。（3）在拆装有关高压零部件时，应避免不安全操作。开启瓶阀，人不得站在气瓶阀口的正面，截止阀应缓慢开启，通气后逐渐开大，防止冲击表阀及其他零件。（4）严禁用火检查漏气。（5）驾驶室及车辆附近不得使用明火，应随时检查是否有天然气泄漏，驾驶室内严禁全封闭状态吸烟。（6）行车时避免气瓶及管线与障碍物撞击，发现供气系统有漏气现象应及时排除，并换用汽油燃料。（7）车辆停止行驶时，应停放在阴凉处，防止日光暴晒。（8）保养车辆时，气瓶、减压阀、管线等严禁敲击、碰撞。充气气瓶，与明火距离不得小于 10 m。

2. CNG 装置的维护保养

CNG 装置的维护保养应结合汽车各级保养同时进行。

（1）每次出车前，应检查各零件的紧固情况，及时处理松动的紧固件，检查气质、管线及各连接处是否有泄漏，如有泄漏应及时处理。（2）每月检查一次高压管线滤芯、电磁阀芯、调整各级减压阀压力。（3）半年全面检修减压阀及供气系统一次，损坏件应及时更换。（4）按国家劳动局气瓶安全监察规程规定，天然气钢瓶两年进行一次检测，不合格者应及时更换，检验后填写检测卡。（5）经常保持 CNG 系统及空滤器芯子的清洁、完整。（6）因维护保养发动机须拆卸天然气管线时，应用干净棉布堵住各接头，以免异物进入，损坏减压器阀口。（7）车辆维护保养时，应检查充气阀、减压器、管线卡箍紧固情况。若发现松动，卡箍掉缺、无效应及时处理。（8）车辆维护保养时，应用扭力扳手测量，检查钢瓶安装紧固情况是否符合要求。（9）随时清除钢瓶表面上的污泥，以免影响钢瓶阀门、安全防爆阀的技术性能。（10）只有在放出系统中的气体并关闭气瓶所有阀门之后，才能对燃气装置进行维修。（11）凡高压系统发生故障，驾驶员不得自行拆卸、改动、修理、调整减压器等。（12）按有关规定和要求认真填写、保管压缩天然气汽车的有关技术资料。

## 二、生物质燃料汽车

随着能源危机的加深和人们日益增强的环保意识，车用清洁代用燃料引起人们越来越多的关注，世界各国都在加紧研究开发新型的环保能源。中国是能源消费大国，随着经济的发展和社会的进步，矿物质能源尤其是石油能源的消费迅速增长，能源已成为制约经济迅速发展的瓶颈。缓解我国的柴油短缺局面和改善柴油机的排放，在现有的技术条件和经济条件下，寻找清洁的代用燃料是最有效的方法之一。

生物质能是以生物质为载体的能量，即通过植物光合作用把太阳能以化学能的形式在生物质中存储的一种能量形式。碳水化合物是光能储藏库，生物质是光能循环转化的载体，生物质能是唯一可再生的碳源，它可以被转化成许多固态、液态和气态燃料或其他形式的能源，称为生物质能源。生物质能源是一种可再生能源，其消耗量居第4位，排在石油、煤炭和天然气之后。

当前最受人们关注的生物质燃料主要是乙醇和生物柴油。乙醇是一种无色澄清液体，是易流动、易燃烧的含氧生物燃料，可以从粮食及植物中提取，是一种可再生的生物能源。乙醇又是一种清洁燃料，汽车掺烧乙醇可以大幅降低一氧化碳及微粒的排放。

生物柴油是由各种油脂通过酯化反应制得，生物柴油的原料很多，大豆和油菜籽等油料作物、油棕和黄连木等油料林木果实、工程微藻等油料水生植物以及动物油脂、废餐饮油等都可作为制取生物柴油的原料。它既可以单独作为发动机的燃料，又可作为一种燃料添加剂使用。发动机燃用含有生物柴油的燃料时，可以大幅度降低污染物的排放。

因此开发乙醇燃料、生物柴油等替代燃料，对缓解石油短缺和汽车对大气环境的污染，实现可持续发展战略具有重大意义。

### （一）乙醇在汽车上的应用

车用乙醇汽油是指在汽油组分油中，按体积比加入一定比例（中国暂按10%）的变性燃料乙醇混配而成的一种新型清洁车用燃料。在汽油中加入10%的变性乙醇，可使汽油辛烷值（汽油标号如90#、93#等）提高3%，氧含量增加3.5%，大大改善了汽油的使用性能，燃烧更彻底，是一种节能环保型燃料。

1. 乙醇汽油的优点

（1）它增加汽油中的氧含量（达35%），使燃料燃烧更充分，彻底有效地降低了尾气中有害物质的排放。据国家汽车研究中心所做的发动机台架试验和行车试验结果表明，使用车用乙醇汽油，在不进行发动机改造的前提下，动力性能基本不变，尾气排放的CO和HC化合物平均减少30%以上，有效地降低和减少了有害的尾气排放。（2）有效提高汽油的标号，使发动机运行平稳。可采用高压缩比提高发动机的热效率和动力性，加上其蒸发潜热大，可提高发动机的进气量，从而提高发动机的动力性。（3）减少积炭。车用乙醇汽油中加入的乙醇是一种性能优良的有机溶剂，具有良好的清洁作用，能有效地消除汽车油箱及油路系统中燃油杂质的沉淀和凝结（特别是胶质胶化现象），具有良好的油路疏通作用。有效消除火花塞、气门、活塞顶部及排气管、消声器部位积炭的形成，可以延长主要部件的使用寿命。（4）使用方便。乙醇常温下为液体，操作容易，储运使用方便，与传统发动机技术有继承性，特别是使用乙醇汽油混合燃料时，发动机结构基本无变化。

2. 乙醇汽油的缺点

（1）热值低。同样体积的乙醇，其能量只有汽油的2/3，当它与汽油进行混合时，实际上降低了燃料的含热量。因此，同样加满一箱油，混合乙醇的汽油只能行驶更少的里程。（2）蒸发潜热大。乙醇的蒸发潜热是汽油的2倍多，蒸发潜热大会使乙醇类燃料低温起动和低温运行性能恶化，如果发动机不加装进气预热系统，燃烧全醇燃料时汽车难以起动，但在汽油中混合低比例的醇，由燃烧室壁供给液体乙醇以蒸发热，蒸发潜热大这一特点可成为提高发动机热效率和冷却发动机的有利因素。（3）易产生气阻。乙醇的沸点只有78℃，在发动机正常工作温度下，很容易产生气阻，使燃料供给量降低甚至中断供油。（4）腐蚀性强。乙醇在燃烧过程中会产生乙酸，对汽车金属（特别是铜）有腐蚀作用，有试验表明，在汽油中乙醇含量在10%以下时，对金属基本没有腐蚀，但乙醇超过15%时，则必须添加有效的腐蚀抑制剂。（5）与其他材料相容性差。乙醇是一种优良的溶剂，易对汽车密封橡胶及其他合成非金属材料产生一定的轻微腐蚀、容涨、软化或龟裂作用。（6）乙醇汽油对环境要求非常高，非常怕水，保质期短，因此销售乙醇汽油要比普通汽油在调配、储存、运输、销售各环节严格得多。过了保质期的乙醇汽油容易出现分层现象，在油罐油箱中容易变混浊，打不着火。

### （二）生物柴油在汽车上的应用

生物柴油（Biodiesel）是指以油料作物（如大豆、油菜、棉、棕榈等），野生油料植物和工程微藻等水生植物油脂以及动物油脂，餐饮垃圾油等为原料油，通过酯交换工艺制成的可代替石化柴油的再生性柴油燃料。生物柴油是生物质能的一种，它是生物质利用热裂解等技术得到的一种长链脂肪酸的单烷基酯。

生物柴油的特性和优点：

1. 具有优良的环保特性

生物柴油和石化柴油相比含硫量低，使用后可使二氧化硫和硫化物排放大大减少。权威数据显示，二氧化硫和硫化物的排放量可降低约30%。生物柴油不含对环境造成污染的芳香族化合物，燃烧尾气对人体的损害低于石化柴油，同时具有良好的生物降解特性。和石化柴油相比，柴油车尾气中有毒有机物排放量仅为10%，颗粒物为20%，二氧化碳和一氧化碳的排放量仅为10%。

2. 低温起动性能

和石化柴油相比，生物柴油具有良好的发动机低温起动性能，冷滤点达到 −20℃。

3. 生物柴油的润滑性能比柴油好

可以降低发动机供油系统和缸套的摩擦损失，增加发动机的使用寿命，从而间接降低发动机的成本。

4. 具有良好的安全性能

生物柴油的闪点高于化石柴油，它不属于危险燃料，在运输、储存、使用等方面的优点明显。

5. 具有优良的燃烧性能

生物柴油的十六烷值比柴油高，因此燃料在使用时具有更好的燃烧抗爆性能，可以采用更高压缩比的发动机以提高其热效率。虽然生物柴油的热值比柴油低，但由于生物柴油中所含的氧元素能促进燃料的燃烧，可以提高发动机的热效率，这对功率的损失会有一定的弥补作用。

6. 具有可再生性

生物柴油是一种可再生能源，其资源不会像石油、煤炭那样会枯竭。

7. 具有经济性

使用生物柴油的系统投资少，原用柴油的引擎、加油设备、储存设备和保养设备无须改动。

8. 可调和性

生物柴油可按一定的比例与化石柴油配合使用，可降低油耗，提高动力，降低尾气污染。

# 三、太阳能汽车

太阳能汽车是太阳能发电在汽车上的应用，它使用太阳能电池把光能转化成电能，电能会在蓄电池中存起备用，用来推动汽车的电动机。如果由太阳能汽车取代燃气车辆，有望做到零排放。正因为其环保的特点，太阳能汽车被诸多国家所提倡，太阳能汽车产业的发展也日益蓬勃。

## （一）太阳能汽车的优势

1. 太阳能汽车无污染，无噪声

因为不用燃油，太阳能电动车不会排放污染大气的有害气体；没有内燃机，太阳能电动车在行驶时听不到燃油汽车内燃机的轰鸣声。

2. 太阳能汽车耗能少

只需采用 $3 \sim 4 m^2$ 的太阳电池组件便可使太阳能电动车行驶起来。燃油汽车在能量转换过程中要遵守卡诺循环的规律来做功，热效率比较低，只有 1/3 左右的能量消耗在推动车辆前进上，其余 2/3 左右的能量损失在发动机和驱动链上；而太阳能汽车的热量转换不受卡诺循环规律的限制，90% 的能量都能用于推动车辆前进。

3. 易于驾驶

无须电子点火，只需踩踏加速踏板便可起动，利用控制器使车速变化。不需换挡、踩离合器，简化了驾驶的复杂性，避免了因操作失误而造成的事故隐患。

4. 太阳能汽车结构简单

除了定期更换蓄电池以外，基本上不需日常保养，省去了传统汽车必须经常更换机油、添加冷却水等定期保养的烦恼。

5. 减少空气污染

在都市行车，为了等候交通信号灯，必须不断地停车和起动，既造成了大量的能源浪费，又加重了空气污染，使用太阳能汽车，减速停车时，可以不让电动机空转，大大提高了能源使用效率且减少了空气污染。

## （二）太阳能汽车的基本构造

1. 太阳电池方阵

太阳电池方阵是太阳能汽车的能源。方阵是由许多 PV 光电池板（通常有好几百个）组成的。方阵类型受到太阳能汽车尺寸和部件费用等的制约。目前，主要有两种类型的光电池板：硅电池和砷化合物电池。环绕地球卫星使用的太阳电池是典型的砷化合物电池，而硅电池则更为普遍地为地面基础设备所使用。一般等级的太阳能汽车通常使用硅电池板。许多独立的硅片（接近 1000 个）被组合，形成太阳电池方阵。依靠光伏电源供电动机驱动太阳能汽车。这些方阵的通常工作电压在 50~200 V，并能提供 1 000 W 的电力。方阵输出功率的大小受到太阳、云层的覆盖度和温度的影响。超级太阳能汽车也能使用通常类型的太阳能光电板，但更多的是使用太空级光电板。这种板很小，但是比普通的硅片电池板要昂贵得多，然而它们的使用效率非常高。

一般情况下，车子在运动时，被转换的太阳能光直接送到发动机控制系统。但有时提供的能量要大于发动机需求的电力，那么多余的能量就会被蓄电池储存以备后用。当太阳电池方阵不能提供足够的能量来驱动发动机时，蓄电池内储存的备用能量将会自动补充。当然，当太阳能汽车不运动时，所有能量都将通过太阳能光伏阵列储存在蓄电池内，也可以利用一些回流的能量来推动汽车。当太阳能汽车开始减速时，换用通用的机械制动，这时发动机将变成一个发电机，能量通过发动机控制器反向进入蓄电池内进行储存。回充到蓄电池中的能量是非常少的，但是却非常实用。

2. 电力系统

太阳能汽车的心脏部位就是电力系统，它由蓄电池和电能组成，电力系统控制器管理全部电力的供应和收集工作。蓄电池组就相当于普通汽车的油箱。太阳能汽车使用蓄电池组来储存电能以便在必要时使用，太阳能汽车起动装置控制着蓄电池组，但是当太阳能汽车开动后，是通过太阳能阵列提供能量，从而再充到蓄电池组内。

蓄电池组是由几个独立的模块连接起来，并形成系统所需的电压。比较有代表性的系统电压一般为 84~108 V。

3. 电力控制系统

在太阳能汽车里最高级的组件部分就是电力控制系统。它们包括峰值电力监控仪、发动机控制器和数据采集系统。电力控制系统最基本的功能就是控制和管理整个系统中的电力。峰值电力监控仪条件电力来源于太阳能光伏阵列，光伏阵列把能量传递给另外的蓄电池用于储存或直接传递给发动机控制器用于推动发动机。当太阳能光伏阵列正在给蓄电池充电的时候，电池组电力监控仪能防止蓄电池组因过充而被损坏。峰值电力监控仪是由轻质材料构成的，并且一般效率能达到 95% 以上。发动机控制器控制发动机的起动，而发动机起动信号是来自驾驶员的加速装置。对发动机控制器电力管理是通过程序来完成的。发动机的起动需要配备不同型号的发动机控制器，使用的工作效率一般超过 90%。很多太阳能汽车使用精确数据检测系统来管理整个太阳能汽车的电力系统，其中包括太阳能光伏阵列、蓄电池组、发动机控制器和发动机。在有些时候，我们需要掌控蓄电池的电压和电流。从监控系统获得的数据常常用来判断太阳能汽车的状况，并用来解决太阳能汽车出现的问题。

4. 电动机

在太阳能汽车里使用什么类型的电动机没有限制。大多数太阳能汽车使用的电动机是双线圈直流无刷电动机，这种直流无刷电动机的材质很轻，在额定的 RPM（每秒转速）达到98%的使用效率。但是它们的价格比普通有刷型交流电动机要贵一些。

## 四、压缩空气汽车

压缩空气动力汽车（Air Powered Vehicle，APV）通常称为气动汽车。它使用高压压缩空气为动力源，空气作为介质，汽车运行时将压缩空气存储的压力能转化为其他形式的机械能（汽车动能）。以液态空气和液氮等吸热膨胀做功为动力的其他气体动力汽车也应属于空气动力汽车的范畴。空气动力汽车工作原理与传统汽车的最大差别在于汽车动力来源的不同，其发动机的总体结构形式还是可以借鉴传统汽车现有的结构模式的，主要还是往复活塞式、旋转活塞式等形式。具体工作原理是：压缩缸吸入外面空气，活塞上升，把空气加压至 20～30 MPa，温度上升至400℃；储气瓶的高压压缩空气经减压后，通过热交换器吸热，进入作用缸推动负载运动。合理设计通道的压力切换，以及各缸在曲轴上的转角相位关系，将可以获得平稳的发动机动力输出。通过调节进入作用缸的气体的压力和流量，可以改变发动机的动力特性。

由法国环保汽车公司 MDI（Motor Development International）设计的"空气车"每加一次空气可行驶 10 h，适合城市的短途客运和货运。该公司创办人兼发明家内格里，以其设计飞机和一级方程式赛车发动机的经验，发明出完全以压缩空气发动机推动的空气车。空气车最高时速达110km，平均每加一次空气可行驶 200 km 或 10 h。车上有 4 个总容量为90 L的压缩空气缸，可储 90 L 的空气。由于空气车使用的是压缩空气，为避免损害发动机，所有空气都要先经过滤器过滤沙尘杂质，变作干净空气后才能注入发动机。所以驾驶员在驾驶空气车的同时，还能帮助清新城市内的废气。

空气车加气过程非常简单，驾驶员可在家中自行加气，只需把空气车上的空气压缩机接到家中电源上，4 h 后便能自动加满气。将来驾驶员也可以去指定的加气站快速加气，MDI 已开发出一种快速充气技术，使气缸可在 3 min 内完成充气，服务费约 1.5 欧元。为减轻车身质量和使车辆速度更快，空气车的车身和车架分别用强化玻璃纤维和铝管制造。为减少汽车的电线质量，内格里特地为空气车设计了一套无线电控制的电力装置系统，只需一条电线便能供电给包括车灯在内的所有电力装置，使电线质量减少了 22 kg，车身的总质量为 700 kg。

美国华盛顿大学研制了一台以液氮为动力的气动原型汽车，其基本工作原理与压缩空气动力汽车相同，只是动力来源于液态氮受热蒸发后气体膨胀做功。液氮无须使用高压罐储存，安全性较好。但液氮的制取和存储需很低的温度，制氮成本不低，储氮费用较大。使用过程中存在氮气逸气量大、液氮气化的热交换量也很大等问题。

国内近来也有人提出液态空气动力汽车的设想，但其同样存在与液氮气体动力汽车相同的问题。

# 第四章 汽车能源结构优化与新能源车推广效益

## 第一节 全国汽车保有量与构成

### 一、车辆分类

据公安部统计，截至 2021 年 6 月，全国机动车保有量达 3.84 亿辆，其中汽车 2.92 亿辆。新能源汽车保有量为 603 万辆，占汽车总量的 2.06%。

而在新能源汽车里面，目前纯电动车保有量 493 万辆，占新能源汽车总量的 81.68%。仅今年上半年，新注册登记的新能源汽车就达到了 110.3 万辆，与去年同期相比增加 77.4 万辆，增长 234.92%；与 2019 年上半年相比，增加 47.3 万辆，增长 74.94%，创历史新高。

分析原因，这是当前新能源汽车快速发展的必然结果。据此前中汽协发布的统计数据，今年前 5 个月国内新能源汽车产销双双超过 90 万辆，分别达到 96.7 万辆和 95.0 万辆，同比均增长 2.2 倍。其中纯电动汽车产销分别完成 81.8 万辆和 79.4 万辆，同比分别增长 2.6 倍和 2.5 倍。

主要的新造车企业中间，蔚来汽车 6 月交付量达 8083 台，同比增长 116.1%；2021 年上半年，蔚来汽车已完成交付 41956 台，达到去年全年交付量的 95.9%。理想汽车 6 月交付 7713 辆理想 ONE，同比 2020 年 6 月增长 320.6%；2021 年上半年，理想汽车累计交付量达 30154 辆。小鹏汽车 6 月交付量达 6565 台，同比增长 617%；截至 2021 年 6 月底，小鹏汽车上半年累计交付量达到 30738 台，超过 2020 年全年的交付量，是 2020 年同期的 5.6 倍。

整体来看，2021 年上半年，全国新注册登记机动车 1871 万辆，与去年同期相比增加 457 万辆，增长 32.33%；与 2019 年上半年相比增加 358.9 万辆，增长 23.74%，创同期历史新高。汽车新注册登记 1414 万辆，与去年同期相比增加 372.5 万辆，增长 35.76%；与 2019 年上半年相比增加 172.4 万辆，增长 13.88%。新能源汽车新注册登记量占汽车新注册登记量的 7.80%。

分地区来看，截至 6 月底，全国有 74 个城市汽车保有量超过 100 万辆，同比增加 5 个城市，33 个城市超过 200 万辆，18 个城市超过 300 万辆。其中，北京汽车保有量超过 600 万辆，成都、重庆汽车保有量超过 500 万辆。苏州、上海、郑州汽车保有量超过 400 万辆。

## 二、全国汽车保有量及构成情况分析

汽车产业作为国民经济支柱产业的地位越来越突出。去年交通运输设备制造业对工业增长的贡献率首次跃升至 40 个工业行业之首。以汽车制造业为主的交通运输设备制造业已取代电子信息通信业，成为名副其实的领头羊。

随着市场需求的不断扩大，我国汽车工业的发展潜力也非常之大。近几年我国汽车消费市场的消费结构已发生了很大变化。载货汽车的需求量仍将持续增长，特别是次发达地区，如西部地区对中重型货车、多种专用汽车、矿用车和大中型客车的需求将明显增加。农村汽车市场对轻、微型客货车需求也会有较大增长。

随着国家有关鼓励私人购车政策的出台，预计个人购车比例将逐年快速增长。

# 第二节　全国汽车排放物的结构特征

由于汽车保有量、燃料类型及不同类型汽车发动机工作原理的差别，不同类型车辆对污染物排放的贡献度差异显著。现将汽车分为客车和货车两大类，客车进一步分为微型客车、小型客车、中型客车和大型客车，货车分为微型货车、轻型货车、中型货车和重型货车，分析各车型对污染物排放的贡献度如下。

## 一、CO 排放结构

CO 排放总量中，小型客车几乎占了一半，为 52.4%；其次为重型货车，占了近 18.8%；微型货车占比最低，为 0.6%，如图 4-1 所示。

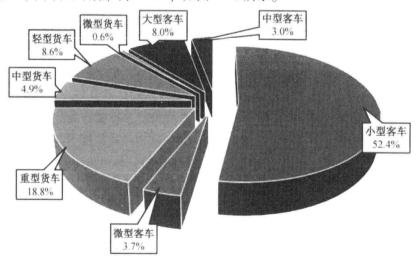

图 4-1　各类型汽车 CO 排放组成

定义某种类型汽车的污染物排放占比与其保有量占比的比值，为该类汽车对污染物排放的贡献系数。就 CO 排放而言，各类型汽车的排放贡献系数如图 4-2 所示。

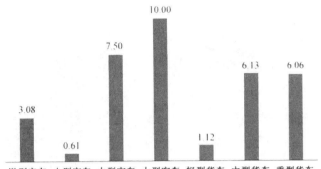

图4-2　各类型汽车 CO 排放贡献系数

可以看到，小型客车的 CO 排放贡献系数小于1，其他各类型汽车的 CO 排放贡献系数均大于1。结合 CO 排放总量构成进一步得到针对不同类型汽车，降低 CO 排放的策略也有所差异：

### （一）以小型客车为代表

CO 排放总量高（占52.4%），CO）排放贡献系数小（0.61），其减排策略是要控制小型客车总规模与使用强度。

### （二）以大型客车为代表

CO 排放总量为8.0%，排放贡献系数为10.00，其减排策略是通过单车减排技术和能源替代，以降低大型客车排放总量。

### （三）以微型货车为代表

CO 排放总量低（占0.6%）、汽车保有量低于0.1%，CO 排放贡献系数大，其减排策略是通过技术改进，提升微型货车排放标准，并推动新能源车辆应用。

### （四）以重型货车为代表

CO 排放总量较高（占18.8%），CO 排放贡献系数较大（6.06），其减排策略是一方面通过提升货运组织效率适度控制规模，另一方面通过技术水平改进提升重型货车排放标准。

## 二、HC 排放结构

HC 排放总量中，小型客车排放占比44.5%；其次为重型货车，占比23.6%；微型货车占比最低，为0.5%，如图4-3所示。

各类型汽车 HC 的排放贡献系数如图4-4所示。

综合 HC 的排放组成和排放贡献系数，针对不同类型汽车降低 HC 排放的总体策略与降低 CO 的总体策略基本类似。

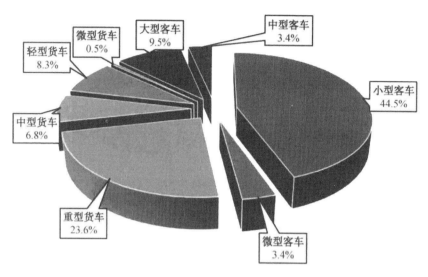

图 4-3　各类型汽车 HC 排放组成

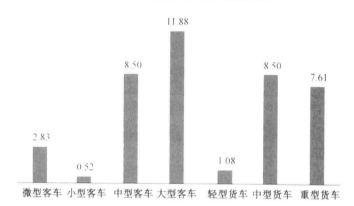

图 4-4　各类型汽车 HC 排放贡献系数

## 三、$NO_x$ 排放结构

$NO_x$ 排放总量中，重型货车占了一半以上（53.0%）；其次为大型客车，占比 17.4%。重型车（重型货车、大型客车）占比共计约 70%；微型货车占比最低，为 0.2%，如图 4 -5 所示。

各类型汽车 $NO_x$ 的排放贡献系数如图 4-6 所示。

可以看到，微型客车、小型客车、轻型货车的 NOx 排放贡献系数小于 1，中、大（重）型汽车的排放贡献系数均大于 1。结合 NOx 排放总量构成，提出针对不同类型汽车降低 NOx 排放的策略：

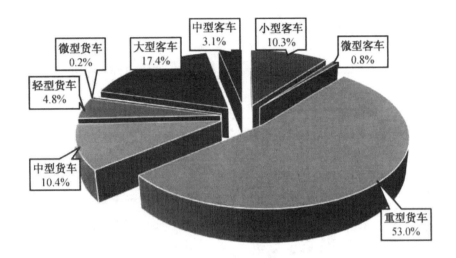

图 4-5 各类型汽车 $NO_x$ 排放组成

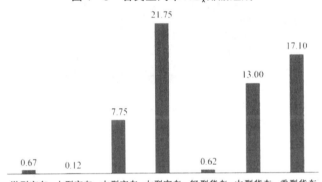

图 4-6 各类型汽车 $NO_x$ 排放贡献系数

### （一）小型客车

$NO_x$ 排放总量较高（占10.3%）、$NO_x$ 排放贡献系数小（0.12），其减排策略是适度控制小型客车总规模与使用强度。

### （二）重型货车

$NO_x$ 排放总量高（占53.0%）、$NO_x$ 排放贡献系数大（17.10）。其减排策略是既要通过提升货运组织效率控制重型货车规模，也要着重加强技术水平改进，大幅度提升重型货车排放标准，加快淘汰旧车。

### （三）大型客车

$NO_x$ 排放总量较高（占17.4%），$NO_x$ 排放贡献系数极大（21.75）。其减排策略是：提升客运组织效率，改善行驶工作况；大幅度提升大型客车排放标准，引导大型客车技术水平提升和能源替代。

## 四、PM 排放结构

PM 排放总量中，重型货车占了一半以上（60.5%），其次为大型客车，占比 15.5%。重型车（重型货车、大型客车）占比共计约 76%。微型货车占比最低，为 0.2%，如图 4 -7 所示。

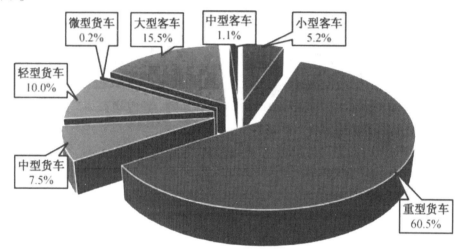

图 4 -7　各类型汽车 PM 排放组成

各类型汽车 PM 的排放贡献系数如图 4 -8 所示。

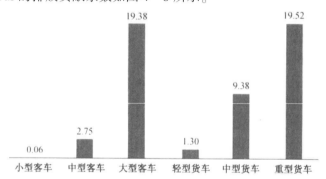

图 4 -8　各类型汽车 PM 排放贡献系数

微型客车、小型客车和中型客车三类车型 PM 总排放量占比不超过 10%，因此，降低 PM 排放的重点对象是大型客车和货运车辆，并以重型货车为第一减排对象。首要策略是通过技术改进，提升车辆排放水平；其次是通过运营组织模式的完善，提升客货运组织效率；再次是实施更加严格的在用车管理，加速旧军特别是超标车淘汰，加速大型客车的能源替代。

## 第三节　新能源汽车推广效益分析

无论是气态污染物还是颗粒物的排放，推广使用新能源汽车都将产生积极的减排效益。本节以××市汽车能源结构优化为例，分析不同的新能源车辆推广使用场景下，车辆能耗与排放下降的效益。

# 一、汽车能源结构优化的可行路径

基于××市汽车能源结构、能耗及排放现状分析可知，车辆能耗与污染物排放并不是两个完全对等的概念，如出租车能耗近 10%，但 CO、HC 和 $NO_x$ 排放只占 2% ~ 4%；公交车和集卡车的能耗均约占 6%，但排放了近 15% 的 $NO_x$ 和 18% ~ 20% 的 PM。另外，黄标车数量虽少，但排放量占了很大比重。可见，当能源结构优化的目标导向不同时，其优化策略与路径也可能存在差异。具体来说，汽车能源结构优化主要有三种策略。

## （一）节能与低碳导向策略

按照××市各类车辆日均能耗比例，以节能和低碳为导向确定能源结构的优化路径。

从分类型车辆能耗总量控制的角度，优化路径即优化的优先顺序为：私人客车—集卡之外的其他货车—出租车—单位小客车—公共汽（电）车—集卡车—通勤班车。

## （二）污染物减排导向策略

按照××市各类车辆日均污染物排放比例，以低排放导向确定能源结构的优化路径。根据对公共健康的危害程度，可以选择以颗粒物及氮氧化物减排为目标。

各类客货汽车颗粒物及氮氧化物总量排放占比组成特征基本一致。在主要贡献源中，氮氧化物排放由高至低的顺序为：集卡之外的其他货车—集卡车—公共汽（电）车—私人小客车—通勤班车；颗粒物排放由高至低的顺序为：集卡之外的其他货车—集卡车—公共汽（电）车—通勤班车。

从分类车辆污染物排放总量控制的角度，优化路径即污染物减排的优先顺序宜为：集卡之外的其他货车—集卡车—公共汽（电）车—通勤班车—私人小客车。

## （三）节能减排双导向优化策略

国家及××市对交通行业的节能和减排均有目标要求，因此汽车能源结构优化策略，需要同时兼顾节能目标和减排目标。节能减排双导向优化策略是基于多目标的综合优化策略，考虑以下三个原则：

（1）既要注重污染物排放的降低，又要兼顾能耗的降低，对不同类型的车辆根据其能耗及排放的特点各有侧重；（2）既要将单车能耗与排放强度大的车辆类型作为优化的重点对象，又要从车辆能耗及排放总量控制目标的角度考虑优化策略；（3）从易于推动的角度，初期重点考虑公共服务领域的车辆（如公交、出租、公务、环卫、城市物流用车和企业通勤车辆），兼顾民用及私人领域车辆节能减排措施的推动。

节能减排双导向的优化路径为：公共汽（电）车—集卡车—出租车—客运班车（包括大卖场班车、通勤班车、小区班车）—市政环卫车—集卡之外的其他货车—单位小客车—私人小客车。

其中，公共汽（电）车、集卡车属于单车高能耗及高排放类型，是既考虑节能又考虑减排的重点；出租车、私人小客车在总量上属于高能耗类型，着力注重节能兼顾考虑污染物排放的降低；集卡外的其他货车是污染物排放总量最高的类型，能源结构优化以减排为重点兼顾节能。

## 二、推广新能源汽车的效益分析

### （一）黄标车替换效益分析

若将所有黄标车全部替换成国 V 排放标准的柴油或汽油车，保持原柴、汽油能源结构和车型比例不变，则各类汽车的排放减少量如表 4-1 所示。

表 4-1　黄标车替换后减排量

| 汽车类型 | 保有量/辆 | 排放结构/t | | | |
| --- | --- | --- | --- | --- | --- |
| | | CO | NOx | HC | PM |
| 公共汽（电）车 | 5 246 | L 59 | 4. 38 | 1. 04 | 0. 26 |
| 通勤班车 | 2 038 | 0. 40 | 1. 09 | 0. 25 | 0. 07 |
| 大卖场班车 | 486 | 0. 13 | 0. 34 | 0. 07 | 0. 02 |
| 校车 | 246 | 0. 04 | 0. 11 | 0. 03 | 0. 01 |
| 小区班车 | 176 | 0. 05 | 0. 11 | 0. 02 | 0. 01 |
| 私人小客车 | 51 000 | 38. 23 | 2. 06 | 3. 19 | 0 |
| 单位小客车 | 38 988 | 29. 22 | 1. 57 | 2. 44 | 0 |
| 集卡车 | 10 500 | 0. 01 | 0. 04 | 0. 01 | 0. 000 5 |
| 其他货车 | 71 100 | 2. 47 | 6. 83 | 1. 57 | 0. 42 |
| 市政环卫车 | 220 | 3. 67 | 9. 71 | 2. 64 | 0. 54 |
| 减排合计 | 180 000 | 75. 80 | 26. 24 | 11. 27 | 1. 32 |
| 减排量占基础年总排放量比重 | 8.9% | 54% | 30% | 32% | 38% |

表 4-1 结果显示，若将所有 18 万辆黄标车淘汰并替换成国 V 排放标准的车辆，CO、NQ、HC 及 PM 的排放量也分别减少了 54%、30%、32% 和 38%，减排效果显著。

### （二）公交车能源结构优化及效益分析

#### 1. 优化措施

对公共汽（电）车采取的能源结构优化措施包括：能源替代，使每年新增或更新公交车中具有一定比例的新能源和清洁燃料车，剩余部分的柴油车辆则购置高性能低排放的国 V 标准车辆；全部淘汰黄标车。

2. 保有量及每年新增或更新车辆数预测

假设××市公交车保有量、日均行驶里程维持现状水平，考虑××市公交车更新周期为 8 年，每年更新的车辆数将保持在 2 000～3 000 辆，取平均值每年新增或更新车辆数为 2 020 辆。

3. 优化方案设定

在每年新增或更新的公交车中，根据节能和新能源等环保型公交车应达到的比例，设定高期、中期、低期及远期方案。

考虑到公交车无论从节能、减排还是实施可行性方面，发展节能和新能源等环保型公交车都最有潜力，应设定较高的发展目标。因此，高、中、低三种方案分别设定为：每年新增或更新的公交车中，节能和新能源等环保型公交车的比例分别达到 80%、70% 和 60%，则每年购置环保型公交车的数量、环保型公交车占总量的比例、环保型公交车在 2020 年预期数量汇总如表 4－2 所示。设定远景年（2030 年）全部为新能源公交车。

依据车辆技术进展，在节能和新能源公交车替换中，考虑 60% 的混合动力车、30% 的纯电驱动车、10% 的 CNG 车。

表4－2　公交车能源结构优化方案

| 方案 | 2020 年 | | | 2030 年 |
|---|---|---|---|---|
| | 高方案 | 中方案 | 低方案 | |
| 环保型公交车占总量的比例 | 43% | 38% | 33% | 100% |
| 每年新增或更新的公交车中购置环保型公交车的比例 | 80% | 70% | 60% | — |
| 每年购置环保型公交车的数量/辆 | 1 616 | 1 414 | 1 212 | — |
| 环保型公交车预期达到的数量/辆 | 6 800 | 6 000 | 5 200 | — |

4. 效益分析及结论

高、中、低三种方案包含了替换黄标车的贡献率，节能和减排效益分别如图 4－9 和图 4－10 所示。

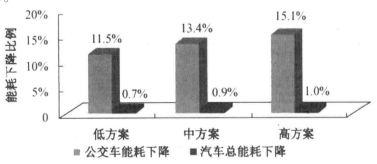

图4－9　公交车替换高、中、低三种方案节能效益

节能效益：高、中、低三种方案公交车总能耗分别下降 15.1%、13.4% 和 11.5%，占上海所有注册汽车总能耗的比重分别下降 1.2%、1.0% 和 0.9%。

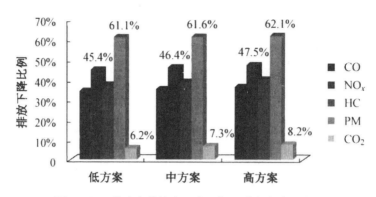

图4-10 公交车替换高、中、低三种方案减排效益

减排效益：涵盖黄标车替换，高、中、低三种方案公交车 PM 排放分别下降 62.1%、61.6% 和 61.1%，$CO_2$ 排放分别下降 8.2%、7.3% 和 6.2%，$NO_x$ 排放分别下降 47.5%、46.4% 和 45.4%；汽车总 PM 排放下降 11%，$CO_2$ 排放下降 0.4% ~0.6%。

若不考虑黄标车替换的减排贡献率，公交车替换的高、中、低三种方案仅由于采用新能源车而产生的减排效益，如表 4-3 所示。

表4-3 三种新能源公交车替换方案对公交行业排放的下降率

| 排放污染物 | 低方案 | 中方案 | 高方案 |
|---|---|---|---|
| CO | 15% | 16% | 17% |
| $NO_x$ | 16% | 17% | 19% |
| HC | 18% | 19% | 20% |
| PM | 27% | 28% | 28% |

从公交车辆节能减排效益的量化分析可见：采用新能源车辆作为公交车更新的主要车型，无论高、中、低三种方案对公交行业的节能均有较明显的效益；对公交行业 PM 及 $NO_x$ 排放的下降具有显著作用。若不考虑黄标车替换的减排贡献率，新能源车的应用可降低公交行业 27% ~28% 的 PM 排放，16% ~19% 的 $NO_x$ 排放；相对于××市汽车总体排放，可降低全市汽车行业 5% 的 PM 排放，2.5% 的 $NO_x$ 排放。同样，黄标车替换为国 V 排放标准的车辆，对公交行业的减排贡献率也非常显著，可降低公交行业 34% 的 PM 排放，29% 的 $NO_x$ 排放。

## （三）出租车能源结构优化及效益分析

### 1. 优化路径

出租车在××市汽车保有量中占比较低，作为汽油乘用车，其污染物排放量占比也相对较低，但由于使用强度高，能耗占比较大。因此，出租车能源结构优化目标以降低能耗为主、兼顾污染物排放量削减。具体措施包括：能源替代方案，即新增或更新出租车中选用更节能环保的车辆，新购置车辆均达到国 V 排放标准，部分采用新能源车辆。

### 2. 优化方案设定

在每年新增或更新的出租车中，根据节能和新能源等环保型出租车可达到的比例，设定高、中、低及远期方案。考虑到出租车能耗占较大的比重但排放量占比相对较低，日均行驶的里程和时间较长，可选取降低能耗的插电式混合动力车，兼顾经济性和可操作性等相关因素。

考虑城市不同区域的用地条件，节能及新能源车的发展宜分别考虑郊区和市中心区域。每年更新的郊区出租车中 60% 采用混合动力节能和新能源车，则 2020 年郊区节能和新能源出租车累计达 3 500 辆。每年更新的普通出租车中 25% 为插电式混合动力或其他节能和新能源车，2020 年节能和新能源出租车累计达 8 900 辆。节能和新能源出租车累计达到 12 400 辆，占出租车总量比例接近 25%。

情景分析设定高、中、低三种方案：2020 年节能和新能源等环保型出租车比例分别达到 50%、35% 和 25%，每年购置环保型出租车的数量、环保型出租车占总量的比例、环保型出租车在 2020 年达到的数量如表 4 − 4 所示。设定远景年（2030 年）全部更新为新能源出租车。

表 4 − 4　出租车能源结构优化方案

| 方案 | 2020 年 | | | 2030 年 |
|---|---|---|---|---|
| | 高方案 | 中方案 | 低方案 | |
| 环保型出租车占总量比例 | 50% | − | − | 100% |
| 每年新增或更新出租车中购置环保型出租车的比例 | 53% | 35% | 22% | − |
| 每年购置环保型出租车的数量/辆 | 5 344 | 3 469 | 2 219 | − |
| 环保型出租车在规划年达到的数量/辆 | 25 000 | 17 500 | 12 500 | − |

在节能与新能源出租车替换中，初期以混合动力车（油气混合或油电混合）为主，试验纯电动车，稳步推进新能源出租车的应用规模。设高、中、低三种方案出租车的能源结构分别为：

（1）高方案

纯电动车 5 000 辆，天然气或汽电混合车 8 000 辆，油电混合车 8 000 辆。

（2）中方案

纯电动车 5 000 辆，天然气或汽电混合车 5 000 辆，油电混合车 5 000 辆。

（3）低方案

纯电动车 1 000 辆，天然气或汽电混合车 5 000 辆，油电混合车 3 000 辆。

3. 效益分析及结论

出租车高、中、低三种方案的节能和减排效益分别如图 4 − 11 和图 4 − 12 所示。节能效益：高、中、低三种方案出租车总能耗分别下降 10.7%、11.3% 和 4.9%。

减排效益：高、中、低三种方案出租车 $NO_x$ 排放分别下降 65.4%、64.0% 和 60.1%，$CO_2$ 排放分别下降 7.8%、7.1% 和 5.8%。

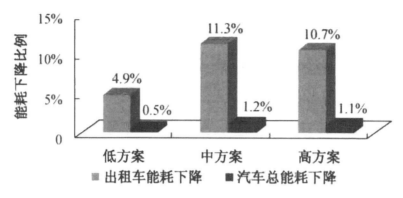

图 4-11　出租车能源替代三种方案的节能效益

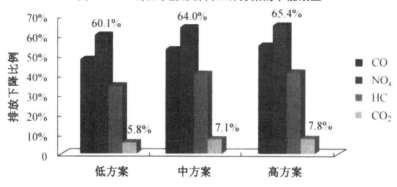

图 4-12　出租车能源替代三种方案的减排效益

以新能源车作为更新出租车的首选，对于出租汽车行业的节能有明显的效益，只要新增和更新出租车采用新能源车比例达到 35% 以上，出租车总能耗就可以削减 10% 以上。值得注意的是，无论采用高、中或低方案，对于削减出租车 $NO_x$ 排放量均具有较大的作用，可降低近三分之二的排放。由于天然气乘用车在节能方面没有优势，主要是减少了排放，因此，要实现出租汽车行业节能水准有显著提升，电驱动新能源车有更大的优势。情景分析结果也表明，当 ×× 市电驱动新能源出租汽车达到 25% 以上时，出租汽车行业的节能有明显的效益，可达到 10% 以上的行业节能。

### （四）私人小客车能源结构优化及效益分析

1. 优化措施

对于 ×× 市汽车数量占比最大而污染物排放总量并不是最高的"能耗大户"，应采取的能源结构优化策略以受众面广、能普遍降低乘用车能耗的办法为首要着力点，兼顾降低排放。可实施的措施为：

（1）调整上海车辆牌照拍卖规制，设置分类别的新车牌照：如小排量车牌、混合动力及电动汽车车牌、其他车牌。对不同类型车牌设置浮动价格及数量额度，降低高能耗、大排量车的投放额度，鼓励小排量、低能耗环保型汽车购买，而纯电动车和强混合动力车可以直接领取牌照，以此激励家庭用车选择新能源车。（2）对于既有牌照换车，若更换高排量车，则征收额外费用或更换相应类型的车牌。（3）以大规模发展插电式混合动力车或纯电动车为战略目标，积极引导和培育本地汽车企业新能源车的产业化发展。（4）降低小汽车使用强度，鼓励汽车合乘。（5）淘汰所有黄标车。

### 2. 车队平均燃油经济性

近年来我国汽车节能技术推广应用取得积极进展，通过实施乘用车燃料消耗量限值标准和鼓励购买小排量汽车的财税政策等措施，先进内燃机、高效变速器、轻量化材料、整车优化设计以及普通混合动力等节能技术和产品得到大力推广，汽车平均燃料消耗量明显降低。在进一步鼓励购买小排量、低能耗环保型汽车政策的推动下，以及汽车节能技术的产业化推动发展，车队平均燃油消耗水平预期也将呈不断下降趋势。

### 3. 效益分析及结论

（1）设定的方案假设条件

在小客车每年固定增长条件下，组合不同的日均行驶里程方案及车队平均燃油经济性方案，以测试规划年相对于基础年的能耗变化和排放分析。

（2）能耗变化分析

在私人小客车每年增长 21 万辆的条件下，组合不同的日均行驶里程方案及车队平均燃油经济性方案。

能耗变化分析结果如下：

①私人小客车保有量预期将增长 69.3%。若维持当前的使用强度与车队平均燃油经济性，私人小客车总能耗将同比例增长。②当车队平均燃油经济性提高到 7.5 L/100 km、车辆日均行驶里程下降 25% 时，可基本保持私人小客车能耗不增长。

（3）排放变化分析

排放变化分析结果如下：

①随着私人客车使用强度的下降，气态污染物排放量也随之下降。当车辆日均行驶里程下降 8% 时，可保持 CO 排放零增长；当日均行驶里程下降 20%，可保持 HC 排放零增长。②即使车辆日均行驶里程下降 25%，$NO_x$ 排放仍将较现状增长 23%。欲使 $NO_x$ 排放零增长，需要推广新能源汽车。③欲使 $NO_x$ 排放辆保持零增长，纯电动车保有量须达到 25 万辆以上，且车辆使用强度较现状下降 25%。

### （五）集卡车能源结构优化及效用分析

集卡车属于高能耗和高排放车辆，采取的能源结构优化措施必须同时考虑节能和降低排放两个方面，包括：鼓励采用 LNG 等清洁燃料车，准入柴油车辆必须是高性能低排放的国 V 标准车辆；全部淘汰黄标车等。

在淘汰所有黄标车基础上，增加 400~2 000 辆 LNG 车辆。由于 LNG 技术不具有节能优势，相对于燃油经济性较好的柴油车，其能耗反而会增加；但 LNG 技术的最大优点在于使得 PM 排放的大幅度降低，替换 2 000 辆集卡就可减少 61% 的集装箱车辆 PM 排放；对 $NO_x$、$CO_2$ 的排放无减排作用；反而会增加 HC、CO 的排放。

### （六）车辆能源结构优化措施及效益分析结论

通过重点领域及典型车辆的能源结构优化和节能减排效益的情景分析，得到主要结论如下：

（1）提高在用车检测标准、淘汰黄标车，新车要求达到国Ⅴ排放标准，将大大改善机动车尾气排放状况。（2）每年新增或更新的公交车辆中，节能和新能源等环保型公交车的比例如果能达到60%以上，节能和新能源等环保型公交车的总保有量比例提高到30%，可实现11.5%公交行业节能，降低公交行业27%的颗粒物排放，16%的氮氧化物排放。（3）要实现出租汽车行业显著的节能效益，采用电驱动新能源车比天然气新能源车具有更大优势。（4）对于私人小客车气态污染物的排放，尤其是氮氧化物，即使车辆日均行驶里程下降25%，氮氧化物排放仍增长23%。欲使氮氧化物排放零增长，还需推广新能源汽车。（5）对于集卡车，选择排放标准高、燃油经济性较好的柴油车是较好的选择。LNG集卡车无助于节能，但有利于降低颗粒物排放。相对于排放标准高、燃油经济性较好的柴油车，颗粒物减排作用有限。为进一步降低PM排放及提高燃油经济性，可适当尝试发展LNG重载车。

## 第四节　电动汽车能源供给策略与充电设施建设

### 一、能源供给策略的规划要素

对于电动汽车的推广应用，充电设施规划与建设是基础，决定了电动汽车使用的便利性。由于电动汽车和传统燃油汽车在车辆性能、适宜的交通出行模式上都存在显著差异，沿袭传统加油站布局思路，通过新建和加油站改建充电站、充电桩，逐步形成高覆盖率的充电网络并不恰当。纯电动汽车相比传统燃油车具有较短的续驶里程、较长的充能时间，决定了其使用场所主要是城市内部、适用对象是日行驶距离100 km左右的出行者。传统加油站布局模式不适合电动汽车能源供给特征与要求。而且，电动汽车承担着交通节能减排的使命，充电设施建设也不仅仅是为电动汽车提供电能，还要考虑如何促使电动汽车更加"绿色"。因此，在大规模建设充电设施之前，有必要在宏观层面明确电动汽车的供能策略，即采用何种主导模式（慢速充电、快速充电、更换电池组等）为电动汽车充电，以及相应的慢速充电桩、快速充电站、电池更换站等充电设施在供能体系中的功能定位与服务对象，从而基于供能策略进一步对充电设施制订适度超前的建设规划，确定各类设施的规模与空间布局。

电动汽车以电力为驱动，供能策略首先须考虑城市电网运行特征及其对电动汽车充电模式的要求。其次，电动汽车作为一种新型交通工具融入城市交通系统，在可获得的电池续驶里程水平与充电技术条件下，必须明确纯电动汽车的合理定位、使用模式及能源供给要求。再次，电动汽车须依据电力来源与资源供给模式，最大程度发挥其节能减排效益。最后，有限的城市土地资源与城市建成环境也是供能设施建设不得不面临的约束。

#### （一）电网运行特征

由于人口、产业高度集聚，城市用电需求负荷密度高，且随着社会经济的快速发展，电力需求不断增长。

除电力总供给不足外，城市电网需求侧还面临逐年扩大的用电峰谷差困扰。一方面，高峰用电负荷超出发电设备最高出力，造成电力紧缺；另一方面，低谷电力负荷远小于发电设备最高能力，又形成电力相对过剩。高峰紧缺与低谷过剩并存成为城市电网系统运营的典型特征。

在电网能力不宽裕且峰谷差特征显著的运行环境下，如果大量电动汽车在白天充电，势必会造成更严重的高峰紧缺与低谷过剩，不得不投入更多资金解决电力负荷问题。若有更多的电动汽车在白天充电，则对城市电网运行无疑是"雪上加霜"。相反，如果电动车在夜间低谷时段充电，则既可以降低充电成本（夜间电价减半），又可对电网运行起到"削峰填谷"作用，有利于提高电网及电力设备的供电效率，降低需求侧用电成本。因此，在住宅区修建更多的充电设施鼓励夜间充电，对电动汽车与电网运行是一种双赢模式。

## （二）电池性能与充电技术

电池单次充电续驶里程直接影响电动汽车的推广与普及程度，也在很大程度上决定了电动汽车用户的出行模式。目前技术水平下纯电动乘用车电池单次充电的理想续驶里程在 150~300 km，百公里耗电在 15 kW·h 左右，最高车速为 100~150 km/h。

电动汽车能源供给有慢速充电、快速充电和更换电池组三种充电方式。慢速充电采用小电流恒压或恒流方式，电流约为 15 A，充电需 5~8 h；快速充电采用 150~400 A 的高电流，20~30 min 就能使蓄电池电量达到 80%~90%；更换电池组是在蓄电池能量耗尽时，用充满电的电池组更换已经耗尽的电池组，更换过程可在 10 min 内完成。更换电池组模式融合了慢速充电与快速充电的优点，在某种意义上也极大弥补了电池组续驶里程不足的缺陷。但在目前各种汽车厂商电池、充电机和充电接口标准尚未取得统一的情形下，电池更换模式的优势无法得到很好发挥，只能适合于某些特定类型车辆如公交车的能源供给。

## （三）电动汽车交通功能定位

在当前电池性能与充电条件下，纯电动汽车较传统燃油车在使用便捷性、可靠性等方面仍有一定差距。普及型电动汽车主要适合于城市范围内、日出行距离在 100 km 左右、行驶速度不超过 100 km/h 的工况。根据国内城市居民日均出行次数、出行里程、出行空间分布等特征，纯电动汽车对于城区使用模式具有良好的可行性。

纯电动汽车续航里程与充电设施普及性是制约其普遍使用的主要因素。一般情况下如果以增加电池数量达到更大续航里程，不仅会增加车辆购置成本，也会直接影响车辆能耗指标而降低经济性。因此，考虑纯电动汽车的供能模式，其功能定位与适宜的使用场合如下：

（1）日行驶里程、线路固定，便于能源补充管理的车辆：公共汽车、邮政车辆、市政服务车辆（洒水车、清洁车等），采用集中充电或固定地点换电模式。（2）日间行驶里程在续航里程范围内的车辆：家庭日常使用车辆，特别是家庭第二辆车。通常夜间慢充就能符合需求。（3）有稳定使用间隔便于定点补充能量的车辆：电动汽车分时租赁。主要在城区内与其他方式配合使用，有固定停车点并可充电。

### （四）土地资源约束

有限的土地资源和城区可建设用地的充分开发是国内几乎所有城市发展面临的主要约束条件。在现有三种充电方式中，慢速充电桩一般与既有固定停车位结合，基本不需要额外建设用地，而集中的快速充电站和电池更换站都需要单独安排建设用地，根据规模不同占地面积几百至几千平方米不等。

在城市建成区有限空间内，按传统加油站布设密度大规模建设快速充电站、电池更换站已不太可能。土地资源约束决定了慢速充电桩必须承担电动汽车供能的主体作用。

## 二、中国电动汽车能源供给策略

根据城市电网运行特征、纯电动汽车交通功能定位以及城市建设用地约束等因素，结合电动汽车合适的使用模式，从总体供能模式以及供能设施服务定位、布局方面考虑电动汽车供能策略。

### （一）总体供能模式

以夜间低谷慢速充电为主，白天快速补电与更换电池组为辅，结合各类型交通方式出行特征，城市应发展组合型供能结构。表4-5根据私人小客车、特定用户租赁车、出租车、公交车、政府及企事业单位车等不同用户的交通出行特征，提出了相应的供能策略与要求。

表4-5　各类交通方式供能策略与要求

| 交通方式 | 供能策略 | 供能要求 |
|---|---|---|
| 私人小客车 | ①以夜间低谷时段在居住区停车场充电为主，白天在办公场所或社会停车场利用慢速充电方式补电；②行车途中可利用快速充电方式应急补电 | ①高密度分布的车载充电机插口和充电桩；②智能化电能显示与快速充电站地理位置指示系统；③便利的计费与付费模式 |
| 特定用户租赁车 | ①以夜间低谷时段在停车场充电和白天慢速充电为主；②行车途中可采用更换电池组方式快速补电 | ①结合车辆行驶线路布置充电插口和充电桩；②结合车辆运营调度满足使用需求 |
| 出租车 | 以快速充电为主，选用续驶里程高的车型 | ①较高密度分布的快速充电设施；②智能化电能显示与快速充电站地理位置指示系统；③便利的计费与付费模式 |

| 交通方式 | 供能策略 | 供能要求 |
|---|---|---|
| 公交车等固定线路用车 | 以更换电池组方式为主，电池更换站在夜间低谷时段对能量耗尽电池组进行慢速充电；运行途中可以通过无线充电方式补电 | ①车辆电池组尽可能标准化；②结合车辆日行驶里程计算供能强度；③结合首末站用地设置无线充电位 |
| 政府及企事业单位用车 | 以夜间停驶状态下低谷充电为主，白天在办公场所或社会停车场利用慢速充电方式补电；行车途中可利用快速充电方式应急补电 | ①单位停车场自备车载充电机插口和充电桩；②智能化电能显示与快速充电站地理位置指示系统 |

## （二）供能设施服务定位与布局

### 1. 慢速充电桩

慢速充电桩在能源供给体系中占主导地位，以体现夜间低谷充电为主的供能策略。其服务对象包括各种交通方式的纯电动汽车，尤其是满足私人小客车、政府及企事业单位用车的充电需求。空间布局上，在居住社区、办公楼宇、商场超市、交通枢纽以及社会停车场（库）等安装车载充电接口或充电桩，构建高覆盖率的公共充电网络，方便车辆停驶时就近接入电网充电。

### 2. 快速充电站

快速充电站在能源供给体系中处于补充地位，主要服务于出租车、私人小客车、政府及企事业单位用车在使用途中应急补电需求。空间布局上，由于快速充电电流大，对电网运行影响程度高，宜结合 10 kV 变电站设置。同时，考虑服务车辆的出行空间分布特征，优化快速充电站选址。

### 3. 电池更换站

在各种汽车厂商电池、充电机和充电接口难取得统一的情形下，电池更换站在能源供给体系中也只能处于补充地位。由于公交车、租赁车等集团化用车模式使用的车辆类型较统一，且对能源补给时间要求高，电池更换站特别适用于这类用车模式。空间布局上，应结合车辆行驶路线、区域集中设置一定数量电池更换站，根据车辆运营特征配备电池组，更换下来的电池组在夜间利用常规方式集中充电。

慢速充电桩、快速充电站、电池更换站在能源供给体系中的功能定位、服务对象与空间布局总结如表 4-6 所示。

表 4-6　电动汽车供能设施功能定位、服务对象与空间布局

| 供能设施 | 功能定位 | 服务对象 | 空间布局 |
|---|---|---|---|
| 慢速充电桩 | 主导地位 | 为所有交通方式电动汽车提供慢速充电服务，重点满足私人小客车 | 居住社区、办公楼宇、商场超市、交通枢纽以及社会停车场（库） |

| 供能设施 | 功能定位 | 服务对象 | 空间布局 |
|---|---|---|---|
| 快速充电站 | 补充地位 | 为所有交通方式电动汽车提供应急补电服务，重点满足出租车、私人小客车、政府及企事业单位用车 | 结合 10 kV 变电站设置，并考虑车辆出行的空间分布特征进行优化 |
| 电池更换站 | 补充地位 | 为所有交通方式电动汽车提供更换电池服务，重点满足公交、租赁等集团化用车 | 结合车辆行驶路线、区域集中设置 |

　　电动汽车的能源供给策略是确定各类充电设施在供能体系中的功能定位、指导充电设施建设与空间布局的主要依据。通过对城市电网运行特征、电动汽车在交通系统中的合理定位、最大化电动汽车的节能减排效益以及有限的空间资源约束等因素的分析，确定适合我国电动汽车发展的供能策略为：以夜间低谷慢速充电为主，白天快速补电与更换电池组为辅，结合各类型交通方式出行特征，提供组合型供能模式。相应地，慢速充电桩在能源供给体系中占主导地位，为所有交通方式的电动汽车提供慢速充电服务；快速充电站和电池更换站在能源供给体系中处于补充地位，前者主要服务于车辆使用途中应急补电需求，后者服务于公交、租赁等集团化用车模式。

　　以夜间慢速充电为主导的供能策略，也符合电动汽车用户倾向于在家用停车位充电的习惯。更重要的是，这种供能策略有助于培养用户有节制、有计划的用车行为，改善目前私人小客车过度使用的局面，调节个体机动化出行需求，因而也是符合绿色交通发展要求与目标的供能模式。

# 第五章　新能源汽车高压安全与使用

## 第一节　新能源汽车充电技术

### 一、电动汽车充电方式

#### （一）常规充电方式

该充电方式采用恒压、恒流的传统充电方式对电动汽车进行充电。以相当低的充电电流为蓄电池充电，电流大小约为 15 A，若以 120 A·h（如 360 V，即串联 12 V、100 A·h 共 30 只）的蓄电池为例，充电时间要持续 8 个多小时。相应的充电器的工作和安装成本相对比较低。电动汽车家用充电设施（车载充电机）和小型充电站多采用这种充电方式。车载充电机是纯电动轿车的一种最基本的充电设备。充电机作为标准配置固定在车上或放在后备厢里。由于只需将车载充电器的插头插到停车场或家中的电源插座上即可进行充电，因此充电过程一般由客户自己独立完成。直接从低压照明电路取电，电功率较小，由 220 V/16 A 规格的标准电网电源供电。典型的充电时间为 8 ~ 10 h（SOC 达到 95% 以上）。这种充电方式对电网没有特殊要求，只要能够满足照明要求的供电质量就能够使用。由于在家中充电通常是晚上或者是在用电低谷期，有利于电能的有效利用，因此电力部门一般会给予电动汽车用户一些优惠，例如用电低谷期充电打折。

小型充电站是电动汽车的一种最重要的充电方式，充电机设置在街边、超市、办公楼、停车场等处，采用常规充电电流充电。电动汽车驾驶员只需将车停靠在充电站指定的位置上，接上电线即可开始充电。计费方式是投币或刷卡，充电功率一般在 5 ~ 10 kW，采用三相四线制 380 V 供电或单相 220 V 供电。其典型的充电时间是：补电 1 ~ 2h，充满 5 ~ 8h（SOC 达到 95% 以上）。

#### （二）快速充电方式

快速充电方式是指在短时间内使蓄电池达到或接近充满状态的一种方法。该充电方式以 1 ~ 3C 的大充电电流在短时间内为蓄电池充电，充电功率很大，能达到上百千瓦。该充电方式以 150 ~ 400 A 的高充电电流在短时间内为蓄电池充电，与前者相比安装成本相对较高。快速充电也可称为迅速充电或应急充电，其目的是在短时间内给电动汽车充满电，充电时间应该与燃油汽车的加油时间接近。大型充电站（机）多采用这种充电方式。

电动汽车充电设备主要包括充电站及其附属设施，如充电机、充电站监护系统、充电桩、配电室以及安全防护设施等。

大型充电站（机）的快速充电方式主要针对长距离旅行或需要进行快速补充电能的情况进行充电，充电机功率一般大于 30 kW，采用三相四线制 380V 供电。其典型的充电时间是：10～30 min。这种充电方式对蓄电池寿命有一定的影响，特别是普通蓄电池不能进行快速充电，因为在短时间内接受大量的电量会导致蓄电池过热。快速充电站的关键是非车载快速充电组件，它能够输出 35 kW 甚至更高的功率。由于功率和电流的额定值都很高，因此这种充电方式对电网有较高的要求，一般应靠近 10 kW 变电站附近或在监测站和服务中心中使用。此外，该充电方式在变电站附近或服务中心中使用，还需采取较为复杂的谐波抑制措施，与前者相比安装成本相对较高，只适合大型充电站使用。

### （三）更换电池组充电方式

目前，除了以上两种充电方式外，还可以采用更换蓄电池组的方式，即在蓄电池电量耗尽时，用充满电的电池组更换已经耗尽的电池组，蓄电池归服务站或电池厂商所有，电动汽车用户只需租用蓄电池。电动汽车用户把车停在一个特定的区域，然后用更换蓄电池组的机器将耗尽的蓄电池取下，换上已充满电的蓄电池组。对于更换下来的未充电蓄电池，可以在服务站充电，也可以集中收集起来以后再充电。由于电池更换过程包括机械更换和蓄电池充电，因此有时也称它为机械"加油"或机械充电。电池更换站同时具有一般充电站和快速充电站的优点，也就是说可以用低谷电给蓄电池充电，同时又能在很短的时间内完成"加油"过程。通过使用机械设备，整个电池更换过程可以在 10 min 内完成，与现在的燃油汽车加油时间大致相当。

不过，这种方法还存在不少问题有待解决。首先，这种电池更换系统的初始购置成本很高，其中包括昂贵的机械装置和大量的蓄电池。其次，由于存放大量未充电和已充电的蓄电池需要很多空间，因此修建一个蓄电池更换站所需空间远大于修建一个正常充电站或快速充电站所需的空间。还有，在蓄电池自动更换系统得到应用之前，需要对蓄电池的物理尺寸和电气参数制定统一的标准，所以换电池充电方式最终随蓄电池能量密度的提高会消失。

### （四）无线充电方式

无线充电方式包括电磁感应式、磁场共振式、微波式三种。电动汽车非接触充电方式的研究目前主要集中在感应式充电方式，不需要接触即可实现充电，目前，日产和三菱都有相关产品推出，其原理是采用了可在供电线圈和受电线圈之间提供电力的电磁感应方式，即将一个受电线圈装置安装在汽车的底盘上，将另一个供电线圈装置安装在地面，当电动汽车驶到供电线圈装置上，受电线圈即可接收到供电线圈的电流，从而对蓄电池进行充电。目前这种充电方式的成本较高，还处于实验室研发阶段，其功能还有待时间验证。此外，非接触式充电方式的原理还包括磁共振和微波等，这些技术都被日本厂商垄断。

电动汽车无线充电方式是近几年国外的研究成果，其原理就像在车里使用的移动电话，将电能转换成一种符合现行技术标准要求的特殊的激光或微波束，在汽车顶上安装一个专用天线接收即可。有了无线充电技术，公路上行驶的电动汽车或双能源汽车可通过安装在电线杆或其他高层建筑上的发射器快速补充电能。电费将从汽车上安装的预付卡中扣除。

电动汽车充电不再需要电源插座或充电电缆。利用感应充电法，电能通过埋在路面下的充电板无线传送给汽车的蓄电池，实现从路面直接给汽车充电。这一技术将极大地缩短充电时间，以沃尔沃 C30 电动汽车为例，其进行感应式充电在蓄电池完全放电的情况下，给 24 kW·h 大小的蓄电池组完全充电，预计仅用 80 min。

微波充电方式也称移动式充电。对电动汽车蓄电池而言，最理想的情况是汽车在路上巡航时充电，即所谓的移动式充电（MAC）。这样，电动汽车用户就没有必要去寻找充电站、停放车辆并花费时间去充电了。MAC 系统埋设在一段路面之下（即充电区），不需要额外的空间。

接触式和感应式的 MAC 系统都可实施。对于接触式的 MAC 系统而言，需要在车体的底部装一个接触拱，通过与嵌在路面上的充电元件相接触，接触拱便可获得瞬时高电流。当电动汽车巡航通过 MAC 蓄电池组的方式，其充电过程为脉冲充电。对于感应式的 MAC 系统，车载式接触拱由感应线圈所取代，嵌在路面上的充电元件由可产生强磁场的高电流绕组所取代。很明显，由于机械损耗和接触拱的安装位置等因素的影响，接触式的 MAC 对人们的吸引力不大。

电磁感应式非接触充电系统存在以下三方面的问题：

（1）送电距离比较短，如果两个线圈的横向偏差较大，传输效率就会明显下降。目前来看只能实现传输距离为 10 cm 左右，而底盘的距离明显与这个距离有着非常大的距离，因此这是一个很大的问题。（2）需要考虑很多的散热问题，比如线圈之间的发热。（3）耦合的辐射问题，电磁波的耦合会不会存在大的磁场泄漏。电磁感应在线圈之间传输电力，如同我们的磁铁一样，在外圈有一定的泄漏，人如何避免受影响是个很大问题。线圈之间也是有可能有杂物进入的，还有某些动物（猫、狗）进入里面，一旦产生电涡流，就如同电磁炉一样，安全性问题非常明显。一般来说，利用电磁感应原理的无线供电技术最具现实性，并且现在在电动汽车上有实际应用。

磁场共振式供电，目前技术上的难点是：小型、高效率化。现在的技术能力大约是直径半米的线圈，能在 1 m 左右的距离提供 60 W 的电力。磁场共振方式，则是现在最被看好，并被认为是将来最有希望广泛应用于电动汽车的一种方式。

电磁波送电方式，现在则提出了利用这种技术的"太空太阳能发电技术"。这种技术若能应用的话，可以从根本上解决电力问题。无线供电，使得电动汽车可以提供这么一种可能：一辆电动汽车从出厂到它报废为止，终生不用你去理会电力补充问题。电动汽车在太阳能电池技术、无线供电技术以及自动驾驶技术的支持下，完全可以颠覆现在的交通概念。许多年以后，在高速公路上，汽车在自动行驶，而汽车、电脑、手机需要的所有电力都来自从路面下铺装的供电系统，或者来自汽车上的接收装置接收的电磁波。随着电动汽车的发展，无线充电技术必定有着广阔的利用空间。

综上所述，目前电动汽车的充电还是采用普通充电为主，快速补充充电为辅的充电方式。对于电动公交车而言，充电站设在公交车总站内，在晚间下班后利用低谷充电，时间5~6h。其全天运行的车辆，续驶里程不够时，可利用中间休息待班时间进行补充充电。充电器的数量和容量根据车队的规模而定，充电站由车队管理。1~3C的快速充电模式，已经在探讨应用，但应确保在蓄电池的安全使用寿命的前提下进行。

### (五) 未来其他前沿技术

Atair 纳米技术公司为电动汽车开发的锂离子蓄电池可以极快的速度充电，容量高达35 kW·h 时的蓄电池可以在 10 min 之内充电充毕，安装这种蓄电池的载人小汽车可以续驶 160 km。10 min 之内把 35 kW·h 的蓄电池充电完毕需要 250 kW 的充电功率，这是一栋办公大楼最大用电负荷的 5 倍。

V2G 是 Vehicle - to - gid 的简称，它描述了这样的一个系统：当混合电动汽车不运行的时候，通过连接到电网的电动机将能量卖给电网，反过来，当电动汽车的蓄电池需要充满时，电流可以从电网中提取出来给电池。

## 二、充电机功能

随着我国新能源汽车，特别是纯电动汽车的迅速发展，电动汽车充电站及其配套充电设备必将处于新能源充电的设备前沿位置。

电动汽车充电机是一种专为电动汽车的车用蓄电池充电的设备，按安装方式不同可分为车载式和非车载式两种，分别采用相应的充电方式完成对车载蓄电池充电的功能。车载充电机指安装在电动汽车内部的充电机；非车载充电机指安装在电动汽车外，与交流电网连接并为电动汽车动力蓄电池提供直流电能的充电机。充电站安装的非车载充电机还需具备计量计费功能。一般情况下，充电机应至少能为以下三种类型动力蓄电池中的一种充电：铁锂离子蓄电池、铅酸蓄电池、镍氢蓄电池。

根据电流种类不同，充电桩可分为交流充电桩和直流充电桩两种。交流充电桩是安装在电动汽车外，与交流电网连接，为电动汽车车载充电机提供交流电源的供电装置，同时具备计量计费功能；直流充电桩是固定安装在电动汽车外，与交流电网连接，为电动汽车动力电池提供小功率直流电源的供电装置。直流充电桩具有充电机功能，可以实时监视并控制被充电蓄电池状态，同时直流充电桩可以对充电电量进行计量。

### (一) 充电设定方式

1. 自动设定方式

自动设定方式是在充电过程中，充电机依据蓄电池管理系统提供的数据动态调整充电参数、执行相应动作，完成充电过程。

2. 手动设定方式

手动设定方式是由操作人员设置充电机的充电方式、充电电压、充电电流等参数，在电动汽车与充电机连接正常且充电参数不应超过电动汽车蓄电池管理单元最大许可范围时，充电机根据设定参数执行相应操作，完成充电过程。充电机采用手动设定方式时，应具有明确的操作指示信息。

充电机采用高频开关电源模块。其主要功能是将交流电源变换为高质量的直流电源，应采用脉冲宽度调制方式原理。高频开关电源模块应由全波整流及滤波器、高频变换及高频变压器、高频整流滤波器等组成。

每个高频开关电源模块内部应具有监控功能，显示输出电压/电流值，当监控单元故障或退出工作时，高频开关电源模块应停止输出电压。正常工作时，模块应与直流充电机监控单元通信，接收监控单元的指令。

高频开关电源模块应具有交流输入过电压保护、交流输入欠电压报警、交流输入缺相报警、直流输出过电压保护、直流输出过电流保护、限流及短路保护、模块过热保护及模块故障报警功能。模块应具有报警和运行指示灯，任何异常信号传送到监控单元。

充电机不同相位的两路或多路交流输入进线应均匀接入充电机高频开关电源模块上，以实现脉波整流。高频开关电源模块应具有带电插拔更换功能，具有软起动功能，软起动时间 3 ~ 8 s，以防开机电压冲击。充电机应具有限压限流特性。

（1）限压特性

充电机在恒流充电状态运行时，当输出直流电压超过限压整定值时，应能自动限制其输出电压增加。

（2）限流特性

充电机在稳压状态下运行时，当对蓄电池的充电电流超过蓄电池的限流整定值或输出直流电流超过充电机总限流整定值时，应能立即进入限流状态，自动限制其输出电流增加。全自动充电机可适用的蓄电池类型：镍镉、镍氢、铅酸、锂离子蓄电池等。

充电机充电特性：采用智能充电技术，充电过程无须人工干预。严格按照蓄电池充电特性曲线进行充电，采用"恒流—恒压限流—涓流浮充"智能三阶段充电模式，使每节蓄电池都能够较快地充分地充满电，避免过充电，完全做到全自动切换功能。

## （二）充电功能

1. 充电模式——智能三阶段充电模式

充电初期采用恒流技术，使充电电流恒定，避免损坏蓄电池和加速蓄电池的老化。

充电电压达到上限电压时自动转换为恒压限流充电，有效地提高了蓄电池的容量转换效率。

涓流充电使各单体蓄电池均衡受电，保证蓄电池容量得以最大限度恢复，有效解决单体电压不均衡现象，避免了市电电压的变化和蓄电池充电的末期造成的蓄电池过压充电的危险，大大延长了蓄电池的使用寿命。

适用范围广，充电电流可在 10% 至额定值内任意设定，且不受输入交流电压变化的影响，在恒流充电期间电流维持不变，无须人为再调整。

2. 特殊功能数据转储和处理

充电结束后，采集的数据可经 U 盘转存或经 RS232 接口直接上传计算机，经配套的数据处理软件后台处理后，可自动生成各种图表，为判别整组蓄电池的优劣提供了科学的依据（注：充电机起动、停电后恢复充电应需人工确认，充电机应具有急停开关）。

## （三）监控功能

直流充电机的监控单元应具有完善的监控功能。其至少应具有以下监控功能：

1. 模拟量测量显示功能

测量显示充电机交流输入电压、充电机输出电压/电流、各个高频电源模块输出电流等。监控单元电流测量精度在 20%～100% 的额定电流范围内，其误差应不超过 ±1%；电压测量精度在 90%～120% 的额定电压范围内，其误差应不超过 +0.5%。

2. 控制功能

监控单元应能适应充电机各种运行方式，能够控制充电机自动进行恒流限压充电—恒压充电—停止充电运行状态。

3. 报警功能

充电机交流输入异常、电源模块报警/故障、直流输出过/欠压、直流输出过流、充电机直流侧开关跳闸/熔断器熔断、充电机故障、充电机监控单元与充电站监控系统通信中断、监控单元故障时，监控单元应能发出声光报警，并应以硬接点形式和通信口输出到监控系统。

4. 事件记录功能

监控单元应能储存不少于 100 条事件。充电机报警、充电开始/结束时间等均应有事件记录，应能保存至少 20 次充电过程曲线，事件记录和曲线具有掉电保持功能。

5. 参数整定和操作权限管理

监控单元应具有充电机参数整定和操作权限密码管理功能，任何改变运行方式和运行参数的操作均需要权限确认。

6. 对时功能

监控单元至少应满足 PPS（秒脉冲）、PPM（分脉冲）对时要求，宜能接收 IRIG – B（DC）来满足对时要求，且 GPS 标准时钟的对时误差应不大于 1 ms。

## （四）显示功能

显示输出功能应包含显示下列信息：

（1）蓄电池类型、充电电压、充电电流、充电功率、充电时间、电能量计量和计费信息。（2）在手动设定过程中应显示人工输入信息。（3）在出现故障时应有相应的提示信息。（4）可根据需要显示蓄电池最高和最低温度。

## （五）通信功能

通信内容包括：蓄电池组标识、蓄电池组类型、蓄电池组容量、蓄电池组状态、蓄电池组故障代码、蓄电池组电压、蓄电池组充电电流、蓄电池组充电功率、蓄电池组充电时间、蓄电池组充电电能、单体蓄电池电压、单体蓄电池荷电、蓄电池温度等；充电机的充电状态、充电机故障代码、充电机交流侧开关状态、充电机直流输出电压、充电机直流输出电流、充电机直流侧开关状态、充电机直流侧开关跳闸；监控单元输出监控单元故障、充电机与监控系统通信中断等；后台监控系统输出充电机开/关机、充电机紧急停机、充电机参数设置等。

### （六）典型电动汽车智能充电及管理系统功能

电动汽车智能充电及管理系统能够实现对蓄电池的检测、维护、保养，续驶里程估算，内阻检测估算、电能计费、联网监控、人机交互显示等功能。

采用多种充电模式：充电电流大、充电热量少、充电速度快、还原效率高、超时充电无过充危险，较一般的充电方式提高 50% ~ 60%。采用均衡充电：针对锂蓄电池、铁锂蓄电池抗过充能力差，实现动态均衡充电功能避免不平衡趋势恶化，提高蓄电池组的充电电压，并对蓄电池进行活化充电，有效延长蓄电池使用寿命。其具有快速充电：充电 10 ~ 15 min，充足额定电量的 80% 以上，续驶里程可达 200 ~ 300 km。

内阻检测功能：智能蓄电池单体检测、内阻检测技术，在线巡回检测每节单体蓄电池状况，预测各节蓄电池供电性能，及时发现劣化蓄电池，立即报警，为蓄电池组"精细"维护提供测量依据。

除硫养护功能：抑制硫化产生、降低硫化速度，可使蓄电池组的容量恢复到标称容量的 95% 以上，达到长期在线对蓄电池进行防硫养护和修复的作用。

电量计费功能：充电站输入电量、充电主机输入电量、输出电能总体计量；用户充电消费已充电量、计费单价、消费金额等存储、显示和统计。

联网监控：通过 GPS 定位系统、CAN 总线装置、载波通信，监控中心对充电主机、终端、充电桩进行远程控制，实时记录充电、配电、蓄电池维护等监控数据，异常现象声控报警，并通过通信口输出到监控系统。

续驶里程估算：对电动汽车车载蓄电池的电压、内阻检测及电量容量估算，实时评估电量信息，同时估算续航里程，避免车主遭遇电量用完的尴尬，更大方便用户出行。

抗磁干扰：双绞屏蔽网络通信线置金属管中；超强滤波电路设计，严格执行通信协议，多重正确条件校验设置，全面差错校正。

人机交互：触控数字液晶屏显示、语音提示、友好人机界面、显示 RFTD 卡（选配）、IC 卡卡号、计费单价、充电模式、充电电压、充电电流、已充电量、所剩余额、消费金额等，并打印单据。

## 三、电动汽车传导式充电接口

电动汽车传导式充电接口标准适用于交流额定电压最大值为 380 V 和直流额定电压最大值为 600 V 的电动汽车用传导式充电接口。

国标规定了两种充电接口：一种是将交流供电电网连接到车载充电机上进行充电的"交流充电"接口：另一种是利用非车载充电机（充电桩）对电动汽车进行"直流充电"的接口注：日本和美国充电机采用单相 230 V AC 供电，电流 32 A 输出，针脚数量为 5；意大利采用单相 230 V AC 供电，16 A AC 输出，针脚数量为 4 ~ 5；德国采用单相或三相

500 V AC，单相电流70 A、三相电流63 A、针脚数量为7；中国标准单相220 V AC，单相最大电流32 A，三相380 V AC，三相最大电流63 A，针脚数量为7。

电动汽车国家标准插头对插头和充电接口的材质、接触电阻、工作时额定电流、额定电压、插拔力、电气性能、防水等级、断开状态、充电状态、防松设置、及时断开等都做了规定。

## （一）交流充电接口

电动汽充电模式有如下三种：

1. 充电模式1

使用车载充电机对电动汽车进行充电时，充电电缆通过符合额定电流为16 A的插头插座与交流电网进行连接。其额定电压和额定电流应符合要求，单相220 V交流、电流16 A，作为家用使用额定电流为16 A的标准插座连接交流电网。交流充电接口端子连接方式为 L1 + N + PE + CP + PP。

2. 充电模式2

包括三种模式，使用特定的供电设备为电动汽车提供交流电源：作为商场、停车场等通过特定的供电设备为电动汽车提供交流电源。

3. 充电模式3

使用非车载充电机对电动汽车进行直流充电，其额定电压600 V DC、额定电流300 A，作为高速公路服务区充电站等，通过非车载充电机对电动汽车进行直流充电，交流充电接口端子连接方式为 L1 + L2 + L3 + N + PE + CP + PP。

注：在充电插头的明显区域（如锁紧装置的控制按钮表面）应有不同颜色来表示不同的充电模式。蓝色：充电模式1；黄色：充电模式2.1；橙色：充电模式2.2；红色：充电模式2.3；红色：充电模式3。在供电装置一侧须安装漏电流保护装置，建议在供电装置一侧安装手动或自动断路器。出于安全的考虑，在充电接口连接过程中，首先连接保护搭铁端子，最后连接控制确认端子。

## （二）直流充电接口功能

直流充电接口包含8个端子，各个端子的布置方式如图5-1所示。直流充电接口端子功能定义如下：DC + 直流电源正、DC - 直流电源负、PE 保护搭铁端子在连接时最先连接和最后断开、S + 为充电通信 CAN - H、S - 为充电通信 CAN - L、三角号为充电 CAN 屏蔽、A + 低压辅助电源正和 A - 低压辅助电源负为非车载充电机向电动汽车软件提供低压电源。

出于安全的考虑，在充电接口连接过程中，端子连接顺序为：保护搭铁、直流电源正与直流电源负、低压辅助电源正、低压辅助电源负、充电通信。在脱开的过程中则顺序相反。

确认充电接口的连接。电动汽车的车辆控制装置能够通过测量检测点的峰值电压判断充电插头与充电插座是否已充分连接。电流容量的判断是车辆控制装置通过测量检测点2

的电压值来确认充电电缆的额定电流，并通过判断该点的占空比确认当前供电设备能提供的最大电流值。电动汽车的车辆控制装置对供电设备，充电电缆及车载充电机电流值进行比较后，按照其中的最小电流值对电动汽车进行充电。

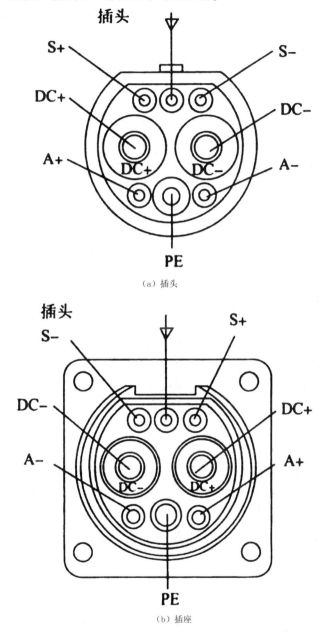

图 5－1　直流接口充电插头和充电插座布置图

充电过程中输出功率的调整是车辆控制装置应对监测点 2 信号的占空比进行不间断地监测。当接收的振荡信号占空比有变化时，车辆控制装置应实时调整车载充电机的输出功率。

充电系统的停止是在充电过程中，车辆控制装置不间断测量检测点 2 的峰值电压或占空比，如果信号异常，车辆控制装置应立即关闭车载充电机的输出。供电设备在充电过程中不间断测量检测点 1 的峰值电压，如果信号异常则断开交流输出端的接触器或开关。

在供电设备无故障情况下，其内部开关为常闭状态。当使用充电电缆将供电设备与电动汽车连接完毕后，供电设备通过测量检测点 1 的峰值电压判断充电电缆是否连接完毕。当供电设备接收到起动信号（如刷卡等）后，闭合其交流输出端的接触器或开关，为电动汽车的车载充电机进行供电。

电动汽车的车辆控制装置通过检测点 2 的峰值电压，判断充电插头与充电插座是否已充分连接。

充电系统的起动。在电动汽车和供电设备建立电气连接后，车辆控制装置通过测量检测点 2 的峰值电压，确认充电电缆的额定电流。电阻 & 的阻值与充电电缆额定电流有对应关系，车辆控制装置通过判断该点的占空比确认供电设备当前能够提供的最大充电电流值。车辆控制装置对供电设备、充电电缆及车载充电机的额定电流值三者进行比较，将其最小值设定为当前最大允许供电电流。当判断充电接口已充分连接并设置完当前最大允许充电电流后，车载充电机开始对电动汽车进行充电。

在整个充电过程中，不间断地检查充电接口的连接状态及供电设备的功率变化情况。车辆控制装置应不间断地测量检测点 2 的峰值电压及占空比。当占空比有变化时，车辆控制装置应实时调整车载充电机的输出功率。

充电系统的故障停止。在整个充电过程中，检测点 2 的信号（电压及占空比）出现异常时，车辆控制装置应立即关闭车载充电机输出，停止充电。供电设备在充电过程中不间断测量检测点 1 的峰值电压，如果信号异常则断开交流输出端的接触器或开关。

特殊模式充电。在充电模式 1 中，充电电缆上可配备占空比固定为 20% 的振荡电路装置来作为控制导引电路。如果供电设备没有配备振荡电路装置，电动汽车在判断充电电缆完全连接后，可以按照充电模式 1 规定的额定电流进行充电。此过程交流供电装置一侧应安装手动或自动断路器。其判断步骤如下：

（1）用充电电缆将车载充电机连接到交流电网。（2）车辆控制装置在初次上电后的一定时间内（如 5 s）没有接收到振荡器的振荡信号，闭合特殊模式开关 S2 后判断充电接口是否完已全连接（检测点 2 的电压小于 2 V/4 V 为已连接，等于 12V/24V 为未连接）。（3）车辆控制装置判断充电接口已完全连接后，可控制车载充电机按照充电模式 1 规定额定电流对电动汽车进行充电。（4）车辆控制装置应在充电过程中不间断地监测充电接口连接状态，一旦异常应立即关闭车载充电机。

直流充电接口带载插拔保护原理。在充电过程中，如果没有严格的保护控制措施，直流充电接口的带载插拔会对操作人员造成伤害。因此需要电动汽车的蓄电池管理系统与非车载充电设备相互协调并在充电逻辑上加以控制，从而保证充电接口在插拔过程中不带负载分断。

保护原理是充电接口的插头分别设有相对应的通信端子、直流输出端子及低压辅助电源端子。拔开充电接口时，端子的断开顺序为：通信端子、低压辅助电源端子、直流输出端子。

充电时的控制逻辑顺序。蓄电池管理系统与非车载充电设备（充电桩）在充电过程中的控制逻辑顺序为：

（1）充电设备通过低压辅助电源端子向电动汽车的蓄电池管理系统供电。（2）蓄电池管理系统与非车载充电设备进行通信。（3）在完成握手阶段、配置阶段后，非车载充电设备开始对电动汽车进行充电。（4）充电过程中，如果100 ms内非车载充电设备没有收到蓄电池管理系统周期发送的充电级别需求报文，非车载充电设备立即关闭输出。（5）充电过程中，如果低压辅助电源端子断开，应由这路接触器切断直流充电回路。

## 第二节 新能源汽车高压安全

在高压电操作中，要牢记，千万不要把自己串入正负极之间构成导电回路，造成触电的严重事故。另外，正或负直流母线与车身意外相连将存在严重的高压电击隐患，一旦人员在车上接触了高压电负极或正极将造成严重电击伤或死亡。

### 一、TN 网络原理

高压安全措施和注意事项的基本原理可利用 TN 网络进行说明（如住宅线路）。TN 二搭铁零线（共用搭铁）如图 5-2、图 5-3 所示。

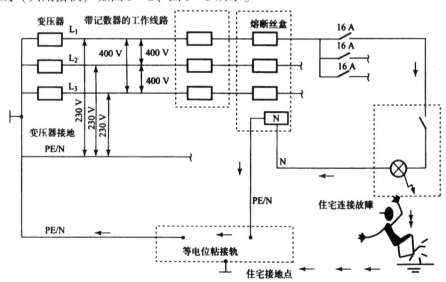

图 5-2 不安全的 TN 网络原理

民用住宅的单相 220 V（230 V）或三相 380 V（400 V）是从三相变压器的次级绕阻取出的，如图 5-3 所示 L1、L2、L3 为三相火线，线间电压为 380 V，可接入三相电动机。对于单相 220 V 如单相电动机或照明用电则采用相电压 220 V 供电。注意：PE 是保护搭铁的缩写，N 是中性点的缩写，PE/N 意为中性点作为保护搭铁，一个供电网络要有多个PE/N，PE/N 在图 5-3 中左接变压器的中心抽头，右接住宅大楼的暖气管道和楼体钢盘笼，图 5-3 中的照明灯零线回路是通过熔断丝盒内的搭铁螺钉 N 将电流导入住宅的等电位粘接轨，从 PE/N 流回变压器中心抽头形成回路，这是单相两线电器工作原理。单相三线工作原理是诸如电饭煲除了要用电器工作外，还要防止壳体漏电，所以在壳体上接保护搭铁线起保护作用，保护搭铁即把用电器壳体和用电器的零线相连，零线和真实土地的地等电位，由于人总是站在真实地上，真实地和用电器壳体等电位，所以不会造成触电。

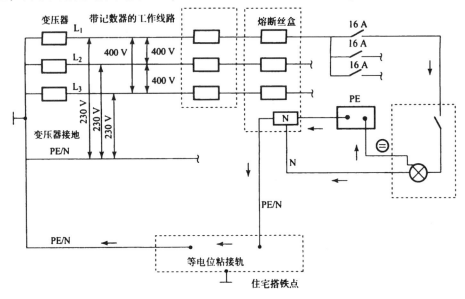

图 5-3　安全 TN 网络原理

如果用电器壳体漏电，电流可经由第三根地线经 PE 后通过熔断盒内的搭铁螺钉 N 将电流导入住宅的等电位粘接轨，不会造成触电危险。

## 二、现代电动汽车的安全措施

### （一）电动汽车的高压安全措施

电动汽车的高压安全措施如图 5-4 所示。

（1）用带有不同颜色的线代表不同电压，所以一定要高度重视高压部件上的橙色高压线路和上面的警示信息。（2）带高压电零件的防接触保护，采用多层（三层）绝缘防止意外直接或间接接触带电零件。（3）电隔离。高压电采用正负极与车辆搭铁绝缘。发生简单故障时，这种保护可以防（4）绝缘电阻监测。检测整个高压系统有无绝缘故障，并在仪表中用声音或光提示故障。（5）高压互锁。对整个高压系统设置一个导通环，如果导通环传送的信号中断，切断电压并对高压系统的电容进行放电。（6）服务断开/高压接通锁。工作人员使用诊断辅助系统断开电压后，不仅要确保关闭整个高压系统（高压互锁打开），还要防止高压系统通过"点火开关开启"重新接通。借助高压接通锁的插入（搭铁），对高压系统又加了一道防止接通的保险。（7）在碰撞时切断高压系统。通过碰撞识别触发断开蓄电池和停止发电机发电模式，并将母线电容器放电至允许的电压极限以下。另外在短路时切断高压系统，并将母线电容器放电至允许的电压极限以下。

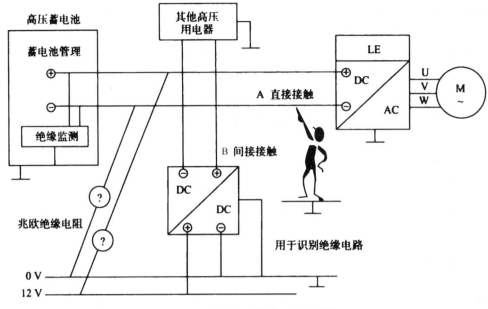

图 5 - 4  电动汽车的高压安全措施

## （二）电动汽车绝缘电阻监测方法

电动汽车是一个复杂的机电一体化产品，其中的许多部件包括动力蓄电池、电动机、充电机、能量回收装置、辅助电池充电装置等都会涉及高压电器绝缘问题。这些部件的工作条件比较恶劣，振动、酸碱气体的腐蚀、温度及湿度的变化，都有可能造成动力电缆及其他绝缘材料迅速老化甚至绝缘破损，使设备绝缘强度大大降低，危及人身安全。

电动汽车的绝缘状况以直流正负母线对地的绝缘电阻来衡量。电动汽车的国际标准规定：绝缘电阻值除以电动汽车直流系统标称电压 S 结果应大于 $100\Omega/V$，才符合安全要求。标准中推荐的牵引蓄电池绝缘电阻测量方法适用于静态测试，而不满足实时监测的要求。

绝缘电阻监测模块主要完成如下几方面功能：正负母线对电底盘的电压测量、标准偏置电阻的投切控制、报警参数设置、声光报警电路、液晶显示及通信。

一般来讲，电动汽车的标称电压在 90～500 V，实际偏置电阻因电压不同而不同，运行过程中蓄电池电压存在一定的波动范围，并且待测绝缘电阻也有一定的变化范围，因此，通用型监测系统的电压测量电路必须保证在全范围内实现等精度的测量，而且正、负母线对地电压的测量必须同时完成。

## （三）混合动力电动汽车（高压）的注意事项

如果员工没有接受高压意识培训，不允许在混合动力汽车上执行操作。如果员工在车辆上的"工作"仅限于操作或客户咨询，如阐述驾驶室管理及数据系统，则不必进行高压意识培训。此外，只是简单驾驶车辆时也没有必要进行高压意识培训，如洗车人员将车辆驶向洗车装置。如果员工在车辆上执行操作、阐述或简单驾驶车辆之外的"工作"，一定要进行高压意识培训。甚至开启发动机罩，如清洗发动机或添加风窗玻璃清洗液，也要求进行高压意识培训。员工如果不具有高压资格和高压产品资格，不得在高压网络上作业；不遵守相关注意事项会导致严重结果。接受过高压意识培训的非电工技术专业人员可以在高压系统外执行作业。接受过附加资格认证（高压资格和高压产品培训）的汽车技师、电气技师、机械电子工程师可以在高压系统上执行作业。

# 第三节　混合动力及纯电动车型维修安全规范

搭载电动力系统的混合动力及纯电动车型，整车涉及高压的部分有：整车橙色线束、动力蓄电池包、高压配电箱、车载充电器、驱动电机控制器总成、DC 与空调驱动器总成、电动力总成、电动压缩机总成、电加热芯体 PTC。为确保维修人员人身安全，避免违规操作引起安全事故，在维修高压部分时，请参考以下规范要求。

## 一、安全防护要求

第一，维修人员必须佩戴必要的安全防护用品，如绝缘手套（需准备防高压电工手套以及防蓄电池电解液酸碱性两种手套）、绝缘胶鞋、绝缘胶垫和防护眼镜等，其耐压等级必须大于需要测量的最高电压。

第二，使用前必须检查绝缘手套是否有破损、破洞或裂纹等，应完好无损，确保安全。

第三，使用前必须检查绝缘手套、绝缘胶鞋等防护用品，不能带水进行操作，保证内外表面洁净、干燥，确保安全。

第四，维修车辆时，必须设置专职监护人一名，监护人工作职责为监督维修的全过程。具体如下：

①监督维修人员组成、工具使用、防护用品佩戴、备件安全保护、维修安全警示牌等是否符合要求；②检查紧急维修开关的接通和断开；③负责对维修过程中的安全维修操作规程进行检查，监护人要按安全维修操作规程指挥操作，维修人员在做完一个操作后要告知监护人，监护人要在作业流程单上做标记；④监护人要认真负责，确保维修过程的安全，避免发生安全责任事故；⑤监护人及维修人员必须具备国家认可的职业资格证书；⑥监护人及维修人员必须经过生产厂家关于混合动力及纯电动车型培训，并通过考核；

第五，严禁未经培训的人员进行高压部分检修，禁止一切带有侥幸心理的危险操作，避免发生安全事故。

## 二、安全维修操作规范

### （一）高压部件识别

①整车橙色线束均为高压线；②动力蓄电池包连至电源管理器的红色电压采样线束；③高压零部件，包括：动力蓄电池包、高压配电箱、车载充电器、太阳能充电器、驱动电

机控制器总成、DC与空调驱动器总成、电动力总成、电动压缩机总成、电加热芯体PTC。

### （二）检修高压系统时

点火开关必须处于OFF挡（若为智能钥匙系统，则使车辆不在智能钥匙感应范围内，并且车辆处于非充电状态），拔下紧急维修开关。紧急维修开关拔下后，由专职监护人员保管，并确保在维修过程中不会有人将其插到高压配电箱上。

需注意的是：

①断开紧急维修开关只是切断了从高压配电箱到各个高压用电设备的电源，并不能切断动力蓄电池包到高压配电箱的电源；②当需要维修或更换高压配电箱时，应小心拔出连接动力蓄电池包的电缆正、负极高压接插件，使用绝缘胶带包好裸露出的桩头，避免触电。

### （三）在断开紧急维修开关5 min后

检修高压系统前应使用万用表测量整车高压回路，确保无电。

需注意的是：

①确定方法。拔下紧急维修开关手柄后，测量动力蓄电池包正极和车身之间的电压来初步判断是否漏电，若检测到电压大于等于50 V，应立即停止操作，按动力蓄电池包漏电检测方法检查；②使用万用表测量高压时，需注意选择正确量程，检测用万用表精度不低于0.5级，要求具有直流电压测量挡位，量程范围不小于或等于500 V，并遵守"单手操作"原则；③所使用的万用表一根表笔线上配备绝缘鳄鱼夹（要求耐压为3kV，过电流能力大于5 A），测量时先把鳄鱼夹夹到电路的一个端子上，然后用另一只表笔接到需测量的端子测量读数。每次测量时只能用一只手握住表笔；测量过程中，严禁触摸表笔金属部分。

### （四）调试高、低压系统的注意事项

①调试低压前必须断开紧急维修开关；②调试高压时，必须由专职监护人指挥装配紧急维修开关；③调试高压必须在低压调试好的前提下调试，便于判断动力蓄电池包是否有漏电的情况，如有漏电情况应及时检查，不能进行高压调试。

### （五）拆装动力蓄电池包总成时

首先把高压配电箱连接高压线束插接件用绝缘胶带缠好，拆装过程不要损坏线束，以免发生触电危险。

### （六）检修或更换高压线束、油管等经过车身钣金孔的部件时

需注意检查与车身钣金的防护是否正常，避免线束、油管磨损。

### 三、安全维修注意事项

第一，在维修作业前请采用安全隔离措施（使用警戒栏隔离），并树立高压警示牌，以警示相关人员，避免发生安全事故。

第二，在维修高压部分过程之前，请将车身用搭铁线连接到混合动力及纯电动车型专用维修工位的接地线上。

第三，在检修有电解液泄漏的动力蓄电池包时，需佩戴防护眼镜，以防止电解液溅入眼中。

第四，在车辆上电前，注意确认是否还有人员在进行高压维修操作，避免发生危险。

第五，检修高压线束时，对拆下的任何高压配线应立刻用绝缘胶带包扎绝缘。注意：高压线束装配时，必须按照车身固定孔位要求将线束固定好。

第六，不能用手指触摸高压线束插接件里的带电部分，以免触电。另外应防止有细小的金属工具或铁条等接触到接插件中的带电部分。

第七，若发生异常事故和火灾时，操作人员应立即切断高压回路，其他人员立即使用灭火器扑救，优先使用二氧化碳灭火器，其次使用干粉灭火器，严禁用水剂灭火器。

# 第六章 新能源汽车产业联盟中的主要成员

## 第一节 整车企业

从各个联盟的成员组成情况可以看出，几乎所有联盟都相当重视关键零部件的研发，每个联盟中的成员组成都有一半以上来自关键零部件企业。整车方面，除TOP10电动汽车产业联盟联合了国内前十龙头汽车集团外，多数联盟在整车企业数量处于1~3家；一部分联盟成员中并没有出现整车企业，如黑龙江省高纬度地区电动汽车产业技术创新战略联盟、锦州新能源汽车及零部件产业技术创新联盟；大学及研发机构方面，多数联盟纳入了在国内比较知名、汽车机械等相关方面研发实力较强、研发成果丰富的大学及研究机构；然而，也有少数联盟并没有将大学或研究机构纳入联盟中，如河南省电动汽车产业联盟、江苏新能源汽车产业联盟、山东创新电动汽车产业联盟。在基础设施提供商、中介金融等服务机构及用户等方面，各联盟的侧重有所不同，如浙江省电动汽车产业技术创新战略联盟将公共服务机构纳入联盟中，但是没有在基础设施、用户方面布局企业，这种情况也同时出现在安徽省新能源汽车产业技术创新战略联盟中。

从企业角度来看，有许多专注于新能源领域，或是在新能源领域发展成果较为显著的国内龙头企业及其子公司同时参与了多个联盟，如一汽集团参与了中央企业电动车产业联盟、TOP 10电动汽车产业联盟、吉林省新能源汽车产业联盟及天津市新能源汽车产业技术创新战略联盟；上海大郡自动化系统工程有限公司参与了北京新能源汽车产业联盟、重庆市节能与新能源汽车产业联盟。

## 一、一汽集团

### （一）集团概况

中国第一汽车集团公司简称"中国一汽"或"一汽"，国有特大型汽车生产企业。一汽于1953年奠基兴建，1956年建成并投产，制造出新中国第一辆解放牌卡车。1958年制造出新中国第一辆东风牌小轿车和第一辆红旗牌高级轿车。经过60多年的发展，一汽已经成为国内最大的汽车企业集团之一。

一汽经过多年的发展建设，逐步开辟了东北、华北、西南、华南等生产基地，改造并建设了中重型卡车、轿车、轻型车、微型车、客车和新能源汽车等新工厂，形成了较为先进的生产制造阵地。自主研发与企业核心竞争能力不断提升，形成了中、重、轻、微、轿、客、新能源汽车等多品种的产品格局。拥有解放、红旗、奔腾、夏利等自主品牌和大众、奥迪、丰田、马自达等合资合作品牌。

### （二）新能源产业发展情况

在新能源汽车产业方面，为加速一汽集团新能源汽车产业发展，一汽集团技术中心新成立了电动车部，专职负责集团新能源汽车产品的研发；同时成立了一汽新能源汽车分公司，负责新能源汽车的批量生产，积累新能源轿车相关制造技术经验，培育新能源汽车关键总成与部件资源，建立新能源汽车推广示范商业模式等。一汽技术中心电动车部目前已形成了完整的电动汽车开发流程与体系能力，具备了电动车产品开发所需的产品策划、构型分析、整车设计、试验和试制五大开发能力。相关专业人员分布于技术中心的各个部门（发动机、变速器、汽车电子、车身、试制、试验等），包括电动车开发专职人员350人、兼职人员300人。其中电动车部下设整车设计室、整车性能开发室、电机开发室、电池开发室、电气设计室5个科室和20多个专业，共计研发人员180余人。

## 二、东风集团

### （一）集团概况

东风汽车公司（原第二汽车制造厂）始建于1969年，总部设在武汉，主要基地分布在十堰、襄阳、武汉、广州等地，主营业务涵盖全系列商用车、乘用车、零部件、汽车装备和汽车事业。

### （二）新能源产业发展情况

在新能源汽车事业方面，东风公司发布了新能源汽车发展规划，成立了新能源汽车战略领导小组和新能源汽车事业平台，实现了新能源汽车事业的组织领导和协调管理，并形成了新能源汽车的研发、生产和市场推广的布局整合与调整。其中各技术中心承担新能源汽车整车开发，新能源汽车研究所承担共性关键技术研发。

东风公司发起成立了专业从事电动汽车及相关产品研发和产业化的公司——东风电动车辆股份有限公司。作为东风公司电动汽车研发与产业化的平台，东风电动车公司已从研发为主的阶段步入以生产和商业推广为主的产业化阶段。按东风汽车公司节能与新能源汽车战略部署，公司形成了以纯电动乘用车产业化和新能源汽车核心零部件产业化业务为核心的产业布局。

## 三、长安集团

### （一）集团概况

中国长安汽车集团股份有限公司（以下简称"中国长安汽车集团"或"中国长安"，英文全称China Changan Automobile Group，CCAG），是中国兵器装备集团公司、中国航空工业集团公司对旗下汽车产业进行战略重组而成立的一家特大型企业集团总部位于北京。目前，中国长安旗下拥有长安汽车、江铃汽车、东安动力、济南轻骑4家上市公司。目前，中国长安汽车集团拥有长安、松花江、昌河、东安4个自主品牌，其旗下拥有整车、动力总成、零部件、商贸服务四大主业板块。根据世界汽车产业专业调研公司富欧睿（FOUR1N）发布的统计数据：全球汽车企业第十四，连续 7 年蝉联中国第一自主品牌。同时，中国长安也是唯一一个自主品牌车型产销过百万辆的中国车企。

中国长安在全国拥有重庆、黑龙江、河北、江西、江苏、安徽、浙江、广东、北京九大整车生产基地，31 个整车（发动机）工厂和 18 家直属企业，整车及发动机年产能力为278 万辆（台），并在马来西亚、越南、伊朗、乌克兰等国家建有海外基地，是中国生产基地分布最广的汽车企业集团。不仅如此，中国长安汽车集团开展了与福特、马自达、沃尔沃、铃木等国际知名汽车生产商在乘用车和发动机领域的战略合作，以及与美国 TRW、日本三菱、日本昭和、澳洲空调国际、英国 GKN 在汽车零部件领域的紧密合作。中国长安汽车集团在全球 30 多个国家建立了自己的营销机构，产品销往 70 多个国家和地区。

在研发方面，中国长安形成了重庆、上海、北京、哈尔滨、江西、意大利都灵、日本横滨、英国诺丁汉、美国底特律的全球自主研发体系，拥有核心技术人员 6 000 余人，国家"千人计划"专家 12 人，"千人计划"专家数量位居全国第一。

### （二）新能源产业发展情况

中国长安汽车集团从 2002 年开始进行电动车研发，在混合动力、PLUG－IN、纯电动等领域均取得突破性进展，杰勋混合动力轿车已上市销售。长安集团在公务车和出租车领域陆续投放了混合动力轿车、纯电动汽车、燃料电池汽车等，并且成功服务于上海世博会、奥运会、残奥会等国际化大型活动。在电动车研发方面，长安取得了"国家地方联合工程实验室"资格认证，建立了九大类、55 项纯电动汽车专有试验评价体系。掌握自主整车集成设计、系统设计、性能匹配标定等技术 95 项，掌握动力系统控制器、动力电池控制系统、驱动电机控制系统三大电动核心系统控制技术 51 项，掌握了具有国际先进水平的纯电动整车控制策略软件。此外，形成了以长安、哈飞、昌河三大电动汽车生产基地；具有电动汽车技术专利 100 余项（发明专利 30 余项）；拥有自主 A0、A、B 级车为平台的奔奔、悦翔、赛豹纯电动轿车、纯电动小卡等 5 款小型纯电动轿车，其中赛豹、奔奔纯电动车已完成国家公告目录。

## 四、上汽集团

### （一）集团概况

上海汽车工业（集团）总公司（简称"上汽集团"）是目前国内 A 股市场最大的汽车上市公司，上汽集团主要业务涵盖整车（包括乘用车、商用车）和零部件（包括发动机、变速箱、动力传动、底盘、内外饰、电子电器等）研发、生产、销售、物流、车载信息、二手车等汽车服务贸易业务，以及汽车金融业务。整车板块主要涵盖乘用车和商用车的研发、生产和销售。集团整车企业主要包括上汽集团乘用车公司、上汽集团商用车公司、上海大众汽车有限公司、上海通用汽车有限公司、上汽通用五菱汽车股份有限公司、南京汽车集团有限公司、南京依维柯汽车有限公司、上汽依维柯红岩商用车有限公司和上海申沃客车有限公司等整车企业。零部件板块主要涵盖发动机、变速箱、底盘、电子电气、制动系统、内外饰等汽车部件的研发、生产和销售。零部件企业主要包括上海汽车变速器有限公司、联合汽车电子有限公司、上海汇众汽车制造有限公司及华域汽车系统股份有限公司等企业。

### （二）新能源产业发展情况

上汽集团新能源汽车主要车型荣威 550 插电式混合动力轿车综合油耗为 2.3L/100 km，再配合荣威 E50 纯电动轿车，上汽集团乘用车平均燃料消耗量将得到明显降低。目前，上汽新能源汽车已有荣威 550 plug－in 插电强混轿车、荣威 E50 纯电动轿车等乘用车产品，商务车类主要有上汽通用五菱、上汽大通、上海申沃等产品。据统计，近年来上汽集团共有 59 款新能源汽车车型进入推荐目录，其中乘用车 12 款，商用车 47 款。

在新能源汽车研发制造的同时，上汽新能源汽车还计划嫁接创新的商业模式，与一嗨租车、巴士租赁合作展开新能源汽车租赁业务，以小时或天计算的分时租赁业务正在试点铺开。同时，即将正式上线的上汽 O2O 汽车电商网平台"车享网"将与新能源汽车销售进行对接。

## 五、北汽集团

### （一）集团概况

北京汽车集团有限公司（简称"北汽集团"）主要从事整车制造、零部件制造、汽车服务贸易、研发、教育和投融资等业务，是北京汽车工业的发展规划中心、资本运营中心、产品开发中心和人才中心。

北汽集团有着悠久的历史，其前身可追溯到 1958 年成立的"北京汽车制造厂"。其先后自主研制、生产了北京牌 BJ210、BJ212 等系列越野车，北京牌勇士系列军用越野车，北京牌 BJ130、BJ122 系列轻型载货汽车，以及欧曼重卡、欧 V 大客车等著名品牌产品，合资生产了"北京 Jeep"切诺基、现代品牌、奔驰品牌等产品。

北汽集团将以提高企业核心竞争力为目标，坚持国际合作和自主发展相结合，调整优化产品结构和产业结构，提升全价值链的综合竞争力，按照"自主创新，规模发展，建设实力北汽、规模北汽、世界北汽、和谐北汽"的发展战略，把北汽建成国内一流、具有国际竞争力的大型汽车企业集团。

### （二）新能源产业发展情况

在新能源汽车产业领域，北京汽车工业集团筹建的北京汽车新能源汽车有限公司，在北京市大兴区采育经济开发区成立。北京汽车新能源汽车公司总占地面积约 228 亩，是北汽集团新能源汽车技术研发、资源集约、产业整合的一个项目管理平台。公司设有北汽集团新能源汽车技术支持部门、新能源汽车核心零部件研发制造基地及新能源汽车整车产品制造基地，经营范围覆盖了纯电动乘用车、混合动力汽车与核心零部件的研发、生产、销售和服务，同时还进行配套充电系统、电池更换系统等装置的研发、生产和销售。目前，新能源汽车公司已掌握了国内领先的整车系统集成与匹配、整车控制系统、电驱动系统三大关键核心技术，构建了三大主干业务，已开发出了 C30DB、M30RB、C60FB、C70GB 等多系列纯电动乘用车产品，以及重混产品"陆霸"SUV，中混产品"勇士"军车，弱混产品 BSG 方案改装轿车等多款混合动力产品，以及 EV - AT、DCM 动力传动装置、动力电池、电机等关键零部件产品。

北汽陆续投入了包括混合动力公交车、纯电动公交车、混合动力轿车、纯电动轿车等各类新能源汽车到北京及其他城市的公交、公务、环卫、出租车及私人租赁等领域，并且建设了北京新能源汽车科技产业园区及潍坊、沙河新能源汽车生产基地。

# 六、比亚迪汽车有限公司

## （一）公司概况

比亚迪股份有限公司创立于 1995 年，2002 年 7 月 31 日在香港主板发行上市，是一家集 IT、汽车和新能源三大产业群的高新技术民营企业。目前，比亚迪已在广东、北京、陕西、上海等地共建有九大生产基地，总面积将近 700 万平方米，并在美国、欧洲、日本、韩国、印度等国，以及中国的台湾、香港等设有分公司或办事处，现员工总数已超过 15 万人。

目前，比亚迪已建成西安、北京、深圳、上海四大产业基地，在整车制造、模具开发、车型研发等方面都达到了国际领先水平，产业格局日渐完善。比亚迪汽车在上海建设有一流的研发中心，拥有 3 000 多人的汽车研发队伍，每年获得的国家研发专利超过 500 项。在西安建有国际领先水平的轿车生产线，总产能达到 20 万辆。在深圳建有现代化汽车城，总产能达到 30 万辆，即将建成第二研发中心，将成为比亚迪汽车中高级汽车的生产基地。比亚迪北京模具制造中心已形成专业化、规模化的模具产业格局，为世界知名汽车品牌制造整车模具。

## （二）新能源汽车产业发展情况

作为全球充电电池产业的领先者，比亚迪迅速控制了决定电动汽车成败的关键环节——动力电池核心技术。并已拥有实现大规模商业化的技术和条件，能够开发更为节能、环保的电动汽车产品，实现性能的提升和普及应用。比亚迪发布了全球第一款不依赖充电站的双模电动车比亚迪 F3DM。这款双模汽车整合了汽车制造、电池技术、电机系统、车载电子技术等多项顶尖的高科技技术。F3DM 低碳版搭载了先进的 DM 双模系统，该系统是一种将控制发电机和电动机两种混合力量相结合的技术，实现了既可充电又可加油的多种能源补充方式。用户可以使车辆在纯电动和混合动力这两种模式之间自由切换，纯电动模式下实现了零排放，混合动力的排放标准也远远优于欧 lv 标准。此外，F3DM 低碳版突破了反复充电和家用插座充电两大技术难关，专业充电站快速充电 10 min 即可充满 50%，普通家用电源慢充也只需 7 h。而纯电动模式下，F3DM 低碳版的城市综合工况续航里程可达到 60 km，可以满足日常上下班要求。

## 七、奇瑞新能源汽车技术有限公司

奇瑞新能源汽车技术有限公司于 2010 年 4 月正式成立，其前身为奇瑞汽车股份有限公司新能源汽车项目组。专职负责混合动力汽车、替代燃料汽车等清洁能源汽车前沿技术的研究与开发。

奇瑞公司自 2000 年开始从事新能源汽车的研发，公司新能源汽车事业经历了 3 个重要的发展阶段：第一阶段（2001~2005 年），公司以国家"863 项目"为载体，联合国内顶尖的高校及科研院所，承担并完成了多项国家 863 电动汽车重大专项研发课题，在短短 3 年左右的时间内，完成 ISG 中度混合动力和纯电动汽车的原理性样车研发；第二阶段（2005~2008 年），以科技部批准组建的"国家节能环保汽车工程技术研究中心"为依托，基本完成了新能源汽车的产业化研发，建立了完善的节能与新能源汽车研发体系、世界一流的新能源试验中心、试制中心等，在电动汽车关键零部件和核心技术方面，公司已经形成一整套关键零部件研发、试验、应用标定及产业化的能力，在电机、电机驱动系统、DC/DC、先进动力电池、电池管理系统和整车控制器等方面都初步形成了批量生产能力，掌握了新能源汽车的核心技术、标定技术和试验验证技术。新能源汽车专用的整车附件系统，包括电动空调、电动转向（EPS）、电动真空、电加热、电子制动等系统已形成了系列化产品，具备了批量生产的能力。第一款 A5 - BSG 混合动力汽车于 2008 年批量上市，在芜湖、大连等城市作为出租车深受客户欢迎，同时也成为河南、广东、新疆、山西、福建、浙江等私人用户的私家车。中度混合动力（ISG）汽车已进入小批量生产阶段，目前被多个新能源汽车示范试点城市作为出租、公务用车的首选车型。微型纯电动汽车、中级纯电动汽车、微型电动客车、纯电动中巴、纯电动大巴的产业化开发也取得了重大进展。同时，公司也非常注重高效节能汽油机、柴油机技术、灵活燃料汽车技术、强混合动力技术、燃料电池汽车技术等全面发展，多项技术均处于国内领先水平；第三阶段（2009 年至今），公司全面启动了新能源汽车大规模产业化及应用，奇瑞 A5ISG、A5BSG、SI 1EV 和 S18EV 已经列入了工信部发布的产品公告并入选了国家节能环保产品推荐目录。奇瑞公司"节能环保汽车技术平台建设项目"获得"国家科技进步奖一等奖"。奇瑞公司投放了多款混合动力轿车应用在出租车和公务车领域，并且获得了"年度影响力电动汽车企业"、"年度纯电动车型"等奖项，同时还承担了多个国家级、省级的节能与新能源汽车项目。

## 八、万向电动汽车有限公司

万向电动汽车有限公司成立于 2002 年，是万向集团全资子公司，公司致力于掌握清洁能源技术，发展节能环保汽车。万向电动汽车项目组筹建成立，随后就确定了"电池—电机—电控—电动汽车"的发展战略。按照"电池—电机—电控—电动汽车"的发展战略，公司在大功率、高能量聚合物锂离子动力电池、一体化电机及其驱动控制系统、整车电子控制系统、汽车工程集成技术及试验试制平台等方面取得了显著的成果。万向自主知识产权聚合物锂离子动力电池、电机及控制器等关键零部件相继研发成功，第一辆电动轿车、电动公交车也随之研制出来。先后有纯电动电力服务车、电力工程车等 4 款车型通过国家车辆产品公告试验，正式获准上牌。

在电池方面，万向电动汽车有限公司重点发展聚合物锂离子动力电池，经过多年的努力，该公司已经实现了动力电池的产业化，产品通过了国家车用电池检测中心的测试，并且通过了 UL、CE、ISO 9000 等产品和生产体系认证，具备了产业化条件。在电机方面，万向电动汽车有限公司在商用车驱动系统总成方面取得较大进展。32kW、40kW、45kW、60kW、100kW 等规格的电机驱动系统已经在纯电动专用车、纯电动中巴车、纯电动公交车及混合动力公交车上得到小批量应用，数十台装载万向动力系统的商用车在国内多个城市正在进行示范运行。在电控方面，万向电动汽车有限公司在多年单个电控单元研发的基础上，形成了以车载信息平台为核心的整车 CAN 总线数字化控制网络。基于嵌入式系统的集成 GPS/GPRS/多媒体/车载信息/网络通信/蓝牙/TV 的车载信息平台已经具备产业化技术条件，处于装车测试阶段。

目前该公司已成功开发了电动轿车、电动公交车、双能源电车、电动电力服务车、电动电力工程车等车型。装载自主开发的聚合物锂离子动力电池和动力系统的纯电动公交车在杭州运行。目前，在杭州 3 条线路上示范运行的 16 辆电动公交车已累计行驶里程超过50 万 km；在 15 个省市与国家电网合作投入 63 台纯电动电力专用车，建立 26 座充电站，累计运行近 50 万 km，取得良好的社会效应。

万向电动汽车有限公司下设动力汽车设计室、电池事业部、电控部。

动力汽车设计室主要承担公司电动大巴车、电动轿车及非道路电动车批量制造，负责电动观光系列车研发制造、销售服务。根据市场需求，组织工程技术人员进行技术研究，研发时尚电动车，不断提高制造工艺水平，使电动车制造水平与国际同类产品先进水平保持同步。汽车设计室具有较强的开发设计力量和良好的制造平台，在整车、造型、底盘、金属结构及模具、机械、电气、装配等方面拥有强大的研发能力和工艺水平。公司凭借万向制造平台，拥有现代化加工设施，公司压力机、剪板机、折弯机、油漆房、大巴及轿车举升机、多种保护焊机、等离子切割机等生产设施齐全，可以开发和生产质量一流的先进电动车辆。汽车设计室目前已完成 5 辆电动大巴车，10 辆电动轿车的制造，电动大巴车在杭州 Y9 线路进行环西湖载客运营，是国内第一条锂电池电动公交车商业示范运行线路，行驶里程已累计 20 多万 km，获得了乘客的好评；电动轿车正在组织杭州电动出租车示范运营准备工作，即将投入运营；电动观光系列车已在全国销售，并出口国外。

电池事业部研究聚合物锂离子动力电池 5 年有余，在大容量锂离子动力电池安全性、正负极材料、电解液研究等方面相继取得突破性进展。挤压、针刺、短路等极端使用状况下不起火、不燃烧、不爆炸（满荷电状态）技术已通过国家权威机构检测及 CE 认证、UL 认证，在国内处于领先水平。同时，实时掌握国内外锂电发展动态，进行国际前沿的材料和工艺开发。

电控部主要从事电动汽车电控系统、汽车电子电器等领域的研发及产业化工作。部门现承担一项"十五"电动汽车重大专项攻关项目，并开展汽车 CAN 网络及数字化仪表开发、电涡流缓速器控制器、车载信息平台、汽车信息娱乐导航系统项目开发。目前，公司拥有自主知识产权的汽车 GPS 监控调度管理系统，系统软件有 B/S、C/S 两种架构；车载模块有 WX86Z（GPRS 图像型）、WX86G（GPRS 通用型）、WX86W（短信物流型）和WX86D（GPRS 基本型）四大类。部门还拥有自主知识产权的"E 能牌"GPS 导航娱乐信息产品，如 3.5/4 英寸 TFT 便携式导航产品；单 DIN 2.5 英寸汽车标配简易导航娱乐机；双 DIN 7 英寸娱乐导航机等汽车前装和后装导航娱乐系列产品。

# 第二节 关键零部件企业

各联盟中关键零部件领域的企业都很多，有些联盟甚至以新能源汽车关键零部件领域为主。本文从中选取了参与多个联盟的上海大郡自动化系统工程有限公司和中信国安盟固利及在国内新能源汽车领域技术较为领先的南车集团（动力总成、电机等零部件领域）、深圳比克电池有限公司和长春锂源新能源科技有限公司（电池领域）、启明信息技术股份有限公司（信息系统等领域）进行介绍和分析。

## 一、上海大郡自动化系统工程有限公司

上海大郡自动化系统工程有限公司成立于 2005 年，是专业从事电力电子产品和电动汽车用电机控制系统产品研发、生产的高科技企业。公司团队承担国家电动汽车相关的重大项目，包括科技部"863"电动汽车重大专项、科技部及上海市电动汽车产业化项目、工信部新能源汽车创新工程项目。在政府的大力支持下，公司坚持自主创新，开发出一整套具有自主知识产权的永磁磁阻同步电机技术，拥有发明专利 5 项（已授权），申请并受理发明专利 40 余项，其他专利、软件注册等知识产权达百余项；形成了一套完整的汽车电机系统产品设计及验证规范；建成了生产供货能力和供应商管理体系；打造了销售服务网络；通过了 TS16949 质量体系认证；初步具备了电动汽车用电机系统产品的开发与供货能力。

公司开发出的一系列混合动力、燃料电池汽车用电机系统产品具有技术含量高、节能环保的特点，被纳入"十一五"国家"863"计划节能与新能源汽车重大专项，是目前国内领先的产品，并已与一汽、东风、上海汽车和长安汽车等国内主要汽车生产企业建立了合作伙伴关系。

## 二、中信国安盟固利

中信国安盟固利（简称 MGL）位于北京中关村高科技园区，投资方为中国中信集团公司所属的中信国安集团公司。MGL 主要从事锂离子二次电池关键材料和高能量密度动力锂离子二次电池的研发、生产与销售。此外，MGL 还从事动力锂电池应用技术、天然化学物质分离与提纯技术等方面的研究开发。

MGL 是目前国内最大的锂电池正极材料钴酸锂和锰酸锂的生产厂家，同时也是国内外唯一大规模生产动力锂离子二次电池的厂家。MGL 业务涉及技术开发、产品生产和销售及投资等方面，并形成了从锂电池材料和锂电池到电动汽车研发与生产的完整产业链。

在科研方面，MGL 形成了一支以硕士、博士为主的高素质科研队伍，承担并完成了多项国家和省部级重大科技项目，取得了一系列重要的研究成果，曾荣获 1 项国家科技进步二等奖和 3 项北京市科学技术一等奖。MGL 已获得数 10 项国内和国际专利授权，形成了具有自主知识产权的核心技术体系，完成了"钴酸锂"国家标准和"锰酸锂"行业标

准的制定任务，并被批准为国家博士后科研工作站、北京市企业技术中心。此外，MGL 已通过国际 ISO 9001：2000 质量管理体系认证、ISO 14001 环境管理体系认证，产品已通过美国 UL、欧盟 CE 认证。MGL 动力锂电池连续 5 年通过了国家权威机构全面的安全和性能检测。由于产品安全性能突出，MGL 开发的大容量锰酸锂动力电池被北京奥组委确定为 2008 年北京奥运会纯电动公交车的独家供应产品，并在奥运会期间成功实现了"零事故"安全运行。

## 三、南车集团

中国南车股份有限公司是由中国南车集团公司联合北京铁工经贸公司共同发起设立的股份有限公司。总部设在北京，现有 19 家全资及控股子公司，分布在全国 11 个省市。中国南车股份有限公司主要从事铁路机车、客车、货车、动车组、城轨地铁车辆及重要零部件的研发、制造、销售、修理、租赁和轨道交通装备专有技术延伸产业，以及相关技术服务，信息咨询，实业投资与管理，进出口等业务。

中国南车股份有限公司具备铁路机车、客车、货车、动车组、城轨地铁车辆及相关零部件自主开发、规模制造、规范服务的完整体系。公司拥有中国最大的电力机车研发制造基地，全球技术领先的高速动车组研发制造基地，行业领先的大功率内燃机车及柴油机研发制造基地，国内高档客车研制的领先企业，全球领先的铁路货车研发制造基地，3 家城轨车辆国产化定点企业，是中国最大的城轨地铁车辆制造商。面向国内国际市场，中国南车致力于发展轨道交通装备产业、新能源产业、新材料产业、新能源汽车等战略性新兴产业，加大节能环保技术和产品研发力度。新能源汽车方面，公司将研发重点放在完善纯电动汽车、混合动力电动客车动力系统及电机驱动系统技术平台，突破纯电动乘用车电机驱动系统技术，研究电动客车整车轻量化技术、整车集成优化技术，逐步形成纯电动、增程式、混合动力等动力系统及电动客车系列化产品，形成电动乘用车、电动客车用永磁电机驱动系统系列化产品。

中国南车下属的湖南南车时代电动汽车股份有限公司（CSRTEG）是中国第一家具备新能源汽车制造资质的新兴企业，积极参与了中国汽车产业新能源技术的变革与发展。CSRTEG 通过承担 20 多项中国国家高新技术计划（"863 计划"）节能与新能源汽车重大项目，成为新能源汽车"三纵三横"国家研发布局中的重要成员，在一体化电机及其驱动控制系统、整车电子控制系统、客车工程集成技术，以及试验检测平台等方面取得了重大成果，是目前中国唯一同时具备电机、电控等电动汽车关键零部件和动力总成系统，以及整车研发和制造产业化能力的企业。

## 四、深圳比克电池有限公司

深圳比克电池有限公司是中国比克电池股份公司的一员。中国比克电池股份公司成立于 2001 年 8 月，是一家集锂离子研发、生产、销售为一体的国家级高新技术企业。公司产品和服务包括圆柱和方形电芯，聚合物电芯，以及电池的封装，产品运用于手机、数码相机、笔记本、后备电源、便携式 DVD、蓝牙耳机、GPS 等日常数码用品，以及电动工具、电动自行车、电动汽车等。公司主要业务是制造锂离子电池芯并销售给手机替代电池制造商和一级制造商。目前，中国比克是中国手机替代电池市场最大的锂离子电池芯制造商，占市场份额60%。公司近期开发了应用于无线动力工具、混合动力汽车及医疗器械的高能量磷酸铁锂电池产品类型。中国比克也生产应用于便携式个人电子设备（如数码媒体设备、便携式媒体播放器、便携式音频播放器、便携式游戏设备及PDAs中的锂离子聚合物电池）。公司近期引进了圆柱电池生产线，用于生产笔记本电脑电池。中国比克电池有限公司占地17.65公顷（190万平方英尺）的厂区坐落于中国深圳，其月总产能达2200万只电池。其子公司深圳比克电池有限公司和比克电子有限公司分别负责开发并生产方形电池芯、圆柱电池芯及磷酸铁锂电池芯及聚合物锂电池芯。

深圳比克电池有限公司参与了多项国家级及省部级、市级科技攻关项目，先后承担了包括国家"863"重大项目、发改委国家重大产业攻关项目在内的政府科研项目10项，包括资助金额在内累计投入数亿元。通过这些项目的攻关，该公司对锂离子动力电池一致性、安全性、可靠性和成本等关键技术进行了深入研究，并获得了深圳特区30年十大自主创新项目及中国有色金属协会一等奖等奖项。

## 五、长春锂源新能源科技有限公司

长春锂源新能源科技有限公司是一家专业从事锂离子动力电池科研生产的高新技术企业。由珠海锂源投资有限公司等投资成立，是吉林省新能源新材料重点产业基地项目。公司目前主要产品为电动轿车、电动客车电池组，产品应用在纯电动汽车上可以持续行驶300 km以上，最高时速超过150 km，电池使用了磷酸亚铁材料，不含重金属，全部材料可以回收降解处理，无污染，产品处于国际领先水平。锂离子动力电池为新型磷酸亚铁锂电池，可用于电动汽车、紧急电源（UPS）、光能发电设备等，该企业是目前国内最大的锂电池生产厂家。

长春锂源新能源科技有限公司注册资本7 000万元，目前企业资产已达3.1亿元。公司锂离子动力电池产品年生产规模达4.0亿Ah，产品规格有400 Ah、300 Ah、160 Ah等，公司可根据市场用户需求生产各种规格的锂离子动力电池产品。

公司目前已和一汽客车有限公司联合开发了纯电动中巴、纯电动大巴等3款纯电动样车。纯电动车使用磷酸亚铁锂动力电池，充满电后可持续行驶300km以上、最高时速150 km、百公里耗电30 kWh。

## 六、启明信息技术股份有限公司

启明信息技术股份有限公司（以下简称"启明信息"）成立于2000年10月25日，前身是中国第一汽车集团公司电子计算处，启明信息是专门从事汽车业管理软件与汽车电子产品研发、制造及服务的高科技企业。

启明信息的主营业务包括四大类：一是管理软件业务，面向汽车产业链和集团化管理，开展以汽车业管理软件为核心的软件开发、应用集成及管理咨询业务；二是汽车电子产品业务，面向汽车整车制造商、汽车运输企业和汽车驾驶者，提供汽车电子产品研发制造、系统配套及增值服务业务；三是集成服务业务，面向各级政府、事业单位及国内外各类企业，开展以系统集成业务为核心的网络工程，机房工程及建筑智能化工程、IT咨询服务、IT 全面解决方案及专业技术培训服务等；四是数据中心业务，提供数据容灾备份服务、IT 运维服务、信息安全服务、云平台服务、D_ Partner 信息平台及呼叫中心业务。

目前该公司的汽车业管理软件解决方案已经涵盖汽车产业链，主要核心产品包括企业资源计划管理系统（ERP）、产品数据管理系统（PDM）、制造执行系统（MES）、办公协同系统（OA）、销售管理系统（TDS）等系列软件产品 19 项，以及"帅通"系列车载信息系统、"帅风"系列汽车电子控制系统等电子产品 40 多项，其中启明 ERP、启明 cPDM 和启明 TDS 已达到国内领先水平，成为行业主导软件产品。启明信息近年快速发展，在汽车业管理软件产品研发与服务和车载信息系统研制及服务两个领域的市场份额居国内同行业第一位。公司为国家规划布局内重点软件企业、国家火炬计划重点高新技术企业，中国十大创新软件企业，全国规模最大的软件百强企业，现为吉林省 IT 龙头企业。

同时，在新能源汽车产业方面，启明信息是国内最早开发新能源汽车电子控制系统的企业，目前在电机、电池、电控和电动刹车、电动空调等新能源汽车核心部件方面都具备自主研发和制造能力。启明信息大连产业基地目前在国内率先开发出纯电动客车的电子总成控制系统，并开始小批量生产，仪表、电池包、电机控制和电子信息等 12 项控制系统全部实现国产化。不仅如此，启明信息技术公司已与一汽大连客车厂、大连公交客运集团签署框架协议，联合开发新能源客车，加快推进新能源汽车产业化进度。

# 第三节　大学和研发机构

中国多数新能源汽车产业联盟都将一个或是多个大学或研发机构纳入联盟中。例如，清华大学、北京理工大学、中国汽车工程研究公司、北京有色金属研究院等，并且这些机构都在新能源汽车领域进行了多年的研究，建立了多个相关实验室并且拥有丰富的研究成果。本节选取了多年专注于新能源汽车产业研究并且积极参与到新能源汽车的推广和示范运营中的北京理工大学、北京交通大学，横跨了多个联盟的中国北方车辆研究所及在电池材料方面具有突出成果的北京有色金属研究总院进行介绍和分析。

## 一、北京理工大学

北京理工大学创办于 1940 年，前身是诞生于延安的"自然科学院"，是中国共产党创办的第一所理工科大学，是新中国成立以来国家历批次重点建设的高校，首批设立研究生院，首批进入国家"211 工程"和"985 工程"建设行列，现隶属于工业和信息化部。

北京理工大学机械与车辆学院是国内知名的机械类专业学院，学院下设车辆工程系、热能与动力工程系、制造工程系、交通工程系、机电科学基础部、工程训练中心、地面机动装备实验教学中心、学院办公室等单位。学院拥有机械工程一级学科、动力机械及工程二级学科 2 个国家重点学科；拥有车辆工程、动力机械及工程、机械制造及其自动化、精密与微纳制造 4 个国防特色学科，其中机械制造及其自动化是北京市重点学科；拥有光机电微纳制造 1 个北京市交叉。学院承担国家"973"、国家自然科学基金、国家"863"、国家和国防关键技术攻关、国防预先研究和应用研究、国防军品型号研制和科技奥运等项目，与国内各大汽车企业及国外部分著名汽车公司建立了广泛的人才培养和科研合作关系。近年来学院获国家科技奖励 8 项，其中国家科技进步一等奖 2 项，国家科技进步二等奖 4 项，国家技术发明二等奖 2 项。学院在车辆总体、车辆传动、车辆电子、车辆悬架、新概念车辆、车辆结构强度与振动噪声、大功率柴油机总体技术、发动机燃烧与排放、发动机增压、先进加工、微小型制造、数字化制造、工业工程、激光微纳制造、检测与控制、机电系统与装备、交通规划与控制等方向达到国内领先水平，在车辆传动及新概念车辆等方向达到国际先进水平。

北京理工大学还牵头成立了"新能源汽车北京实验室"，是北京市教委首批支持的北京实验室。实验室还联合了北京工业大学、北京交通大学、北京信息科技大学、北京市电力公司、北汽集团等新能源汽车领域的优势资源，针对新能源汽车产业关键前沿技术、基础设施建设及系统应用推广、产业政策、人才培养、国际合作与交流等方向，协同开展新能源汽车的应用基础理论与产业化技术开发研究。实验室旨在围绕新能源汽车整车集成与控制、新型动力系统、车载能量源系统、基础设施等关键理论和技术领导，着力突破一批重大技术和产业关键技术，掌握一批高新技术和前沿技术，为北京新能源汽车产业提供原始创新力和集成创新力。

## 二、北京交通大学

北京交通大学是教育部直属，教育部、中国铁路总公司、北京市人民政府共建的全国重点大学，是国家"211 工程"、"985 工程优势学科创新平台"项目建设高校和具有研究生院的全国首批博士、硕士学位授予高校。该校牵头的"计划轨道交通安全协同创新中心"是国家首批认定的 14 个协同创新中心之一。

北京交通大学交通运输学院、电气工程学院、机械与电子控制工程学院、经济管理学院等对新能源汽车产业的研究给予极大关注。其中交通运输学院组建了城市交通复杂系统理论与技术教育部重点实验室，实验室建设城市交通复杂系统分析实验平台、城市轨道交通系统运营和调度分析决策平台、城市公共交通智能化指挥调度平台、驾驶人行为分析实验平台、实时路况下汽车尾气分析实验平台 5 个科学试验平台。其中城市公共交通智能化指挥调度平台子系统包括公共交通 GPS 信息采集与数据分析系统、公共电动车电池信息采集技术与数据分析系统、公交车智能化指挥调度系统，为研究数据采集、研究模型构建及仿真模拟等奠定了坚实的基础。

该所主要研究领域为动力电池应用技术、风电和光伏发电技术、电力系统技术，在电动汽车动力电池成组应用、电动汽车充电站设计、新能源发电储能及微网等方面取得了丰富的成果。在电池管理技术方面，与国内主要动力电池生产厂家建立了合作伙伴关系。充电设备及充电站技术方面，该所针对常规充电、应急充电和电池快速更换 3 种电能补给方式开发出了相关充电产品，并且参与建立了北京奥运会、上海世博会、广州亚运会和深圳大运会等主要充电站的建设工作。

机械与电子控制工程学院成立了新能源汽车动力技术研究所，该研究所主要研究方向是新能源汽车动力系统与控制、内燃机燃烧与排放控制。研究新型车用能源动力控制理论基础、研究纯电动、APU 电电混合、Plug－in 混合驱动等电动汽车动力控制理论基础研究和电动汽车综合控制关键技术；低排放洁净燃料发动机电子控制技术和电动汽车综合控制关键技术；研究高功率密度柴油机、双燃料发动机、小型高速发动机等先进动力系统燃烧过程中燃油喷射雾化、混合气形成、火焰传播、燃烧控制及燃烧检测技术等；同时围绕机动车排放控制技术，开展了内燃机污染物生成机理与排放特性、内燃机排放控制关键技术及排放控制策略、内燃机污染物扩散模式及扩散规律以及预测分析等方面的研究。研究所拥有发动机及电控系统试验台、纯电动/混合动力总成试验平台、整车性能仿真分析平台，包括 AVL 内燃机综合数字分析仪、AVL 内燃机废气分析仪、CB466 燃烧分析仪、Kistler 缸内压力传感器及电荷放大器、天然气质量流量计等仪器设备，以及整车开发工具、动力学模拟分析、车用发动机模拟分析、CAN 网络系统分析和开发工具 Vector，以及 DSPACE 硬件在环实时仿真系统，通过北京市重点实验室认可。

经济管理学院拥有国家重点学科产业经济学、北京市重点学科管理科学与工程和企业管理，并且成立了北京交通发展研究基地、中国企业兼并重组研究中心、北京交通大学富碳农业研究中心、北京交通大学信息理论与技术国际研究中心、市场研究所、中国企业竞争力研究中心等研究机构，为学院的科研提供了坚实的基础，其中北京交通发展研究基地是北京市哲学社会科学重点研究基地。在该学院科研服务的支持下，学院对新能源汽车产业的政策研究、电动汽车的商业运营模式及新能源汽车产业联盟技术创新等方面取得了丰富的研究成果。

## 三、中国北方车辆研究所

中国北方车辆研究所，隶属于中国兵器工业集团公司，是以地面移动平台总体技术为主业的研究所。研究所主要从事特种车辆整车及部件的研究设计、试验试制及民用汽车、专用汽车的研究开发与测试，利用现代设计方法开发新型车辆，进行总体、新型传动、行走、操纵、电子电气、自动控制等技术的研究开发。

国家科技部年投资 1 800 万元成立了具有第三方公证资质的动力电池检测基地——中国北方车辆研究所动力电池实验室，该实验室是国家发展和改革委员会认可的、唯一汽车行业动力电池强制检测执行单位。同时也是国家矿用产品安全标志中心指定的矿用蓄电池安全检测单位。实验室核心成员是国家科技部创新基金项目评审专家、北京奥运会电动汽车项目推进协调组专家。

实验室已参与 3 项行业标准的制定，获得多项国家级和省部级研究成果。目前，实验室在研的重点项目有锂离子电池检测公共服务平台、电动汽车用动力电池安全试验及评价方法研究、车载用电池模块/组件/电池包安全性能和使用寿命评估方法。

## 四、北京有色金属研究总院

北京有色金属研究总院（以下简称：有研总院）是中国有色金属行业规模最大的综合性研究开发机构。有研总院在半导体材料、有色金属复合材料、稀土材料、生物冶金、材料制备加工、分析测试等领域拥有 11 个国家级研究中心和实验室，目前承担了一批国家重大科技专项研究课题和国家战略性新兴产业开发项目。

建院以来，共获得国家级和省部级科技成果奖励 1 000 余项，授权专利和制定国家及行业标准 1 500 余项，并且有研总院高度重视科技成果的转化，组建了若干高技术产业化公司，在微电子材料、光电子材料、稀土材料、有色金属粉末、特种有色金属加工材料、新能源材料、高端冶金装备等方面形成了产业集群。2011年，有研总院实现收入67.5亿元，利润总额7.5亿元。

随着新能源产业的急剧发展，有研总院越来越重视新能源材料的研发和产业化。有研总院新能源材料和基础器件领域研究方向主要包括镍氢电池及电极材料、锂离子电池（组）及电极材料、太阳能电池用基础和功能材料、燃料电池电极材料、核能配套材料的研究开发。在新能源汽车方面，有研总院研制锂离子电池及其材料，并且下设了单独的动力电池研究中心，经历了电池研发、技术转让到动力电池试制、装车示范，再到新一代动力电池及其材料研发3个阶段，在电池材料、电池、系统及其应用等方面形成了综合优势。为满足电动车发展的需求，有研总院开展了动力电池及其材料的研究，在锂离子动力电池及关键材料、镍氢动力电池及关键材料、新体系动力电池等领域掌握了一批核心关键技术。

目前，有研总院自主研发的镍氢动力电池负极用储氢合金材料技术、镍氢动力电池正极用氢氧化亚镍材料成功地进行了技术转让并批量生产。国内65%以上的生产厂家采用有研总院的技术生产镍氢电池负极材料，采用或来源于有研总院技术生产正极材料的产能达到85%以上。有研总院是国内最早转让锂离子电池生产技术的单位，目前已形成5亿Wh的产能；轻型车辆用锂离子动力电池产业化成套技术已转让3家，累计生产总值超过30亿元。

# 第四节　其他相关机构

有些联盟创新性地将新能源汽车的基础设施提供商、用户、中介、金融等机构纳入联盟中，为新能源汽车的推广运营及新能源汽车产业化提供了多方面的支持。本书将这些机构统称为新能源汽车产业联盟中的其他相关机构。在本节中，选取了作为用户的北京公共交通控股（集团）有限公司（以下简称北京公交集团）作为基础设施提供商的国家电网，以及具有特色的公共服务机构——浙江省汽车及零部件产业科技创新服务平台和安徽省的金融机构——安徽省创投资本基金有限公司进行分析和介绍。

## 一、北京公共交通控股（集团）有限公司（以下简称北京公交集团）

北京公共交通控股（集团）有限公司（以下简称北京公交集团）是国有独资大型公益性企业，是北京地面公共交通的经营主体。在北京城市公共交通发展中，处于主体地位，发挥着主导作用。集团公司现有二级企事业单位21个，其中客运企业13个，即：9个公共电汽车客运分公司、八方达公司（市郊线路）、长途公司、北汽集团公司、公交旅游公司。

北京公交集团积极参与节能与新能源公交车的推广工作。当时的北京公交总公司就加快了推进清洁燃料工程，购置清洁燃料车2 283辆，其中300辆装用美国康明斯纯天然气发动机新车将长安街、二环主路上骨干线路的236辆柴油通道车全部替换。同时，北京公交集团开始与北京理工大学等相关单位合作研发纯电动公交客车，并在国内率先开展了新能源公交客车在线批量示范运行，先后投入了 30 辆纯电动、10 辆混合动力及 6 辆燃料电池公交客车示范运行。

## 二、国家电网

国家电网公司参与了中央企业电动车产业联盟，并且是充电与服务专业委员会成员。国家电网公司是经国务院同意进行国家授权投资的机构和国家控股公司的试点单位。

国家电网公司成立了国网能源研究院（以下简称国网能源院），该研究院是国家电网公司的战略与运营管理研究机构及战略运营管理信息汇集研究中心。

国网能源院在电力行业规划、能源与环保、电力供需分析、企业战略与管理、体制改革与电力市场、智能电网、新能源、电力价格等领域具有显著优势。

能源院在电力供应、电力价格、充电网络及新能源政策等方面的研究将使国家电网公司为新能源汽车的发展提供更好的服务，从而有力地推动新能源汽车的推广运营和产业化进程。

## 三、浙江省汽车及零部件产业科技创新服务平台

浙江省汽车及零部件产业科技创新服务平台（以下简称"平台"）是在浙江省科技厅指导下，由浙江大学作为牵头单位，联合浙江省质量技术监督研究院、台州市、金华市、温州市政府共同建设的公共服务平台。平台以持续提升浙江省汽车及零部件产业的技术层次和创新能力、推动浙江省汽车及零部件产业结构调整和健康发展为宗旨，通过整合百余位技术专家、十余个一流专业研究机构的资源，为政府和企业提供各类技术服务。浙江博众汽车科技有限公司作为平台的执行机构，承担平台的具体服务工作。

## 四、安徽省创投资本基金有限公司

安徽省创投资本基金有限公司由浙江祥源投资集团、安徽省科技成果转化中心、安徽省科技产业投资有限公司、上海中九投资（集团）有限公司、文德国际投资有限公司共同设立。在安徽省政府采购中心的全国公开招标中中标，成为首家创业风险投资基金项目企业。公司注册资本 5 亿元，主要围绕安徽省汽车、装备制造、电子信息、能源、材料等八大支柱产业，在技术创新、品牌创新、体制机制创新、经营管理创新、理念和文化创新等方面对成效突出的非成熟期中小企业进行跟踪和投资。公司的成立将为安徽地区尤其是合芜蚌自主创新综合配套改革试验区早中期创新型企业的发展和省政府"皖江崛起"战略目标的实现作出积极贡献。

# 第七章　新能源汽车的智能化

## 第一节　新能源汽车运动控制

智能化是车辆工程领域的研究前沿和未来汽车工业发展的新方向，其智能化集中体现在智能安全驾驶方面。

运动控制是智能车辆研究领域中的核心问题之一，指根据当前周围环境和车体位移、姿态、车速等信息按照一定的逻辑做出决策，并分别向油门、制动及转向等执行系统发出控制指令。运动控制作为智能车辆实现自主行驶的关键环节，其研究内容主要包括横向控制和纵向控制。横向控制主要研究智能车辆的路径跟踪能力，即如何控制车辆沿规划的路径行驶，并保证车辆的行驶安全性、平稳性与乘坐舒适性；纵向控制主要研究智能车辆的速度跟踪能力，控制车辆按照预定的速度巡航或与前方动态目标保持一定的距离。智能车辆具有参数不确定性、时滞及高度非线性动态特性等特点，为典型的多输入多输出复杂耦合动力学系统，如何构建可处理时滞及高度非线性等特性的运动控制方法是实现智能车辆自主行驶的重点和难点，且始终是智能车辆研究领域的热点。

### 一、新能源汽车的纵向控制

纵向运动控制指通过某种控制策略调节车辆的纵向运动状态，实现车辆纵向距离保持或自动加减速的功能，按照实现方式可分为直接式结构控制和分层式结构控制，现对这两种纵向控制方法进行分析。

#### （一）基于直接式结构的纵向控制

直接式控制结构由一个纵向控制器给出所有子系统的控制输入。

卡内基梅隆大学研究团队采用直接式控制结构，分别构建了油门和制动的非线性 PID 控制策略，给出基于速度偏差的油门/制动切换逻辑，并将所构建的纵向控制系统成功用于 Boss 智能车，该智能车获得了 DARPA 挑战赛冠军。法国提出了基于线性矩阵不等式的具有极点配置功能的模糊纵向控制策略，可保证极点配置在理想的区域，克服了行驶车辆的参数不确定性和外界干扰的问题。

意大利帕维亚大学针对智能车辆纵向行驶过程中存在参数不确定性和外界干扰的问题，提出了二阶滑模纵向直接式控制结构控制策略，可实现车辆纵向控制。滑模变结构控制器可提高系统的动态响应能力，有效克服车辆非线性、参数不确定性及外界干扰等，但是由于其控制增益的不连续性会使控制系统产生振荡或失稳。

相比于分层式控制，直接式控制将车辆纵向动力学系统视为非线性多变量系统，其集成程度较高，但其依赖较多的状态信息，开发难度显著增加，系统的灵活性较差。

### （二）基于分层式结构的纵向控制

车辆纵向动力学系统为一种结构复杂的多变量系统，且易受前方动态目标及障碍物变化的干扰。为减低控制系统的开发难度，针对纵向动力学结构复杂等特性，部分学者采用分层式控制结构。

分层式控制结构需通过设计上、下位控制器来实现智能车辆纵向控制的目标。首先讨论当前纵向下位控制的相关研究工作。

## 二、新能源汽车的横向控制

### （一）横向控制系统模型

横向运动控制指智能车辆通过车载传感器感知周围环境，结合全球定位系统（Global Positioning System，GPS）提取车辆相对于期望行驶路径的位置信息，并按照设定的控制逻辑使其沿期望路径自主行驶。针对配置传感器的不同，分为预瞄式和非预瞄式横向运动控制。

1. 非预瞄式横向动力学模型

非预瞄式横向动力学模型主要通过磁性传感来提取车辆当前点处与期望行驶路径的横向位置关系。加州大学伯克利分校在 PATH 项目研究中，基于磁性传感实现智能车辆的横向运动控制，并建立了描述当前点处车辆与行驶路径相对位置关系变化特征的非预瞄式横向动力学模型。磁性传感对环境具有适应性强，但是具有成本较高，可变性差，无法检测前方障碍的缺点。

2. 预瞄式横向动力学模型

预瞄式横向动力学模型主要通过视觉来识别环境和提取路径，相比于其他传感器，视觉系统具有检测信息量大、能够遥测等优点。视觉系统实时采集前方的道路图像，获得视觉预型为：

$$\begin{bmatrix} \dot{v}_y \\ \dot{\omega} \\ \dot{e}_L \\ \dot{e}_\alpha \end{bmatrix} = \begin{bmatrix} a_{11} & a_{12} & 0 & 0 \\ a_{21} & a_{22} & 0 & 0 \\ -1 & -D_L & 0 & v_x \\ 0 & -1 & 0 & 0 \end{bmatrix} \begin{bmatrix} v_y \\ \omega \\ y_L \\ \varepsilon_L \end{bmatrix} + \begin{bmatrix} \dfrac{K_f}{m} \\ \dfrac{l_f}{I} \\ 0 \\ 0 \end{bmatrix} \begin{bmatrix} \delta_f \\ \rho \end{bmatrix}$$

$$（7-1）$$

$$a_{11} = \frac{K_r + K_f}{mv_x} \tag{7-2}$$

$$a_{12} = \frac{K_r l_r + K_f l_r}{mv_x} \tag{7-3}$$

$$a_{21} = \frac{K_r l_r - K_r l_f}{I_z v_x} \tag{7-4}$$

$$a_{22} = \frac{-K_r l_f^2 + l_r^2 K_r}{I_z v_x} \tag{7-5}$$

式中：$e_L$——为横向偏差，即视觉预瞄点处车辆中心线与路径的横向距离（m）；

$e_a$——为方位偏差，即视觉预脯点处车辆中心线与路径切线的夹角（°）；

$I_z$——为转动惯量；

$v_x$ 和 $v_y$——分别表示横、纵向速度（m/s）；

$\omega$——为横摆角速度（rad/s）；

$K_f$ 和 $K_r$——为前、后轮侧偏角刚度（N/m）；

$l_f$ 和 $l_r$——表示质心到前、后轮的距离（m）；

$m$——为整车质量（kg）；

$D_L$——为预瞄距离（m）。

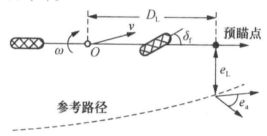

图 7 - 1　预瞄式横向动力学模型

## （二）横向控制方法

国内外研究学者分别针对基于非预瞄式及预瞄式横向动力学系统的控制问题，采用经典控制及非线性控制等理论和方法来处理，现对当前横向控制方法进行分析。

1. 经典控制方法

日产公司为实现速度连续变化工况下车辆平稳光滑地跟踪参考路径这一控制目标，采用经典比例积分微分（Proportion Integration Differentiation，PID）方法构建了横向前馈及反馈控制器，解决了智能交通环境下智能车辆横向运动控制的实时性问题。针对 DARPA 智能车挑战赛行驶区域为崎岖不平的非结构化道路，构建了由前方路径曲率的前馈控制和 PID 反馈控制器叠加组合的横向复合式控制系统。斯坦福大学 Sebastian 以 Stan - ley 智能车为研究对象，构建了一种非线性 PID 控制器，将前轮转角控制量表示成横向偏差的非线性函数，该非线性 PID 控制器可使偏差迅速有界收敛。

PID 控制虽然可处理智能车辆的横向跟踪问题，但由于其控制参数通过试凑法获取，难以实现对智能横向运动的最优控制。

2. 最优控制方法

根据车道保持控制系统需有较高的实时性的性能要求，建立了包含预瞄时间内当前点偏差、预瞄点偏差和控制输入量等参数的性能指标函数，基于现代控制理论提出了改进的有限时间最优预瞄横向控制策略。

采用根轨迹法分析了预瞄距离对横向闭环系统的影响，构建了基于最优跟踪控制理论的状态反馈控制律和用于补偿路径曲率扰动的前馈控制律，两者组成了横向路径跟踪控制系统。

上述控制方法将车辆横向控制模型简化为线性定常系统，当横向控制模型在参数不确定性和无干扰的工况下，可实现路径跟踪的最优控制，但是，上述方法依赖于精确的数学模型，在参数时变和外界干扰的工况下，将会影响甚至破坏智能车辆横向控制系统的强壮性和稳定性。

3. $H_\infty$ 强壮控制方法

针对智能车低速行驶工况，基于经典理论力学和轮胎动扰度模型推导出低速工况下可表征后轮转向、轮胎柔性模态和外界干扰的改进车辆单轮模型，针对此横向动力学模型，采用混合 $H_2/H_\infty$ 合成法设计了车辆自动转向控制策略，采用线性矩阵不等式优化方法处理车辆自动转向控制的多性能目标问题，给出在多目标约束下可完成理想控制目标的控制器结构和参数，从而实现横向控制系统性能提高和强壮性增强的多重目标。

4. 基于反馈线性化方法

针对智能车后轮传感器失效工况下的车辆横向控制问题进行了研究，分析了后轮传感器失效对系统的影响，并视失效工况下横向系统为线性时变系统，提出车辆横向状态反馈线性化控制算法，考虑到状态反馈线性化方法容易导致内动态子系统的弱阻尼性，构建了用于反馈线性化的 $H_\infty$ 非匹配估计器，可增强横向运动系统的稳定性。

以后轮驱动 - 前轮转向智能车为研究对象，针对车辆相对于参考路径的非线性几何模型，提出了基于预瞄的车辆横向输入输出反馈线性化控制方法。实验结果表明，基于预瞄的横向控制策略可有效提高系统的跟踪性能。国防科技大学贺汉根建立了车辆运动学和动力学相结合的非线性路径跟踪控制模型，提出轨迹跟踪反馈线性化控制方法，并对控制输出量的物理取值范围进行了限制。

5. 自适应控制方法

基于 Lyapunov 准则的智能车辆横向自适应控制律，可克服车辆横向运动过程中前方行驶路径曲率及侧向风等信息不可测量等，构建了用于实时测量自适应控制律中状态反馈参数的横向位移变化率观测器，试验表明该方法对轮胎侧偏刚度、车辆不确定参数具有较强的鲁棒性。

6. 滑模控制方法

针对智能商用车横向运动控制问题，分别采用滑模控制、线性反馈控制及基于前馈补偿的线性反馈控制方法，设计了横向路径控制器，通过实验对比分析了 3 种控制策略，得出横向非线性滑模控制策路的性能优于线性反馈控制策略。

## 三、新能源汽车横纵向综合控制

针对车辆横纵向动力学间的耦合、关联特性，部分学者尝试采用横纵向运动综合控制，但目前大多局限于理论分析。从控制结构上讲，智能车辆横纵向运动综合控制分为分解式控制和集中式控制。

分解式协调控制通过对横纵向动力学进行解耦，独立设计横、纵向控制律及用于协调横向与纵向运动的控制逻辑。分解式协调控制只是对横、纵向控制律的执行进行协调，从本质上讲没有克服横、纵向动力学的耦合特性。

对于分解式协调控制的研究，针对智能车辆编队行驶中自动插入和退出控制问题，设计了包含横向控制器、纵向控制器及监督器的横纵向综合控制系统，其中监督器通过实时监测车辆状态来协调横、纵向控制器。

集中式协调控制针对智能车辆的横纵向耦合特性，综合设计横纵向协调控制律，可有效克服智能车辆横纵向非线性、强耦合特性。但是，集中式协调控制的实现依赖于丰富的需求信息和高质量的硬件支撑。

车辆的运动控制技术取得了令人瞩目的进展，然而，由于车辆纵横向动力学机理复杂及多性能目标相互耦合且先进通信技术在智能车辆上的广泛应用，使得运动控制技术产生了新的挑战，因此，智能车辆运动控制研究中还存在许多重要且尚未解决的问题需要我们去探索和认知。下面对其可能的发展方向提出初步的展望。

### （一）随机不确定性及时滞工况下智能车辆纵横向运动协同控制方法

目前智能车辆运动控制的研究主要集中在通过解耦横纵向动力学单独设计横、纵向控制器，而对横纵向协同控制的研究较少，且处于理论分析阶段，如何设计可用于实际工程且可有效利用横纵向动力学关联特性的协调控制策略需要进一步深入研究。同时，运动控制面临的新问题及机遇是如何掌握智能车辆高度网络化和集成化固有的随机不确定及时滞等特征对车辆运动控制系统的作用规律，如何构建随机不确定性及时滞干扰下智能车辆纵横向协同控制方法，实现车辆纵横向动力学的实时动态协调。

### （二）车辆运动控制的多性能目标全局优化技术

未来的智能车辆不仅要有智能化，而且需具有绿色环保性。今后智能车辆运动控制面临着多性能目标，研究除重点考虑自主行驶的安全性和舒适性外，还需引入经济性和排放性的制约。运动控制面临着安全、舒适、节能及环保等多性能目标如何有效协调从而实现系统最优化的新问题，需要探索多目标多工况下智能车辆行驶性能的数学描述，研究智安全、舒适、节能和环保等多性能目标的冲突机理，实现多性能目标的全局优化。

### （三）车联网环境下智能车辆协作式控制理论和方法

近年来，车联网技术的兴起对智能车辆实际应用的进一步推广起到了巨大的推动作用。利用车载传感系统及车对车通信、车对路通信等先进无线通信技术提供的实时、精确、丰富的信息，进行多智能车协作式控制可提高智能车辆综合行驶性能。如何通过先进的无线通信技术，基于车辆、智能交通系统和电网系统之间的道路交通环境、车辆运动状态等信息的交互与共享来实现"人—车—路"复杂动力学系统的协同优化控制是运动控制面临的新问题和机遇，并且将是未来智能车辆运动控制研究的一个重要方向。

## 四、新能源汽车路径规划与路径跟踪

### （一）路径规划

路径与轨迹延续了机器人控制的概念。对于车辆来说，全局路径点只要包含空间位置信息即可，也可以包含姿态信息，而不需要与时间相关，但局部规划时，则需考虑时间信息。本书规定轨迹点也是一种路径点，即当路径点信息中加入了时间约束，就可以被称为轨迹点。从这个角度理解，轨迹规划就是一种路径规划，当路径规划过程要满足车辆的纵向和横向动力学约束时，就成为轨迹规划。路径规划与轨迹规划既可以在状态空间中表示，也可以在笛卡尔坐标系中表示。

车辆的路径规划是根据智能决策给出的驾驶任务和实时变化环境为智能车辆提供可行驶区域和驾驶引导的过程，分为全局路径规划和局部路径规划。全局路径规划是在已知地图数据库的情况下，利用局部信息，把优化和反馈机制很好地结合起来，确定可行区域和最优的路径。由于全局路径规划所生成的路径只能是粗略路径，并没有考虑路径的方向、宽度、曲率、道路交叉以及路障等细节信息，加之智能车辆在行驶过程中受局部环境和自身状态的不确定性的影响，可能会遇到各种不可预测的情况，因此必须以局部环境信息为基础，做出局部路径规划。局部路径规划是在全局路径规划生成的可行驶区域路线指导下，根据智能车辆各个子目标的要求及传感器感知到的局部环境信息对各种道路条件及意外事件做出迅速、准确的判断，并制定出智能车辆最优的可控行驶路径。目前，为了解决路径规划问题，人们已经探索出大量的解决方法，比如用于全局路径规划的栅格法、可视图法、拓扑法、自由空间法、神经网络法等静态路径规划算法以及用于局部路径规划的APF（人工势场法）、VFF（虚拟力场法）、VFH（矢量域直方图法）、模糊逻辑与遗传算法等动态路径规划算法。

采用栅格法进行全局路径规划的方法就是栅格遍历的过程，也即遍历所有的可能路径，直到找到可行路径。其特点是规划空间描述规范，形式简单，一致性好，容易实现；计算机存储网格结构方便，更新快。但其忽视了环境本身特点，搜索带有盲目性，对精度有依赖性；复杂环境下，搜索空间变大，算法的效率则对应降低。

可视图法的优点在于其实现容易且概念直观。但当智能车辆的起始位置和目标位置发生变化时，需要重新构造可视图，缺乏灵活性；随着障碍物数量增加，算法的复杂性相应增加；并不是任何时候都能得到最优路径。

由于拓扑地图存储空间较小，拓扑法路径规划利用拓扑特征可以减少运动搜索空间，算法复杂程度取决于障碍物数目，不需要知道智能车辆的准确位置，位置误差对算法影响较小，适合于大规模环境的路径规划。但拓扑网络的构建过程比较复杂，消耗时间多且计算量大。当环境中障碍物数量改变时如何有效地修正已存在的拓扑网络及提高图形速度是该算法的一个难点。

APF法的基本思想是将智能车辆在周围环境中的运动视为一种虚拟人工受力场中的运动。目标对智能车辆产生吸引力，环境中的障碍物对智能车辆产生排斥力，引力场和斥力场共同构成了整个人工势场，对处在其中的智能车辆共同作用。根据引力和斥力的矢量和来决定智能车辆的运动方向，即通过搜索势场函数下降方向来完成无碰撞路径规划。APF法在数学描述上简洁、美观，应用该方法规划出来的路径一般比较平滑并且安全，算法结构简单计算量小，便于低层的实时控制。但是APF法存在局部最优点的问题，即除了目标位置之外还可能存在其他的局部极小值，容易产生死锁现象，导致智能车辆无法到达目标位置；另外APF法还存在智能车辆在障碍物前方或者狭窄的通道中震荡或摆动的现象。

VFF法是APF法与栅格法相结合的算法。这种算法中的每个单元格的值表示该位置处障碍物存在的概率。当智能车辆移动时，栅格图随着车辆运动，并根据当前观测结果更新每个栅格的值。每个栅格对车辆施加一个虚拟的排斥力，大小与单元格值的大小成正比，与单元格到智能车辆所在栅格的距离 d 成反比；同时目标位置对智能车辆产生引力，两者的矢量和决定了智能车辆的运动方向。目前 VFF 算法的缺点主要有误差累积，存储量较大，强壮性较差，以及在狭窄通道环境中呈现震荡现象等。

VFH 法是在 VFF 算法的基础上对以上缺陷进行了分析并提出的一种新的改进方法。与 VFF 相同，VFH 法同样用一个二维的笛卡尔坐标栅格 G 来表示周围环境信息，根据传感器得到的障碍物信息更新栅格 G 的每个栅格的概率，最后统计智能车辆每个方向上的障碍物密度，根据统计结果得到智能车辆接下来的运动方向。VFH 法的优点是计算速度快，适合短距离局部避障路径规划，缺陷在于环境分辨率与信息存储量之间存在矛盾以及会使智能车辆陷入局部震荡，在实用上受到一定限制。

为了克服 APF 法等传统算法易产生的局部极小问题，人们还提出了一些智能规划算法，如基于对驾驶员工作过程的观察研究得出的模糊逻辑算法，智能车辆避障动作并非通过对环境信息精确计算完成的，而是根据模糊化的环境信息，通过查表得到规划出的信息，完成局部路径规划。遗传算法以自然遗传机制和自然选择等生物进化理论为基础，构造了一类随机化搜索算法。利用选择、交叉和变异编制控制机构的计算程序，在某种程度上对生物进化过程做数学方式的模拟。

### （二）路径跟踪

智能车辆运动控制的任务是根据当前车辆状态信息及规划完成的行驶路径生成控制命令，控制车辆准确、快速跟踪期望的路径。优良的智能车辆路径跟踪控制器设计是车辆自动驾驶的关键技术，主要包括车辆方向、速度、制动及其他动作的控制等。一般智能车辆控制研究分为横向控制和纵向控制两类。其中，横向控制是通过对车辆的转向机构进行调节，控制车辆沿道路中心运行，并保证车辆的行驶安全性、平稳性与乘坐舒适性等；纵向控制是对车辆的驱动进行控制，使得车辆可以根据不同路段做出速度的适时调整，从而保持合适的车距等。

路径跟踪过程中，参考路径曲线可与时间参数无关。跟踪控制时，可以假设车辆以当前速度匀速前进，以一定的代价规则形成行驶路径趋近于参考路径；而轨迹跟踪时，参考路径曲线与时间和空间均相关，要求车辆在规定的时间内到达某一预先设定好的参考路径点。

路径跟踪不同于轨迹跟踪，不受制于时间约束，只需要在一定误差范围内跟踪期望路径。路径跟踪中的运动控制就是寻找一个有界的控制输入序列，使车辆从一个初始位形到设定的期望位形。车辆系统是一个欠驱动的非完整约束系统，同时也是一个零动力学系统，轨迹跟踪问题会受限于这种不稳定的零动力学约束。

# 第二节　智能新能源汽车一体化设计

在国内外智能汽车技术的研究中，大多通过对传统汽车添加外部机构进行改造的方法实现智能控制。本章首先介绍汽车智能化设计方法，并简要分析这种方法带来的一些问题。然后介绍智能汽车的一体化设计方法，包括提出智能汽车研究时应该考虑的车辆动力学，构建智能汽车一体化设计的体系结构，介绍一体化设计方案。最后介绍基于 V 循环的无人驾驶汽车开发设计方法。

# 一、智能汽车一体化设计中的问题

在智能汽车研究早期，其主要由传统汽车改造而成。北京理工大学在 20 世纪 90 年代参与了"军用地面机器人"Autonomous Test Bed（ATB）项目，在国内首次针对国产手动变速器车辆（跃进汽车）成功开发车辆自动操纵系统，实现了油门、制动、转向、换挡等的自动控制。

将齿盘固定到分动器输出轴的圆盘上，并把霍尔传感器安装到正对齿盘的地方。将前轮偏角传感器安装在前轮主销销轴处，车轮转向时拉动传感器拉杆绕着传感器中心转动，标定后可测量得到车轮转向时的角度。控制执行机构也进行了相应的改造，包括油门控制机构、制动控制机构、转向控制机构和换挡手柄控制机构，都采用外加执行机构的方式完成控制任务。

传统的智能汽车设计方法可使研究人员把研究重点更多地投入到上层算法方面的研究中。这种方法在智能汽车研究的早期阶段起到了积极的作用，但是其在整车的动力性、可靠性及上层控制系统与下层执行系统的融合方面存在着许多问题。随着现代汽车电控化水平的不断提高，出现了外加控制机构与汽车电控化设备无法融合、性能无法协调等多方面的问题。下面分别从纵向、横向动力学方面着手，对智能汽车外加机构改造可能产生的问题进行分析。

## （一）纵向动力总成

传统汽车要实现自动驾驶，需要进行底层发行工作。因车辆总成配置的差异，特别是发动机，变速箱等动力传动方式的差异，可能导致不同的发行方案和发行工作量。就目前的技术成熟度而言，在进行车辆自动驾驶改造时，对于不是专门从事车辆研究的单位而言，选用液力自动机械变速器（Automatic Transmission，AT）的车型更为方便，装有 AT 的汽车，纵向动力总成一般由发动机、变速器、传动部分及车轮等部件组成。

智能汽车在行驶过程中，随着行驶工况的不断变化，动力传动系统中大量的未知和非线性因素，以及液力传动系统中众多液力液压环节的动态变化特性等都给系统控制的实现带来了不同程度的困难，尤其是对换挡、液力变矩器闭解锁、制动等过渡过程。具体来说，在传统设计方法下单独设计各个部件，主要存在以下问题：

1. 动力传动系统输出特性问题

发动机运转时，其功率、扭矩和耗油量这 3 个基本性能指标都会随着负荷的变化而变化。发动机在稳态工况下运行时，控制主要依据发动机特性曲线。只有使发动机特性曲线与变速器、减速器传动比及传动系挡数相互匹配，才能得到良好的车辆动力性和经济性。因此，在传统汽车出厂前，已经将发动机与其他动力元件匹配好。在传统汽车基础上实现智能化，如果单独改装发动机，将破坏原有的特性曲线，改变原始匹配好的性能指标，造成车辆动力不匹配，燃油消耗恶化，过渡过程的控制品质较差等一系列问题。

2. 换挡品质的控制问题

在换挡过程中输出转矩扰动与两个交替摩擦元件的摩擦转矩有很大的关系。在常见的离合器—离合器、离合器—制动器换挡过程中，摩擦转矩交替过程定时不当，换挡重叠不足或重叠过多，都会产生不应有的换挡冲击。另外，换挡过程中的缓冲油压特性，液力变矩器闭锁过程中闭锁离合器的缓冲控制等，对换挡品质控制尤其重要。传统外加机构式的改造对换挡过程的控制比较生硬，不能考虑到变速器内部的特性，影响换挡品质，与换挡过程相关的各摩擦元件会产生过度磨损，导致改造之后智能汽车的可靠性和稳定性下降。

3. 换挡过程中发动机的协调控制

变速器输出轴上的转矩波动会产生冲击和动载。换挡过程中发动机转矩和离合器缓冲控制不协调，会影响车辆的换挡品质和系统的动力性能，降低整个控制系统的可靠性和一致性。外加机构式的改造方案仅仅是在制动踏板和加速踏板处施加力来控制车辆的纵向运动，而不能控制发动机和换挡过程以及变矩器闭解锁过程，也就同样不能协调它们的运行，使得智能汽车的纵向动力性和燃油经济性变差。

根据纵向动力传动系统智能汽车使用环境和性能要求，在设计最初就要系统地设计动力、传动和制动系统，进行系统的选型与匹配，确保纵向控制性能的实现。

汽车的横向控制部件的发展主要经历机械转向系统（Mechanical Steering System，MS）、液压助力转向系统（Hydraulic Power Steering System，HPS）和电动助力转向系统（Electric Power Steering System，EPS）3 种类型。其中，电动助力转向系统 EPS 是汽车动力转向技术的发展方向，EPS 系统由转矩传感器、车速传感器、电控单元、助力电机、减速机构等几部分组成。其工作原理是：方向盘转动时，转矩传感器检测方向盘转矩的大小和方向，产生一个转矩电信号，同时，车速传感器也产生一个车速电信号。将转矩信号和车速信号传给控制单元，控制单元根据转矩信号和车速信号，通过一定的控制算法决定助力电机的旋转方向和助力电流的大小，从而完成实时控制助力转向。方向盘转矩越大，助力电机提供的助力力矩也越大，汽车的转向轻便性越高。同时，控制单元根据车速的大小来控制路感，车速低时提供较大的助力，而车速高时提供较小的助力。

配备了 EPS 的车辆在进行汽车的智能化时，转向部分需要设计代替人完成方向盘操纵的功能。根据实际情况，可以通过外加执行机构即在转向柱或转向盘上外加伺服电机，以改造车辆的转向系统。通过对伺服电机进行实时控制达到自动转向的目的。该方法具有稳定和容易实现的优点，但是对车内安装控件有一定的要求。该方法需要先控制伺服电机的运动，由伺服电机带动转向柱或转向盘运动，经 EPS 再到转向轮。而转向系统都有一定的空行程，所以存在一定的滞后性。该方法没有充分考虑到转向系统在速度变化时的非线性，控制策略和原 EPS 系统内部的参数不能合理地匹配，会导致转向控制不协调等问题。

智能汽车要想达到理想的控制效果，对一体化控制策略有着极高的要求。外加机构式的改造方案，使整车控制不协调，影响了车辆性能，降低了整个控制系统的可靠性和一致性。同时，外加机构会影响原车结构布置，与原车设计不协调。此外，在传统设计方法中，上层感知决策系统与底层执行平台的脱离，这也是造成智能车辆性能不稳定的原因。

正常汽车在行驶时可以长距离无故障行驶，然而经过外加执行机构的改造后的无人驾驶汽车很容易发生发动机、变速器控制不当所造成的故障。智能汽车行驶中使用工况不断变化、动力传动系统中未知和非线性因素以及液力传动系统中众多液力液压环节的动态变化特性等都给系统控制的实现带来了不同程度的困难。在传统设计方法下单独设计各个部件，改变原车结构，会使整车控制不协调，降低整车的可靠性。美国 DARPA 比赛中，参赛队伍遇到的部分问题就暴露了外加机构式改造的缺点。有的智能汽车在行驶过程中发动机熄火，不得不中途退出比赛。有的汽车发动机机油压力过低而系统没有及时报警，导致发动机故障。

新型汽车故障频发的另外一个原因是在外加机构方式改造下，感知决策系统与底层控制系统设计脱节。同样是在 DARPA 比赛中，有的智能汽车仅行驶 17.6 km，变速器就发生故障，赛后分析中发现，是上层控制系统与下层执行器没有正确标定，导致执行器电机通电时间过长，最终被烧毁。该智能汽车是由某全地形车改造而来，通过控制两个操纵杆分别对左/右侧车轮进行制动，以实现转向。操纵杆的控制则通过螺杆线性执行结构实现。当执行机构的电机通电时，操纵杆被推动；而电机断电时，操纵杆的位置保持不变。设计中将执行机构的行程标定为 0～1，其中 1 对应所期望的操纵杆的最大位移。由于比赛中车辆传动系统出现故障后，该队未重新标定执行机构行程与操纵杆位置之间的关系，导致 1 所表示的位

置操纵杆无法达到，致使电机负载过大，在峰值电流处持续了 45 min。按照设计要求，这个电流下电机只能持续很短的时间，从而导致了执行器上的电机烧毁。

## 二、智能新能源汽车一体化设计

传统的智能汽车设计方法存在诸多的弊端。它将上层决策系统的指令施加于外部机构，有可能导致附加控制系统和汽车原有控制系统不能合理地兼容，难以达到预定的控制效果，甚至有可能导致严重的控制功能失效。此外，外加机构的安装减少了汽车的空间，增加了环节和控制的复杂性，降低了智能汽车的可靠性。同时，目前国内智能车辆研究采用的合资或自主品牌车辆中，大部分影响车辆动力学的关键部件使用的是国外技术，难以获得准确的控制参数，不易于进行控制性能的协调，这在一定程度上减缓了国内汽车智能化的发展速度。而智能汽车感知决策系统与车辆本身系统的一体化设计将在很大程度上缓解，甚至消除这些问题。

智能汽车一体化设计是指综合考虑智能汽车对行驶环境的感知和决策以及车辆的动力学特性之间的相互联系和影响，将汽车动力学特性与环境感知决策进行有机的结合，在构建的汽车智能化平台上集成设计各个模块及其相关过程。它注重设计的整体性和系统性，以获得智能汽车设计的整体最优为目标，在控制、结构、性能、布局、强度、可靠性、人机工程、维修性和寿命周期费用等多方面进行综合分析和协调权衡，从而最终提高无人驾驶汽车的质量和设计效率，缩短设计周期，降低研发和生产成本。通过一体化设计将智能汽车的"大脑"（智能汽车的环境感知规划决策系统）与"小脑"（车辆各部件的电子控制系统）进行有机的结合，提高智能汽车的整体控制效果。

智能汽车的一体化设计内容包括：

（1）设计智能汽车集成平台，构建开放式模块化的多模态异构信息集成体系，并与汽车信息交互系统、仪表电器和电控系统协调控制。（2）车辆发动机与变速器、制动系统的

体化纵向系统性能设计。（3）车辆转向系统有人驾驶与无人驾驶系统性能一体化设计。（4）结合传统的汽车动力学，研究智能汽车的动力学试验体系与方法。通过完善以上内容，达到智能汽车的环境感知规划决策圈和汽车动力学圈良好匹配，以实现在保证智能车辆的安全性能与可靠性能的基础上，乘坐人员有良好的舒适性，车辆有较好的经济性能和动力性能。

### （一）智能汽车动力学

当传统汽车发展为智能汽车后，其操控性能也会随之发生变化。智能汽车在行驶过程中不再需要考虑操纵系统人机工程学的约束，输入激励参数也发生了变化，这就要求对智能汽车参照有人驾驶汽车的相关国家标准，重新进行参数测试和标定。

传统汽车的纵向控制有油门踏板、挡位手柄和制动踏板的操作，横向控制主要指方向盘的操作。智能汽车同样需要实现纵向和横向控制，纵向控制量包括油门位置信号、手柄逻辑编码信号和制动位置信号，而横向控制量指方向盘转信号。

传统汽车在设计的时候需要参考人机工程学，使用车辆特性试验场，依据国家已颁布的相关标准，进行动力学特性的测试。

智能汽车在设计时只需考虑车辆特性，结合不同的地面附着系数，通过对上述参数进行不同的组合试验，测试出智能车辆的动力学特性。这项工作既是智能车辆底层控制的核心技术，也是智能设计中工作量最大和耗时最长的内容。

目前，智能汽车的动力学研究还处于起步阶段。随着智能汽车向安全、高速、可靠、稳定的方向发展，其动力学研究必然会得到人们的高度重视。

### （二）智能汽车一体化体系结构

北京理工大学研制的 Ray 智能汽车采用了一体化体系结构，在比亚迪速锐汽车基础上实现了车辆底盘 CAN 总线控制，以及对汽车电动助力转向系统（EPS）、发动机电控、自动变速器、电动驻车制动、组合仪表和灯光的协调控制，感知系统和规划决策系统能够实现对车辆的纵向和横向控制，而不需要外加辅助机构。Ray 智能汽车参加了第五届"中国智能车未来挑战赛"，获得了第一名。

Ray 智能汽车采用的是一种开放式模块化的一体化体系结构，它通过应用 JAUS 的框架定义服务语言（JAUS Service Definition Language，JSDL），规定了一种统一格式的 XML接口服务。该服务符合 AE 标准中的框架服务定义的语言规范，保证各功能节点模块可以动态地添加到整个体系结构中，同时又能够被准确识别。它将工业以太网（Ethernet for Control Automation Technology，EtherCAT）与 JAUS 体系相结合，保证了系统的实时性。

整个结构分为 4 层：交互层、系统层、节点层和硬件层。交互层、系统层和节点层通过信息总线的方式实现信息共享；节点层和传感器硬件层通过传感器原始数据规范实现各传感器数据传输机制统一；节点层和执行机构硬件层通过车载总线实现车辆底层控制。

系统层：主要由环境感知、环境建模、智能决策和行为生成等若干个子系统组成。每个子系统都维护一个知识库，并通过自身的知识库与其他子系统进行信息交互，从而实现环境感知与理解、智能决策与控制等相关功能。

节点层：主要由模块化的单项技术节点和信息总线组成。通过总线式的节点信息共享，可实现动态的增加或卸载节点，保证系统的开放性与模块化。这些节点服务于系统层的子系统，每个节点实现特定的功能，协作完成系统层分配的子任务。

硬件层：主要由系统所需的传感器（CCD 摄像机、激光雷达、声传感器等）及执行机构（车辆平台）组成，用于探测周围的环境信息，将其传输给节点层中的相关节点，并接受节点层的相关控制量，实现智能行为。

交互层：交互界面能够显示车辆所处的三维环境场景，实时显示本车和周围行驶环境中的静态障碍、动态车辆和行人，并融合了周围其他车辆的感知信息。操作者可以通过交互界面进行任务命令输入、系统行为修改、控制模式切换（自主、遥操作、单步、暂停、离线三维仿真）、系统状态变量观测等操作。另外，该界面也可用于系统维护、程序设计及调试；全局规划路径与局部运动规划轨迹及运动状态信息；记录测试中人工干预次数等，方便智能新能源汽车的测试。

在软件方面实现良好的集成，具有开放性、模块化。同时，在硬件方面，智能新能源汽车的一体化设计要求车辆的所有零部件，包括转向系统、制动系统、发动机、变速器、灯光、仪表和多媒体信息系统等都能够实现线控，并能在数据总线上得到汽车的所有状态信息。智能汽车要实现传统汽车操作模式的智能化，并做到在智能模式下，一旦人工因素介入，立即转换为人工操作模式。

在体系结构各子系统之间、各节点之间、子系统与节点之间采用有限状态机（Finite State Machine，FSM）标准的消息格式实现信息共享，保证信息在体系结构中顺畅通行。

## （三）智能新能源汽车底层一体化设计

智能新能源汽车综合了主动转向、主动安全、环境感知、规划决策等技术，是一个集计算机技术、信息技术和人工智能技术、汽车设计技术等于一体的高科技综合系统。这种以高科技为基础的车辆电子技术大大地提高了车辆的性能，成为开发商竞相开发的关键技术。车辆之所以要高科技化，主要是为了不断地提高车辆的整体综合性能，特别是安全性能。在这方面，车辆的底层一体化设计尤其重要，其中动力传动一体化设计和电控制动系统的设计决定了车辆的纵向动力性能，而自动转向系统的设计决定了车辆的横向动力性能。在进行智能新能源汽车设计时，应该综合动力、传动、制动、转向、车辆稳定性等整个汽车电控系统特性进行相应设计。除此之外，车辆的信息系统、灯光、仪表等信息涉及车辆与车辆之间交互的安全性能，也应在一体化设计中加以考虑。

1. 动力传动一体化

车辆传动系统一体化对车辆的综合性能有着重大影响。车辆动力传动系统匹配得好坏直接影响到汽车制造商和用户普遍关心的汽车动力性、经济性、排放性、乘坐舒适性、驾驶安全性和操纵简易性等重要指标。传统汽车的整车性能方面，车辆的动力传动一体化已经进行了相当长一段时间的研究工作，并取得了不少成果；而在智能汽车领域，这方面的研究尚未引起高度重视，车辆的性能并不能按照预期超过传统驾驶习惯。要实现智能汽车一体化设计，首先要实现的是车辆零部件的一体化设计，以及各系统构件的一体化设计。

智能汽车动力传动系统主要包括车辆的发动机和变速器两大部分。由于动力和传动系统需匹配的原因，即使装上流的发动机和一流的变速器，也不一定能得到一流性能的汽车，即它们各自一流的优良性能不一定能够得到充分发挥。动力传动系统的合理匹配是保证车辆总体性能的重要组成部分。智能汽车的动力传动一体化设计实现方案大体分为以下3种：

（1）使用两个 ECU 分别控制电控发动机和自动变速器，在二者之间实现非总线的数据通信。在这种系统中，每个子系统的功能虽然可以设计得较为复杂，但非常不利于车辆电子控制系统的扩展，并且系统布线也十分复杂，从而使得系统的集成度与可靠性均明显降低。（2）使用一个 ECU 同时控制电控发动机和自动变速器。这种方式的优点是可靠性会随着元件的减少而得到提高，但它需要开发更加复杂的软件系统，且系统的扩展性受到了很大的限制。（3）使用两个 ECU 分别控制电控发动机和自动变速器，并在二者之间实现通过总线的数据通信，并与车上其他电控单元进行数据共享。这一方案使各 ECU 成为总线网络上的一个节点，各节点之间可以实现数据的高速共享，以此使大规模并行计算成为可能，同时也有利于在原有动力系与传动系电控技术的基础上开发整车的综合电控系统。

车辆动力传动系统从各总成的单独控制向一体化综合控制方向的发展已成为必然，从一般控制向智能化、网络化控制方向的发展势必带来更为优良的控制效果。

2. 自动转向系统方案

自动转向控制系统的功能是，通过对前轮偏角的合理控制使智能汽车始终沿着期望道路行驶，且保证操纵稳定性和乘坐舒适性，从而实现：①根据期望道路与车辆之间的相对运动关系，精确跟踪期望道路；②通过对自动转向执行机构的控制实现对期望前轮偏角的精确控制；③高速行驶时保证车辆的操纵稳定性和乘坐舒适性；④实时、准确地估计车辆横向运动状态。

现在的汽车上基本都配备有电动助力转向系统（EPS）。EPS 控制器根据方向盘转矩和车速信号进行助力控制。在进行智能汽车的自动转向系统设计时，如果可以获得相关参数，直接提取 EPS 控制器的输入和输出信号，运用 EPS 的内部算法和方向盘转矩传感器的输出信号等信息，就可以直接进行转向系统的自动控制。直接对 EPS 控制器进行控制，系统响应快，可以实现对整车 EPS 控制系统精确建模并进行精确控制。

3. 制动系统电控方案

智能汽车在制动方面涉及的电控系统有防抱死制动系统（Anti–lock Braking System，ABS）、驱动防滑系统（Acceleration Slip Regulation，ASR）以及电子稳定系统（Electronic Stability Program，ESP）等。不同的研发机构对电子稳定系统的命名不尽相同，但不论是汽车动力学控制系统（VDC）、汽车稳定性控制系统（VSC）、汽车稳定性辅助系统（VSA）、汽车电子稳定控制系统（ESC）、动力学稳定控制系统（DSC），还是 ESP，其实现的功能和方法都是类似的，都是在传统的汽车动力学控制系统，如 ABS 和 TCS 的基础上增加横向稳定控制器，通过控制横向和纵向力的分布和幅度，控制不同路况下汽车的动力学运动模式，从而能够在各种工况下提高汽车的动力性能，如制动、滑移、驱动等。ESP 的电子部件主要包括电子控制单元（ECU）、方向盘传感器、纵向加速度传感器、横向加速度传感器、横摆角速度传感器、轮速传感器等。其发展对智能新能源汽车的技术集成具有明显的推动作用，使得车辆的底层一体化中的制动系统的主动电控成为可能。

4. 数字化信息

在智能汽车行驶过程中，需要充分利用车辆本身的测量信息对车辆安全进行实时监测，以供上层系统参考、决策。车辆本身测量的信息完全可以取自于汽车数字化信息系统。汽车数字化信息系统是一种网络化、智能化的信息系统，涵盖了发动机转速信息、发动机温度信息、换挡柄位信息、变速器挡位信息、机油压力信息、水温信息、燃油信息、车载电源充放电监控信息、车灯信息等与汽车行驶安全密切相关的信息。因此在智能新能源汽车底层一体化设计中，应该实现汽车信息数字化，方便车辆信息的实时获取，更好地实现稳定、可靠的自主驾驶。

## 三、智能新能源汽车仿真平台

智能新能源汽车的开发设计通常采用 V 循环研发理念。V 循环研发过程分为仿真设计、实车验证以及离线场景再现三个阶段。

在开发智能汽车的过程中遇到的大多数问题，通过仿真就可以发现并得到解决，从而提高设计质量和效率，大幅度降低开发时间，减少研发成本。下面以 PreScan 软件为例，介绍智能新能源汽车的仿真设计平台。

PreScan 软件采用面向特性的参数化建模手段，可以用于仿真并分析智能车辆的性能，包括传感器参数、车辆动力学参数以及复杂的交通场景等对驾驶员操纵（转向、制动和加速）的响应，主要用来预测和仿真车辆对外界环境的感知、车辆碰撞检测以及对车/车路通信进行性能评价等。它可以应用于很多智能汽车和主动安全相关的领域，如自动紧急制动（Autonomous Emergency Braking，AEB）、自适应巡航控制（Adaptive Cruise Control，ACC），辅助车道线保持、辅助换道、行人检测、智能车灯系统、停车辅助系统、夜视功能、车联网（V2X）等。

PreScan 的建模过程主要由搭建场景、建立传感器模型、添加控制系统，以及运行仿真实验 4 步构成。

### （一）交通场景建模

主要在用户界面 GUI 里面进行操作。面向用户的 GUI 操作界面为用户提供场景建模需要的道路模型（包含交叉口、弯道、匝道等多种道路形式）、交通参与者模型。

### （二）车辆建模及车载传感器配置

构建各种车辆仿真模型，包括车辆内外造型，动力学等参数。这些车辆仿真模型在几何上具有很高的逼真度，且车辆动力学参数也较精确。车辆动态模型可以被移植到任何车辆上，且可更改模型中的数据，详细定义整车各系统的特性参数，以适应研究的需要。不仅如此，还可以与 Carsim 联合进行仿真，引进 Carsim 更加逼真的车辆动力学模型。另外，可以在车辆上安装传感器模型，并对传感器模型进行相关设置，用于车辆感知外界的行车环境。

### （三）车辆控制系统建模

控制系统模型是实现车辆正常驾驶的核心，可以在 PreScan 的 Simulink 窗口中建立控制系统的仿真模型，控制算法可被转换成 Simulink 逻辑图。

### （四）实验模拟仿真

既可以在 3D 可视化界面中观察场景的三维效果图以及车辆行驶效果，也可以选择输出某些特性参数随时间或另一特性参数变化的曲线。

在开发智能汽车时，利用 PreScan 软件能大大缩短开发周期，降低开发成本，减小试验的危险性。PreScan 是用于先进驾驶辅助系统和主动安全系统开发验证的仿真工具。系统采用传感器监测车辆的周围环境并使用获得的信息采取行动，这类行动既可以警告驾驶员回避潜在的危险，也可以通过自动制动或自动转向主动回避危险。

通过 PreScan 仿真平台可以对智能新能源汽车的算法进行仿真验证，并通过采集智能新能源汽车实际运行过程中的数据进行离线场景再现。PreScan 可用于智能新能源汽车上各类传感器的仿真，包括毫米波雷达、激光雷达、摄像机、GPS 等，能够覆盖车辆周围主要检测区域。在虚拟样机半实物过程中，也可将 Google 地图或者 Open Street Map 地图中的路网导入软件系统，生成仿真的交通环境，从而快速建立车辆行驶的模拟场景。

采用实际环境中的数据进行离线仿真时，将离线数据以其自带的传感器的数据格式输入到仿真环境的控制系统里，借助 PreScan 的三维仿真技术，通过控制系统中的算法，输出仿真控制量，对智能新能源汽车相关技术进行测试，或对实际行驶中出现的问题进行离线再现。

## 四、智能新能源汽车实车测试

经过仿真平台的验证，智能汽车的研发中最重要的环节便是反复的实车测试。实车测试包括基本单项测试和综合测试。基本单项测试包括直道、弯道、避障、动态超车、汇入车流、交通标志检测、听觉检测等各种基本单项测试实验，而综合测试包括简单城市道路环境、复杂城市道路环境、城际道路环境、高速公路环境测试、夜间行驶测试等。

智能汽车的可靠性保证，包括故障诊断和行为恢复等机制。与一般汽车相似，智能汽车的故障诊断是指依照相关技术标准，使用专用的工具、仪器、设备和软件，对智能汽车的故障进行检测排查、分析判断，从而查明故障成因，确认故障部位的操作过程。智能汽车故障的诊断方法一般包括人工直观经验诊断法和仪器设备诊断法。随着汽车技术的发展，特别是电子技术、计算机技术在汽车上的应用，智能新能源汽车故障诊断将越来越向以数字化、集成化和智能化的诊断设备为辅助手段，以信息技术为依托的，系统完整的现代汽车故障诊断技术体系发展。

在智能汽车行为执行失败时引入行为恢复机制，保证了集成系统具有较好的强壮性。智能新能源汽车针对特定任务会产生一系列行为。如果一个行为执行成功，则继续执行下一个行为，直到任务完成，否则系统进入行为恢复模式。如果行为恢复成功，则进入行为执行。如果失败，且行为恢复次数小于规定次数 n，则继续执行行为恢复；如果大于 n 次，则认为整个系统陷入困境，此时需向交互层寻求帮助，以脱离困境。

# 第八章 车用动力电池技术发展

## 第一节 车用锂离子动力电池的技术进展

在车用动力电池发展路线上，针对"里程焦虑"问题，电池的能量密度自然而然成为首要的考虑因素，因此，能量密度较低的铅酸电池和镍氢电池，今后仅会在一些特定用途的低速电动汽车产品（如场地车、高尔夫球车、沙滩车等）、汽车启动电池、HEV 上还有所应用，但用量比会逐渐减少，锂电池一统天下的趋势不会改变。

电动汽车等下游应用市场，对车用锂离子动力电池提出了越来越高的能量密度、循环寿命、输出功率和安全性要求，这些也成了锂离子电池技术主要的发展方向。这其中，能量密度和安全性看上去是一对矛盾，似乎像鱼和熊掌一样难以兼得。为了解决这对矛盾，在技术开发方面一般存在两种思路：一是在能量密度的基础上想办法提高安全性，二是在安全性的基础上想办法提高能量密度。

上述两种技术开发思路也正是动力电池领域锰酸锂（包括三元材料在内）和磷酸铁锂两大发展路线之争的由来。理论上来说，锰酸锂能量密度较高但循环寿命和安全性表现均要稍差一些，而磷酸铁锂却正好相反。日韩两国致力于走锰酸锂路线，而中国和美国则主要走磷酸铁锂路线。现阶段，锰酸锂路线占据明显上风，这也使得国内质疑磷酸铁锂路线的声音日渐高涨。这实际上与当前的迫切需求有关。智能手机、电动汽车等下游应用产业的快速发展，使得电池能量密度的问题日益凸显而上升为主要矛盾。

使用钴酸锂、锰酸锂、三元材料和磷酸铁锂为正极材料的锂离子电池技术，目前均较为成熟，也都实现了规模化应用。其中，钴酸锂离子电池基本上用在 3C 电子产品领域，出于价格和安全等因素，一般不做动力电池用；锰酸锂离子电池、三元材料电池和磷酸铁锂离子电池都可以做动力电池用。对于这些锂离子电池，本部分就不予以介绍，而仅是以代表性企业的技术开发为例，研究分析锰酸锂和磷酸铁锂两大路线的发展趋势及其衍生出的新型锂离子电池产品。

### 一、磷酸铁锂路线及其发展趋势

为改变汽车产业长期落后于西方国家的局面，前几年中国政府希望能在新能源汽车领域实现"弯道超车"的愿望，而新能源汽车所使用的动力电池，则在安全第一的考虑下，政府一边倒地倾向于扶持磷酸铁锂（$LiFePO_4$）。国家工业与信息化部先后设立"磷酸铁锂正极材料研发及产业化"与"磷酸铁锂动力电池及系统集成技术研发及产业化"重点专项，面向全国招标；国家科技部在 863 计划中单独设立"磷酸铁锂正极材料规模化生产和应用关键技术研究"重点项目，支持资金上千万元。在政府的明确引导下，中国开始了发展磷酸铁锂的高潮，但之后几年相关技术的进展很不尽人意。

磷酸铁锂系路线目前之所以在新能源汽车市场推广艰难，主要原因就是能量密度不高，这体现在两方面，一是电池单元的能量密度，二是电池组的能量密度。如果提高不了电池单元的能量密度，那么，在确保安全的前提下，尽可能减少电池组中对电量存储没有帮助的组件的体积和重量，就可以在电池组中放入更多的电池单元，以增加电池组的能量密度。

在提高电池单元的能量密度方面，现阶段主要采取的手段是纳米化。A123 系统自称其电池单元的能量密度能做到 140 Wh/kg，是全球表现最优异的，能够赶得上锰酸锂离子电池，但是采用纳米化手段所带来的成本也要高得多。以 A123 系统用于 EV 的 20Ah/3.3V 软包聚合物电池单元产品为例，销售单价超过了 1000 美元/kWh，这意味着电池组的售价会更高，这也就是为什么通用汽车（GM）敢忤逆美国政府的意愿，将 Volt 电池组订单给了 LG 化学的最大因素。新进企业德国 Deboch TEC. GmbH 使用复合纳米磷酸铁锂材料的 32650 圆柱形电池单元（直径 32X 长度 65mm）的容量可高达 6Ah，比目前市场最高 5Ah 容量的产品还要高出 20% 之多；循环寿命在 3000 次之后，容量依然保持在 80% 以上。不过，其单价高达 3 欧元/Ah，约合 1.2 美元/Wh。高昂的价格显著降低了产品的性价比，而难有市场。

这种状况迫使一些领先企业转变思路，开发与磷酸铁锂相关的、能够提高能量密度和输出功率的新型正极材料及其电池产品，如磷酸锰锂、磷酸制锂等。A123 系统和日本住友大阪水泥在开发电压平台高达 4.1V 的磷酸锰锂（$LiMnPO_4$）、GS 汤浅在积极开发输出功率提高 20% 的磷酸钒锂（$Li_3V_2(PO_4)_3$）等。这样，磷酸铁锂也和锰酸锂路线一样，正在逐渐发展成一个系列。

电池企业 GS 汤浅认为电池单元的循环寿命是最重要的，因此近几年的开发重心呈现出由锰酸锂路线向磷酸铁锂路线转移的趋势。在磷酸铁锂路线上，GS 汤浅确定研发方向可以总结为：在磷酸铁锂掺杂钒、铳等元素，或干脆转为磷酸钒锂、磷酸锰锂，进而在此基础上掺杂钴、镍、铝等元素。GS 汤浅的这种开发思路在一定程度上可以代表大多数主攻磷酸铁锂路线的电池企业的想法。

磷酸钒锂离子电池是一种即将实现商业化生产的新型的锂离子电池产品。磷酸钒锂（LVP）不仅在安全性方面有望与磷酸铁锂相当，理论容量也高达 197mAh/g，比磷酸铁锂和磷酸锰锂还高出 25mAh/g 以上。而且，对锂电位可以达到 3.8V 左右，比磷酸铁锂还高 0.4V 左右。GS 汤浅对外宣布其开发出磷酸钒锂离子电池，试制的 5Ah/3.5V 电池单元尺寸为 112×81×21mm，重 318g，能量密度为 55Wh/kg，设想用于混合动力汽车（HEV）。利用该电池试验了充电状态（SOC）为 50% 时的输出特性：与磷酸铁锂离子电池单元相比，无论放电时间长短都表现出了较高特性；放电后 10 秒的输出密度方面，要高出 25%。不过，关于磷酸锰锂离子电池的产业化规划，当时 GS 汤浅并没有对外透露。

GS 汤浅还在积极开发磷酸锰锂（$LiMnPO_4$，LMP）电池技术。与磷酸铁锂（LFP）相比，LMP 的电压高出了 0.6V，因此易于实现电池组的高电压化，能量密度也有望提高

18%左右。不过，LMP 目前面临的一大课题是导电性低于 LFP。GS 汤浅对外透露了其 LMP 的开发情况。针对 LMP 的缺陷，GS 汤浅的解决办法是碳包覆 LMP 粒子，并通过构建连接 LMP 粒子的碳网络（Carbon Network）来提高性能。仅覆盖碳时，单元只有 65mAh/g 左右的容量，但通过构建连接粒子的碳网络，可将容量提高到 132mAh/g 左右。

中国大陆领先的锂离子电池企业比亚迪（BYD）的锂离子动力电池使用的是一种名叫"磷酸铁钴锂"的正极材料，这到底是一种什么样的材料，比亚迪并没有对外公布。从比亚迪电动汽车的表现来看，这种"磷酸铁钴锂"电池在能量密度方面较之磷酸铁锂离子电池并没有提高，同时，在安全性方面或还有所下降。

即使在提高电池单元的能量密度方面存在一定困难，但在提高电池组的能量密度方面，理论上安全系数相对更高一点的磷酸铁锂离子电池有更多的工作可以做。我们知道，全球代表性的纯电动汽车（EV）产品日产（Nissan）聆风（Leaf）所配备的锰酸锂离子电池组重 280kg，可存储 24kWh 的电量，这其中电池单元的重量仅为 154kg 左右，有约 126kg 的部材用于安全和其他方面（如冷却装置和安全防护装置等）。如果磷酸铁锂离子电池在安全性方面做得更好，就有可能减轻电池组中用于安全等方面的部材，这就意味着可以提高磷酸铁锂离子电池组的能量密度，使之赶上甚至超过锰酸锂系电池组。一些代表性的磷酸铁锂企业正在这方面积极思考对策。

A123 系统对外宣布，该公司已开发出最新具有突破性的锂离子电池技术"Nanophosphate EXT"，能在极高温的环境下运作，完全不需要散热管理。如果是这样，那么电池组中的冷却装置就可以大幅减少甚至不需要，安全防护措施也可以适当减少，从而在电池组中可以加入更多的电池单元以提高电池组的能量密度。不过，A123 系统的 Nanophosphate EXT 技术现阶段可能还不是非常成熟，因此它对外说正在评估能否在旗下所有电池产品中全面采用这种技术。

## 二、锰酸锂路线及其发展趋势

锰酸锂路线是指正极材料采用锰酸锂、三元材料等的锂离子电池路线。在日韩企业的努力推动下，锰酸锂路线近几年发展得风生水起，目前，全球代表性的电动汽车产品日产聆风（Leaf EV），通用沃蓝达（VoltPHEV）、丰田锂电版普锐斯（Prius PHEV）等使用的都是锰酸锂系电池。Leaf 的动力电池由 AESC 提供，电池单元正极材料一开始使用的是"锰酸锂 + 镍酸锂"，现在用的是"锰酸锂 + 镍铝酸锂（Li（Ni-Al）$O_2$），通用 Volt 的动力电池由 LG 化学美国子公司 LG CPI 供应，电池单元正极材料使用的是"锰酸锂 + 镍钴锰酸锂（三元材料）"。丰田锂电版普锐斯的动力电池由松下旗下的全资子公司三洋电机（目前已不再独立存在）供应，根据其介绍，电池单元正极材料是以三元材料为基础，添加了自主开发的添加物等加以改进。

现阶段锰酸锂系电池，从能量密度和安全性等方面的综合表现来看，以 AESC 做得最好，该公司配备给 Leaf 的电池单元能量密度高达 157Wh/kg，且至今未出什么安全事故，而 LG 化学供应给 Volt 的电池组却出过几次较有影响的事故。不过，从销量来看，Leaf 在走下坡路而 Volt 却蒸蒸日上。

美国消费者宁愿选择出过事故的 Volt 而抛弃 Leaf，根本原因就在于"里程焦虑"问题，他们过于担心 EV 的续航里程而选择 PHEV。日产敏感地意识到这个问题的严重性，他们开始找对策。

在美国夏威夷举行的电化学国际学会上，锂电领域知名企业巨头日本电气（NEC）宣布，通过组合使用可利用尖晶石（Spinel）型正极材料实现高电压化的 Ni－Mn 类正极材料以及可耐高压的电解液，开发出了高电压、长寿命的锂离子充电电池。

此次开发的正极材料是将尖晶石型锰酸锂（$LiMn_2O_4$）的一部分置换成镍（Ni）的 $Li(Ni_{0.5}Mn_{1.5})O_4$，可利用镍的价态变化实现高电压化。将开发的正极材料与石墨组合使用时，平均工作电压为 4.5V，与 $LiMn_2O_4$ 相比可将电压提高 0.7V 左右。据悉，最终电池单元的能量密度可由原来的约 150Wh/kg 提高约 30%，达到 200Wh/kg 以上。

如果电池内部的电位差大，目前使用的液状电解质便会分解。NEC 开发出的这种高电压的正极材料，也不可避免地遇到了这个问题。为此，NEC 开发出了新的氟化溶剂。据介绍，由此可以抑制正极材料和电解液界面产生的氧化分解，在 20℃ 温度下经过 500 次充放电循环试验后，仍可维持初期容量的约 80%。而且，在 45℃ 高温下进行上述试验后，仍确保了约 60% 的容量维持率。这实现了与原来锂离子充电电池同等的寿命特性。关于单元的膨胀，由于可以抑制单元内部的气体生成，因此 45℃ 高温循环试验后的电池膨胀率从原来的 2 倍以上降至约 10%。

不过，锰酸锂路线最重要的发展方向是使用富锂锰基材料（日美称固溶体类正极材料，分子式 $Li_2MnO_3$－$LiMO_2$（M：Ni、Mn 和 Co 等金属）的锂离子电池技术。AESC 也在积极开发这种电池技术，只不过现阶段还不太成熟而已。目前，在使用富锂锰基材料的锂离子电池技术开发方面最为领先的是美国一家中小型创新企业，该公司的相关技术开发工作得到了通用汽车的大力支持。

USABC 是美国能源部主导、美国三大车企（通用、福特、克莱斯勒）为主运作的、用于支持电池技术发展的机构，所有 USABC 看上的电池技术，均会给予研发经费支持。相关经费由美国政府和三大车企各出一半，成果由三大车企共享。LG 化学的锂离子动力电池在美国电动汽车市场的业务开拓风生水起，就是从 USABC 项目开始的。现在，韩国另外两大锂离子电池企业三星 SDI 和 SK 创新也争取到了 USABC 项目，它们也想步 LG 化学的后尘，开拓美国电动汽车市场。

韩国三星集团旗下位于日本横滨的三星横滨研究所也一直在积极开发使用富锂锰基材料的锂离子电池产品，该公司将富锂锰基材料称为"锂过量型层状材料"（High Performance Overlithiated Layer Oxide，OLO）。此前，该公司开发的 OLO 存在初次充电时会产生气体导致单元膨胀，或以高电压充电时充放电循环后容量劣化严重的课题。现在，三星横滨研究所通过改良正极材料的合成方法，将气体的初期发生量降至以往的 1/50。此外，三星横滨研究所通过改良负极材料石墨，大幅削减了单元内产生的氧气量；通过改良隔膜和电解液，改善了电池的充放电循环特性。比如，隔膜在 4.35V 以上时会发生氧化分解，此次通过在隔膜表面设置保护层抑制了这种反应。电解液方面，为了防止其在高电压下分解，采用了将碳酸酯类和乙酰类材料形成氟化物的电解液。

使用经过改良的 OLO、石墨、隔膜和电解液试制的层压型单元，确保了 250mAh/g 以上的初始放电比容量。与普通层状类正极材料相比，比容量高达 100mAh/g 左右。充放电循环特性方面，在常温（25℃）下以 1C 的充放电速率循环 400 个周期后维持了 87% 的容量。另外，还采用纽扣型单元在 45℃ 的高温环境下实施了更加严格的试验。结果显示，在充放电循环试验中，以 1C 的充放电速率循环 200 个周期后维持了 87% 的容量。可以预见，经过后期进一步的技术研发，循环寿命肯定还会提高。该公司自信地表示：这种新型锂离子电池作为足够耐用的锂离子充电电池值得期待。

中国也有大量的科研机构和企业在进行相关技术开发，其中有材料企业还声称开发出商业化的富锂锰基材料产品。江特电机（002176. SZ）的江特锂离子电池材料有限公司（位于江西宜春）是中国首个对外宣称开发出富锂锰基材料产品的企业，该公司的技术来自江西理工大学钟盛文科研团队。公司宣称其富锂锰基材料产品具有 2500 次以上的优异的循环性能和高温性能，特别适合动力电池。

## 三、钛酸锂路线及其发展趋势

钛酸锂材料是一种零应变材料，循环性能特别好，放电电压也很平稳，可作为正极材料使用也可作为负极材料使用。作正极材料使用时，负极材料可以采用金属锂或锂合金材料，这样可组成 1.5V 的锂离子电池单元，但目前这样做的企业还很少，一般都是将钛酸锂作为负极材料使用。负极材料使用钛酸锂之后，正极材料及电解液等的选择余地便大大增加。这样便可获得传统锂离子电池难以实现的各种功能。

钛酸锂负极材料可以与现行的各种正极材料搭配。一般来说，与锰酸锂和三元材料搭配时，电池的电压平台在 2.4V 左右，而与磷酸铁锂材料搭配时，电池的电压平台就更低，只有 1.8V 左右。不管钛酸锂与哪种正极材料搭配，组合成的电池均具备高安全性、高稳定性、长寿命、支持快充等特点，因此也可以将这一类电池统称为钛酸锂离子电池。不过，钛酸锂离子电池也有一个明显的不足，因其电压平台低，导致电池可存储的电量也就比较少。如果日产 Leaf EV 使用的是钛酸锂离子电池，那它的电池组体积和重量肯定要比现在大。因此，虽然目前钛酸锂离子电池很多是在电动车辆上试应用，但一般来说，它相对来说更适合用在对循环寿命要求特别高以及对电池体积和重量不太敏感的领域，如混合动力车（HEV）和大型储能等领域。

目前，全球开发钛酸锂离子电池的企业不少，钛酸锂离子电池的试应用也取得了很丰富的经验。日本东芝、美国 Enerl 和美国 Altair（已被珠海银通收购）在主打"锰酸锂 + 钛酸锂"组合的锂离子电池，想在电动汽车和大型储能领域通吃。

东芝不同于大多数人的看法，它对能量密度较低的钛酸锂离子电池用在 EV 上持非常积极的态度。东芝认为，尽管从电池单元的指标来看，无论是单位重量能量密度（Wh/kg）还是单位重量输出功率密度（W/kg），都比较容易理解，但这只是问题的一个方面。即使同样为 EV 安装电池，能够使用的 SOC 范围也不相同。SOC（State of Charge）是衡量电池容量的重要指标之一，是指将充满电的状态看做 100%，完全放电状态看做 0% 的话，能够使用电池的范围有多大。如果是普通锂离子电池，在接近充满电或 SOC 值较高的区域使用时，会对电池安全性及寿命造成影响，因此需要限定使用范围。SCiB 81与普通锂离子电池相比，SOC 范围更大，由此可实现电池单元的小型轻量化。

通用汽车的雪佛兰 Volt PHEV 配备的是 LG 化学 16kWh 的电池组，但是平常只限定在 30% ~ 80% 的情况下使用，也就是说还有一半（8kWh）的电池基本上不用，这样，通用汽车才能做到对电池组 8 年/16 万公里的质保。如果雪佛兰 Volt PHEV 配备东芝的 SCiB 81 或 BE 34 电池组，可能 10kWh 就已足够。再加上因钛酸锂离子电池的高安全性可导致电池组冷却装置等可适当简化，因此，东芝 10kWh 电池组在重量和体积方面，可能还要低于 LG 化学 16kWh 的电池组。而且，东芝钛酸锂离子电池组的循环寿命还要远高于 LG 化学的电池组。

东芝认为，钛酸锂离子电池完全可以用在电动轿车等对电池体积和重量要求严格的 EV 领域。目前，本田、三菱汽车、菲亚特 – 克莱斯勒、大众等都在积极试用东芝的 SCiB 81 电池产品。4

尽管钛酸锂离子电池从理论上来说能量密度较低，但还是有企业在积极开发提高钛酸锂离子电池能量密度的技术。法国研究机构 CEA – Grenoble 就在这么做，它在开发一种双极型的 "LFP + LTO" 电池单元。"LFP + LTO" 电池虽然电压平台只有 1.8 ~ 1.9V，但材料的稳定性非常高，电池具有很高的安全性，而且，充放电循环特性和低温特性也十分出色。CEA – Grenoble 打算采用在单元内串联层叠电极的双极型单元来提高单元电压。试制的双极型单元通过采用 13 层电极，将电压提高到了 24V。寿命方面，充放电循环 1000 次后容量仍未出现劣化。现在，这种电池技术的开发还处在初级阶段，因此目前能量密度还很低，根据介绍，只有 24Wh/kg。

中国大陆开发钛酸锂离子电池的企业有日渐增多的趋势。中信国安盟固利（MGL）在积极开发 "锰酸锂 + 钛酸锂" 电池，希望能在南方电网（CSP）的智能电网建设上实现应用。天津力神（Lishen）在积极开发 "磷酸铁锂 + 钛酸锂" 电池，也希望能在大型储能市场实现应用，如国家电网（State Grid）的智能电网建设。浙江微宏动力（Microvast）在积极开发 "磷酸铁锂 + 钛酸锂" 电池产品，希望用在电动客车上。

## 四、全固态锂离子电池路线及其发展趋势

现有的锂离子电池理论能量密度约在 250Wh/kg，超过此能量密度极限的锂离子电池被称为下一代锂离子电池，从二次锂电池的发展阶段来看，属于第 1.5 代二次锂电池。全球领先的锂离子电池企业和车企等都在积极开发第 1.5 代二次锂电池，上述使用富锂锰基材料的锂离子电池和下面要讲到的全固态锂离子电池都属于第 1.5 代的范畴。

就锂离子电池所使用的电解质而言，存在液态、凝胶态和固态 3 种形态。目前市场上常见的锂离子电池一般都使用液态电解质，即我们所说的电解液。使用凝胶态电解质的锂离子电池称之为聚合物锂离子电池，不过，目前市场上所谓的聚合物锂离子电池，大多还是使用电解液而非凝胶电解质。全固态锂离子电池即是指使用固态电解质的锂离子电池。

总的来说，全固态锂离子电池容量更大、质量更轻、安全性能更高。目前市场上的液态锂离子电池能量密度能做到 150Wh/kg 就非常不错，AESC 用在日产 Leaf EV 上的电池单

元能量密度为157Wh/kg，就基本上代表了现在业界的最高水平，而全固态锂离子电池理论上能量密度可达500～700Wh/kg，因此，同等质量、同等体积的情况下，全固态锂离子电池的容量更大。另外，采用有机电解液的传统锂离子电池，因有过度充电、内部短路等异常时可能导致电解液发热，有自燃或甚至爆炸的危险。而将有机电解液代之以固态电解质的全固态锂离子电池，其安全性可大幅提高。目前，全固态锂离子电池技术开发的难点和重点在于固态电解质，要解决的首要问题是提高电导率。这也是全固态锂离子电池迄今还没有大规模应用的主要原因。

一些之前没有介入锂离子电池产业的企业巨头，正在积极通过这种全固态锂离子电池而介入，以不同的特色欲谋取一席之地。从这些企业的技术进展来看，全固态锂离子电池技术已接近量产的边缘。出光兴产对外推出层压型全固态锂离子电池试制品。韩国GS加德士引进了日本爱发科（ULVAC）的全固态锂离子电池技术，对外推出全固态薄膜锂离子电池试制品，之后不久，GS加德士的全固态薄膜锂离子电池产品量产上市。

中国大陆也有企业声称开发出了全固态锂离子电池产品。河北神州巨电新能源科技有限公司在国家863火炬计划锂离子动力电池产业化项目资金的支持下，开发出了从30Ah到500Ah的系列大动力固态锂离子电池产品。其中500Ah的电池产品在大连一家客车公司生产的电动客车上试应用，较为成功。据悉单体电池的循环寿命可以高达2000次。神州巨电投资3.5亿元在安徽省合肥市的蜀山经济开发区建设年产1亿Ah的单体大容量固态锂离子电池生产线，该项目将分两期完成，资金到位后预计10个月就能出产品。项目完全达产后年产电池将可装备1800辆纯电动大巴。

理论上，全固态锂离子电池确实比现在的液态锂离子电池更适合用在电动汽车上。现在的汽车动力锂离子电池组的组建中，有相当一部分并不是用来存储能量的组件，如冷却装置和安全防护装置等。以日产Leaf EV为例，如果采用全固态锂离子电池，同样280kg重的电池组，可存储的电量会在32kWh以上，这样，电动轿车就可以拥有更长的续航里程，从而极大程度地缓解消费者的"里程焦虑"。也正是这样，丰田汽车和通用汽车这两大车企巨头非常关注全固态锂离子电池技术的发展。

通用汽车联合日本伊藤忠商事向美国密歇根州专业从事全固态锂离子电池技术开发的创新型小公司Sakti3注资420万美元，资助其技术开发工作，其中通用汽车出资320万美元，将得到Sakti3位于密歇根州工厂的部分股份。目前，关于Sakti3开发全固态锂离子电池技术的报道不多，该公司的具体进展如何暂时还无从知晓。

丰田中央研发实验室早就开发了一种有望用于高功率和高能量的全固态锂离子电池用的固体电解质新材料。在此基础上，在丰田的环境技术说明会上，丰田展示了一款其试制的输出密度提高了4倍的全固态锂离子电池。此次的试制品电池，以负极和正极间夹有固体电解质为一组，七组层叠收在层压薄膜中作为一个单元。每组的电压约4V。每个单元的电压约28V。收在薄膜内的电极和固体电解质的大小约为70×105×（2.5～3）mm。负极和正极分别采用了锂离子电池中常见的石墨以及含有镍、钴、锰的三元类材料。

日经BP社报道，在这个全固态锂离子电池中的固体电解质新材料，丰田做了进一步的技术改进，采用了硫化物类的$Li_{10}GeP_2S_{12}$。原来虽也采用硫化物类，但此次加入了Ge

（锗），这是一个很大的改动。丰田称，加入 Ge 后结晶形状更为整齐，锂离子可呈直线排列构造。这个含锗的新的固体电解质材料，将锂离子的电导率提高到 $1 \times 10^{-2}$S/cm 以上，达到了与该公司液态锂离子电池相当的水平。这表明，丰田的全固态锂离子电池技术已经达到了一个很高的水平，已进入了商业化量产的前夜。

丰田的这个全固态锂离子电池技术是由丰田高能加速器研究机构和东京工业大学联合研究开发的，丰田称这种锂离子电池相比传统锂离子电池更容易制作，稳定性、安全性和优良的导电性均要显得更好些。不过虽然新电池的设计理论和方案很容易，但想变为现实还需要很长时间的研发和实验。

## 五、派生出来的其他路线

锰酸锂路线在技术开发过程中，不断发现了一些新型正极材料及其电池技术，如富锂锰基材料（日美称固溶体类正极材料，分子式 $Li_2MnO_3 - LiMO_2$（M：Ni、Mn 和 Co 等金属）、镍铝酸锂（Li（Ni - Al）$O_2$），镍钴铝酸锂（NCA，$LiNi_xCo_yAl_{1-x-y}O_2$）等新型正极材料也是在这个过程中被开发出来并实现应用的，这一类材料由于不含锰元素，我们在此将它们单列出来。

单独使用镍铝酸锂做正极材料的锂离子电池产品还非常少，一般是将镍铝酸锂作为辅料，与锰酸锂一起使用。开发镍铝酸锂材料的企业，以日本企业为主，中国也有一些企业在做，如青岛新正锂业等。与镍铝酸锂不同的是，单独采用镍钴铝酸锂作为正极材料的锂离子电池技术的研究开发，已经进展到了一个非常成熟的阶段，松下已经开发出了镍钴铝酸锂离子电池并已经实现了大规模量产，且在美国特斯拉（Tesla）开发的电动汽车产品上实现了应用。

松下就对外公布了分别采用镍钴锰酸锂（即俗称的三元材料）和镍钴铝酸锂为正极材料的锂离子电池（松下称之为第 2 代锂离子电池），前者的重量能量密度达到了 185Wh/kg，体积能量密度达到了 480Wh/L，并且实现量产；后者的体积能量密度则更是达到了 600Wh/L。这两种电池的电压为 3.55V，较之以前的 3.7V 的钴酸锂离子电池电压稍低，但能量密度可以做到更大。为解决使用镍氧化物带来的热稳定性低和安全方面的问题，松下在正极材料表面进行了纳米涂层处理，就是在材料表面镀上了数纳米厚的稳定层，同时对电解液的组成成分进行了优化。

以上两种公布的电池，负极材料仍是与过去一样使用碳材料，不过，松下当时表示正在开发硅类合金材料作为负极材料。松下公布了一项新技术——为强化安全性在负极板表面形成使用绝缘性金属氧化物的耐热层"HRL（Heat Resistance Layer）"。这项新技术总的来说是在正负极之间配置了绝缘金属氧化膜，它可阻止电池过热，甚至是在内部短路情况下的过热。HRL 与隔膜是分开配置的，能最大限度地保证电池的安全性。松下表示，该项新技术可以应用于使用硅类合金材料的第 3 代电池。

电池企业开发镍钴铝酸锂离子电池的，目前报道的还不多，但是，开发镍钴铝酸锂材料的材料企业现阶段有不少。日本的正极材料企业基本上都在开发镍钴铝酸锂材料，如三菱化学、清美化学、户田工业等。中国正极材料企业开发镍钴铝酸锂材料的也大有人在，如宁波金和、天津巴莫、青岛新正等。因此，这条路线应该值得高度关注。

除镍钴铝酸锂路线之外的其他派生路线也还有，这里就不多说。

## 六、其他提高锂离子电池能量密度的技术进展

锂离子电池技术的开发是一个高新材料技术集大成的过程。锂离子电池通过使在充电时从正极溶出（脱离）的锂离子经由电解质移动（吸留）到负极一侧，将电能转化成化学能，并储存起来。放电时，反过来使锂离子从负极移动到正极，由此释放电能。因此，一般认为，影响电池能量密度的重要因素是正极材料、负极材料以及负责使离子在两极间移动的电解质这三者。隔膜也是一个关键材料，但更主要的作用体现在安全方面，以保障正负极材料、电解液等对于提高电池能量密度有直接关系的关键材料的性能能够尽可能实现。

提高能量密度的一个方法是，探索并开发出1个化学式中所含的锂量较多、其中在充放电时从电极脱离变成离子的比例较高的物质。出于这种思路，作为正极材料，钴酸锂及镍酸锂之类被称为层状氧化物的材料等成了主要的研究对象，包括目前处于开发热潮中的固溶体类正极材料（富锂锰基材料）也是如此。正极材料目前开发的方向主要有两个：一是提高材料本身的克电容量，二是增大电池内部的电位差，也就是说要提高材料的电压平台。

通过提高负极材料的能量密度也是一种解决办法。与正极材料一样，负极材料的开发方向也主要有两个：一是提高材料本身的电量，二是降低材料的电压平台以拉大电池内部的电位差。由于碳负极材料的电压平台几乎为零，很难找到比它还低的合适的材料，因此，负极材料的研发集中在提高材料电量的方向上。现在的碳负极材料的能量密度已经在无限接近372mAh/g的理论值，于是，研究人员在积极开发新一代负极材料，如锡（Sn）基和硅（Si）基负极材料，其中前者的理论容量是碳负极材料的3倍，后者更是在碳负极材料的10倍以上。关于这方面的研究成果也有很多，限于篇幅，这里就不多说。

莱顿公司开发的这种新型锂离子电池，最大特点是用钠酰亚胺（Sodium Imide）取代了目前电解液中常用的溶质——六氟磷酸锂（Lithium Hexafki - oroPhosphate）。与六氟磷酸锂不同，它不与水反应，在电池内，这种与水的反应会大大降低电池的使用寿命。另外，六氟磷酸锂也会开始分解，在室温下失去效力，更明显的是温度达到55℃的时候，六氟磷酸锂会加速分解而使得电池失效，而钠酰亚胺在较高温度下不会分解。

使用钠酰亚胺作为溶质，也有一个很大的麻烦，它会腐蚀铝箔等集电体。因此，莱顿公司同时开发出一种使用石墨做集电体的技术。劳伦斯伯克利国家实验室（Lawrence Berkeley National Laboratory）的科学家温卡特·斯里尼瓦桑（Venkat Srinivasan）对此表示：关键进展对于莱顿公司而言不是电解质，它们神奇的是没有使用铝箔集电体。另外，莱顿公司总裁帕特尔还表示，这种电池可以使用空气冷却，而不是液体冷却，这会使它们更便宜、更轻便。因此，使用这种电池单元，一定程度上也可以提高电池组的能量密度。莱顿公司表示，通过进一步的技术开发，完全可以将这种新型锂离子电池用于电动汽车领域。当时，帕特尔透露，莱顿公司已接收到加州政府的一笔296万美元的项目拨款，以帮

助该公司建立起月产 10 套 EV 电池组的生产设施。

正极材料、负极材料、电解质和隔膜通常被称为锂离子电池的四大关键材料，提高锂离子电池的能量密度的技术开发工作，一般围绕着四大关键材料进行，但这并不意味着其他配套材料的技术开发工作就不重要。实际上，如果其他配套材料的技术能取得显著进步，同样可以提高锂离子电池的能量密度。

黏结剂是用来粘接电极内大量的活性物质的胶粘剂（Adhesive）。活性物质具有贮存电力的作用。生产电池时，首先在黏结剂中掺入活性物质制成液状浆料，然后把浆料涂在电极板上制成电极。此前的黏结剂因只用来粘接，因此在电极有大电流出入的 HEV 用电池中，黏结剂会阻碍锂离子的流动，对输出密度的提高构成限制。电动汽车（EV）用电池也由于同样的原因，无法用尽电池中贮存的电力，从而难以提高能量密度。

瑞翁（Zeon）开发的新型黏结剂采用了确保锂离子通道的结构，因此大电流容易通过。锂离子充电电池的输出密度和能量密度均提高了 30% 左右。新黏结剂以 SBR（Styrene Butadiene Rubber，丁苯橡胶）为基础制成。其性能高于该公司此前面向消费类产品的基于 SBR 的黏结剂，以及其他公司生产的基于 PVDF（Polyvinylidene Fluoride，聚偏氟乙烯）的黏结剂。

新黏结剂除采用了确保锂离子通道的结构外，粘合力较强也是一大特点。要有与原来相同的粘合力，电极内的黏结剂只需少量即可。因黏结剂可减少，所以电池内贮存电力的活性物质的量可增加 20%~30%。此次新开发的黏结剂，设想组合使用的负极活性物质为碳（石墨）。

# 第二节　其他二次锂电池

其他二次锂电池又机锂电池、锂硫电池和锂空气电池等，这些电池的共同特点是负极采用锂金属，但正极材料却各不相同，其中钒锂电池的正极材料采用钒氧化物，锂硫电池的正极材料是单质硫与一定量的导电材料的混合物，而锂空气电池则是以空气中的氧气作为正极反应物。

## 一、钒锂电池

最初开始研发二次锂电池技术的时候，技术人员一般是将金属锂作为负极材料使用，不过，由于一些技术问题（如容易造成短路等问题）很难解决，技术人员转而尝试用含锂的材料作为正极材料使用，这才出现了现在蓬勃发展的锂离子电池。但是，还有一些企业多年来依然痴心不改，一直在坚持走金属锂负极的技术路线，如日本富士重工（现为丰田旗下企业）、法国 BatScap（法国博洛雷（Bollore 旗下企业）等，它们不约而同地采用由钒氧化物为正极材料，并推出了相关电池产品投入实际应用，这就形成了一个新的锂电池发展路线——钒锂电池。钒锂电池的优点是可以储存更多的电量，重量轻，且充电迅速，在不同环境条件下都有稳定的并可以预测的充放电特性。

NEC 在与日产合资组建动力电池企业 AESC 之前，其实还有过一次与车企的合作。

NEC 和富士重工（当时尚为通用汽车旗下企业）共同出资成立 NECLamilion Energy 公司，NEC 控股该公司。富士重工希望通过融合 NEC 的锂电池单元技术和富士重工业的汽车电池技术，进行混合动力车和电动汽车所用的锂离子动力电池的开发工作。

陷入破产危机的通用汽车不得不将所持富士重工的股份卖出，丰田汽车（Toyota）最后接手成为富士重工的大股东。在投入丰田的怀抱之后，富士重工将所持的 NEC Lamilion Energy 公司股份全部卖给了 NEC，终结了与 NEC 在车用锂离子动力电池方面的合作。NEC 经过此次打击之后，选择了力量更为强大的日产合作，双方共同出资组建知名的车用锂离子动力电池企业 AESCO 经过此次教训，NEC 也不谋求对 AESC 的控股，而让日产控股 51%。

有了这样一次经历，富士重工掌握了一定的锂电池技术，虽然它不能直接采用 NECLamilion Energy 的技术成果，但具备了独立开发锂离子动力电池技术的能力。在与 NEC 分道扬镳之后，富士重工在购买了钟纺相关专利技术的基础上，开发出了新型的钒锂电池技术，不过，具体来说与 BatScap 又有所不同。在电动车研讨会"EV – 22"上，富士重工发布了正极材料采用 $V_2O_5$（五氧化二钒）的锂电池试制品。试制品电池单元的能量密度很高，在当时就已经达到了 200Wh/kg。

该技术的原理是，在制作电池时将锂金属箔与负极重合并使其短路，由于锂金属与负极的原子存在电位差，因此锂金属发生电解，锂离子便被搀杂到负极上。如果应用这项技术，由于负极一侧存在大量的锂离子，因此正极侧即使像 $V_2O_5$ 那样不含有锂，搀杂在负极上的锂离子也能规则地移动，从而发挥电池的作用。此外，正极上出现的结构破坏现象从而导致电池劣化的问题，也会因为搀杂有大量锂而得到解决。在锂电池的负极与电解液的界面上，锂离子发生反应而形成钝化膜。由于该钝化膜在反复充放电的过程中反复地剥脱和生成，因此，如果是以前的锂离子电池的话，其电解液中的锂离子便逐渐减少，最终开始使用正极中所含的锂，结果导致正极的结构破坏。

法国 BatScap 开发的、自称为锂金属聚合物电池（LMP 锂电池）的产品，负极材料采用金属锂，而正极材料则是采用由钒氧化物、碳、聚合物构成的树脂复合材料，电解液用固态的聚合物电解质。至于 LMP 会生成树枝状结晶（Dendrite）、容易造成短路的问题，现在 BatScap 也已经解决了，至于具体是怎么解决的，该公司并未对外透露。BatScap 开发的 LMP 锂电池现在已经用在了博洛雷集团开发的电动汽车产品 BlueCar EV 上。

公开资料显示，BlueCar EV 配备的 30kWh 的 LMP 锂电池组，铺设在整个车内地板上，重量 300kg，与日产 Leaf EV 可存储 24kWh 电量但重量达 280kg 的锰酸锂系电池组相比，能量密度确实要更高一些。电池组电压为 300～435V，通常电压为 410V。在外部气温为 −20～60℃、内部温度为 60～80℃的情况下，电池组能正常工作，行驶 20 万公里无须维护。BlueCar EV 另外还配备了超级电容器，可在车辆减速时回收能量，而在加速时释放能量。配备的电机最大输出功率为 45kW。通过组合使用 LMP 锂电池及超级电容器，BlueCar EV 最大时速可达 130km/h，持续行驶距离为 250km。从停止状态加速至 60km/h 需要 6.3 秒。完全充电一次需要 6 小时，而采用 2 小时快充法则能够恢复 50% 的电池容量。

希望法国 BatScap 和日本富士重工的钒锂电池技术能走出一条与众不同的路来，但应该看到，钒锂电池路线要发扬光大，仅靠它们自身的努力是远远不够的，更重要的是要看这条路线的参与企业有多少。如果参与的企业众多，完善产业链的建设时间就会大大缩短，成本也会随之快速降低。同时，由于群聚效应的存在，机锂电池技术的进步也会快得多。如果参与的企业一直就那么少数几家，那钒锂电池的未来恐难乐观。

## 二、锂硫电池

锂硫电池在 20 世纪 90 年代已经有人开始研发，不过之后沉寂了一段时间。现在，由于其具有不可比拟的高比能量等性能，重新受到了研发人员的重视，被称为下一代锂电池。目前全球各主要国家正在下大力气开发锂硫电池产品。

硫在自然界中广泛存在，数据表明，硫在自然界中的丰度大概为 0.048wt%，且属于尚未充分利用的自然资源。自然界中的硫主要是以常温下热力学稳定的单质硫（$S_8$）形式存在，其基础物理性能让研发人员对于硫应用在锂电池上兴奋不已。单质硫具有低毒性、价格低廉、存量大和低密度等特点，特别是 Li/S 有很高的理论能量密度，单质硫比容量高达 1675 mAh/g，质量比能量更是高达 2600Wh/kg，是目前已知的比容量最高的正极材料。

较高的比容量和能量密度意味着锂硫电池的单体重量和体积较小，放电能力较强，这一特性看似能够满足现今电动汽车发展的需求，但是锂硫电池的研发也遇到了许多难题。主要的问题有：（1）负极的锂金属与溶解于电解液的硫发生反应，单质硫逐渐地在正极区域缩小并形成多硫化物，多硫化物从正极剥离并进入电解液，进而与金属锂发生反应，正极活性物质发生损耗和侵蚀，最终造成正极区域坍塌；（2）在锂硫电池放电过程中，形成的多硫化物进入电解液后，高度富集的多硫化物致使电解液粘度升高，导致电解液导电性降低，电池性能显著下降；（3）锂硫电池体系的工作温度高达 300～400℃，这需要较为昂贵的耐高温材料和复杂的制备工艺来防止电池烧毁。这些问题要解决起来，难度不小。

另外，由于单质硫在室温下不导电，不能单独作为正极材料使用，所以在制备锂硫电池时通常将其与一定量的导电材料混合以提高正极区域导电性，但是过度的混合导电材料，又会使锂硫电池的比能量显著降低。因此，结合这些，锂硫电池的研发方向主要有：（1）多样化硫系正极材料的设计与制备以及对锂金属负极的改性；（2）降低电池工作温度和防止正极区域放电产物的溶解等。基于此，目前的研究工作集中在以下方面：（1）锂硫电池的正极材料包括多孔碳，如大介孔碳、活性碳、碳凝胶等；（2）碳纳米管、纳米结构导电高分子材料，如多壁碳纳米管（MWCNT）、导电聚合物有聚吡咯（Ppy）、聚苯胺（PANi）等；（3）聚丙烯腈（PAN）；（4）固态电解质；等等。

德国正在举全国之力，开发锂硫电池产品，希望能够开发出能量密度高达 500Wh/kg 的锂硫电池产品并实现商业化应用。这是德国在锂电池领域赶超东亚三国的希望所在。而日本为了继续保持在锂电池领域的领先地位，也把锂硫电池作为日本新能源汽车动力电池技术的主要研究方向之一。日本新能源产业技术综合开发机构（NEDO）每年投入 300 亿日元（约合 24 亿元人民币）的研发预算，锂硫电池技术开发一直走在全球最前列的美国，能源部投入 500 万美元资助锂硫电池的研究，并持续加大投入力度。

中国锂硫电池技术开发最具代表性的科研机构是防化研究院，防化研究院认为大介孔碳可通过充填单质硫形成寄生型碳硫复合物。利用碳的高孔容（>1.5 $cm^3/g$），保证硫的高填充量，实现高容量；利用碳的高表面密度（>500 $cm^2/g$）吸附放电产物，提高循环稳定性；利用碳的高导电性（几 S/cm）改善单质硫的电绝缘性，提高硫的利用率和电池的充放电倍率性能。大介孔碳的制备过程是：采用纳米 $CaCO_3$ 作模版，酚醛树脂作碳源，经过碳化、$CO_2$ 内活化、HCL 去模版、水洗。表面密度为 1215 $cm^2/g$，孔容为 9.0 $cm^3/g$，电导率为 23S/cm。然后，与硫在 300℃ 高温下共热，制备成 LMC/S 材料，其中 S 占 70%。

防化研究院试制的 1.7Ah 锂硫电池的能量密度为 320 Wh/kg；在 100% DOD 放电下，循环 100 次，容量保持率约为 75%，循环效率最高为 70%。第一年自放电率约为 25%，平均每月自放电率在 2%～2.5%；0K 放电容量达到常温容量的 90% 以上，－20℃ 时的容差为常温容量的 40%；过放/过充时，电池不燃不爆，过充电时，电池鼓胀，内部有气泡产生。该单位下一步的研究方向是加强对金属锂负极的研究，一方面要稳定其表面，防止产生枝晶，同时要提高其大电流放电能力，以增强锂硫电池的倍率放电性能。

## 三、锂空气电池

锂空气电池是一种用锂作负极，以空气中的氧气作为正极反应物的电池。其放电过程为负极的锂金属释放电子后成为锂阳离子（$Li^+$），$Li^+$ 穿过电解质材料，在正极与氧气，以及从外电路流过来的电子结合生成氧化锂或者过氧化锂，并留在正极的多孔碳素基底之中，其开路电压为 2.91V。

锂空气电池甚至比锂硫电池具有更高的能量密度，因为其阳极（以多孔碳为主）很轻，正极活性物质（氧气）并不需要储存在正极而是从环境中获取。理论上，由于氧气作为正极反应物没有物料限制，所以锂空气电池的容量仅取决于锂金属电极，最吸引研究者眼球的是其比能为 5210Wh/kg（包括氧气质量），或 11140Wh/kg（不包括氧气），还可折算为 40.1 兆焦耳/千克，而这一数据与汽油的 44 兆焦耳/千克相差并不多。相对与其他的金属—空气电池，锂空气电池具有更高的比能。因此，从比能量的角度来说，它极其具有吸引力。

在日本召开的"第 51 届电池研讨会"上，以新一代锂离子充电电池的正极材料为首，全固态电池和锂空气电池等新一代锂电池成果的发表数量较之上届会议出现了明显的增加。作为新一代锂电池而开发活动日趋活跃的锂空气电池，正极利用大气中的氧，能量密度按理论值计算能够提高到现有锂离子电池 15 倍以上，受到了极大的关注。不过，由于锂空气电池正极的构造与燃料电池一样，需要具备利用催化剂与氧发生反应的构造。而且，要想作为充电电池使用，必须还原已经在空气极发生反应的 $Li_2O_2$ 等，在实用化方面还残留有许多亟待解决的课题。

日本产业技术综合研究所能源技术研究部门对媒体宣布，共同开发出了新构造的大容量锂空气电池。这种锂空气电池的负极材料是金属锂，浸泡在含有锂盐的有机溶剂电解液中；正极（空气）方面则使用水性电解液，类似燃料电池的结构，空气（氧气）在多孔碳电极内的催化剂作用下，与正极的水机电解液发生反应，在正极形成碱性溶液，完全摆脱原有锂空气电池在正极生成锂氧化物堵塞多孔碳的问题；隔膜使用 LISICON（锗酸锌锂）晶片，这是一种固体电解质，以防止两电解液发生混合。由于固体电解质只通过锂离子，因此电池的反应可无阻碍地进行。

电池的开路电压为 3V 左右，因为解决了正极空气的摄入问题，所以此种锂空气电池的容量非常的大。实验证明该电池可连续放电 50000mAh/g（空气极的单位质量），最高数据达到了 80000mAh/g。但是由于 LISICON（锗酸锌锂）晶片对锂离子的通过性较差（25摄氏度，$1 \times 10^{-4}$S/cm），得到这样大的比容量是在 500 多个小时的实验时间下完成的，同时正极区域还出现了难溶的锂氢氧化物，这样的实验结果显然对于电动汽车行业来说没有什么价值，但是因为其具有较大的理论容量，如果在隔膜材料等方面的技术上有所突破，在储能行业应该会有较好的利用价值。

如果能在电解液中处理掉难溶的 LiOH，并且在负极锂金属耗尽后更换全新的锂片，这基本上可以说是用金属锂作为燃料的新型燃料电池。通俗地说，在汽车用支架上更换正极的水性电解液，用卡盒等方式补充负极的金属锂，如果能做到这些，那么，这种锂空气电池（或者说锂燃料电池）极有可能用于电动汽车，汽车可实现连续行驶且无须充电等待时间。周还进一步补充，可以从用过的水性电解液中轻松提取金属锂，锂能够反复使用。不过，因为锂金属为极其活性，这种电池的可靠性和安全性从来都是一个大问题。日本产业技术综合研究所并没有在这方面提出很好的解决办法。

该电池在初次充放电的电压差方面，PC 较大，为 1.2V，PP13TFSA 的电压差缩小到了 0.75V。PP13TFSA 因为黏度高，所以使用该材料的试验是在 60℃ 下进行的。初次放电后扩大观察正极部分时，除确认到了被视为 $Li_2O_2$ 的 50～100nm 左右的析出物之外，在充电时仅检测到了氧气，由此可以推测，该电池产生了与理论相符的充放电反应。具体试验方式是准备多个放电深度为 10%～100% 不等的单元，观察其正极，然后对各单元进行充电，再次观察其正极。经确认，放电时在正极表面均匀产生的 nm 等级析出物会在充电时分解．而放电时产生的粗大析出物在充电后未分解。由此可知，在今后，通过抑制放电时粗大析出物的生成，锂空气电池的性能有望得到提升。

美国方面在锂空气电池方面的研发也一直在紧张进行，但他们对于成果发表非常谨慎，不轻易对外透露相关信息。美国的阿贡国家实验室在这方面有非常深入的研发，但在其官方网站上很难找到相关具体信息。另外一个国际巨头 IBM 也在积极研发锂空气电池。IBM 决定投身这项研发工作是由公司 Almaden 实验室纳米科学项目主管温弗里德·W·威尔克（Winfried W Wilcke）积极促成的，他领导的技术联盟将制造一种锂和氧元素结合的锂离子动力电池，希望能将目前锂电池性能提高 10 倍，充一次电有望驱动电动汽车 500～800km，同时，这种新型电池还可以存储电网中的电力。

IBM 表示其在材料科学，纳米科技，化学以及超级计算机方面深具经验，因此公司在新电池的开发上具有很大优势。蓝色巨人计划利用纳米隔膜开发水纯净系统，以便将空气中的氧气与水等物质隔离开来。IBM 的纳米结构经验还可以让它将电池中的氧分配到每个电池单元中去，由此防止堵塞。超级计算机则可以进行建模方面的研究，使单个原子能够通过电池中纳米隔膜。

有人总结，今后一段时间，锂空气电池技术需要解决的问题主要有：防止使用两种电解液的隔膜慢性渗漏；提高有机电解液的可使用温度；找到可取代目前使用的金和白金触媒剂；更换锂燃料时，如何防止水气侵入引起爆炸；如何循环未用完的锂和氢氧化锂；如何降低循环氢氧化锂的能耗。

## 第三节 中国现阶段应重点发展锂离子电池技术

虽然锂硫电池是二次锂电池发展的一个重要方向，值得密切关注，但中国政府和企业在二次锂电池产业化技术发展方面，未来几年之内还是应该把重心放在锂离子电池身上。在二次锂电池市场，可以肯定的是，锂离子电池将在今后较长时期内都会占据绝对垄断地位。具体原因如下：

第一，技术已经很成熟的锂离子电池还有很大的技术进步空间。锂硫电池之所以被看好，主要是因为它拥有很高的理论能量密度：单质硫比容量高达1675mAh/g，质量比能量更是高达2600Wh/kg。但锂硫电池在技术开发方面存在很大的难度。而技术已经很成熟的锂离子电池技术，还有很大的技术进步空间。曾经人们认为锂离子电池的理论能量密度为250Wh/kg，但随着富锂锰基材料（又称固溶体类正极材料）和固态电解质材料等新的材料技术的成功开发，人们发现，锂离子电池的能量密度可以达到500Wh/kg甚至700Wh/kg，远远突破了当时认为的理论极限。而且，从现在的技术进展来看，500Wh/kg的锂离子电池产品可望会比同等能量密度的锂硫电池产品更早实现大规模商业化应用。

第二，在发展锂离子电池技术及产业方面，相关企业的重视程度和投入也要比锂硫电池大得多。锂硫电池是个新产品，它有没有发展前途，如果有的话又有多大的发展前途，目前阶段其实是看不清楚的。这也是为什么很多重量级企业仅仅是关注或支持锂硫电池技术的开发而不把它作为主要方向的重要原因。

美国、日本和德国政府非常重视锂硫电池的发展，认为锂硫电池很适合电动汽车，但到目前为止，这些国家的主要车企如通用汽车（GM）、福特（Ford）、丰田（Toyota）、日产（Nissan）、大众（VW）、奔驰（Mercedes－Benz）、宝马（BMW）等却并未传出要重点开发锂硫电池产品的消息，相反，它们在以实际行动重点开发锂离子电池技术。丰田已经开发出可以量产的全固态锂离子电池技术，通用把重心放在了全固态锂离子电池和使用富锂锰基材料的锂离子电池技术的开发上，在发展纯电动汽车（EV）方面态度最为积极的日产也在重点开发使用富锂锰基材料的锂离子电池技术。

全球知名的锂离子电池企业如松下（Panasonic）、索尼（Sony）、LG化学（LGChem）、三星SDI（Samsung SDI）等也大致持有相同的态度，它们虽然基本上都在开发锂硫电池技术，但重心都在锂离子电池身上，这从两方面足以证明：一是这些企业近几年都在持续投入巨资扩充锂离子电池产能，二是这些企业在不断发布新的锂离子电池技术，同时，却几乎没有锂硫电池的研发成果发布，更不用说锂硫电池的产业化规划。

第三，锂离子电池产业配套体系建设比锂硫电池要发达和完善得多。自索尼发布全球第一只商业化锂离子电池以来，经历多年的发展，锂离子电池产业已经形成了非常发达和完善的产业配套体系，一大批颇具实力的企业参与其中，做着各种不同的工作。参与锂离子电池及其上游材料产业的世界知名企业（年营收规模在百亿元以上）就有接近 140 家之多，分布在锂离子电池制造的各个相关领域。

表 8 - 1　全球知名企业介入锂离子电池及其材料领域的有关情况（不完全统计）

| 企业 | 国家（地区） | 介入锂离子电池及其材料领域的相关情况 |
|---|---|---|
| 松下 | 日本 | 电器巨头。旗下松下电池工业是全球知名锂离子电池企业，在兼并三洋电机之后更是成为全球最大的锂离子电池企业；与丰田合资组建 PEVE |
| 东芝 | 日本 | 电器巨头。2004 年卖掉小型锂离子电池业务，2007 年 12 月宣布进军车用锂离子动力电池业务 |
| NEC | 日本 | 电器巨头。旗下 NEC 东金是全球锂离子电池知名企业；与日产汽车合资组建 AESC |
| 索尼 | 日本 | 电器巨头。全球锂离子电池知名企业，2009 年 2 月时发布战略，强调要主攻 3C 电子产品用小型锂离子电池的生产制造；2009 年 11 月即改弦更张，宣布进军锂离子动力电池领域 |
| 日立 | 日本 | 电器巨头。将旗下麦克赛尔（又称日立万胜，是全球锂离子电池知名企业）与日立 HVE（日立车辆能源）合并组建了 BSC 公司；还参与其他机构主导的全固态锂离子电池的研究开发 |
| GS 汤浅 | 日本 | 电池知名企业。锂离子电池领域最大的代工企业。在锂离子动力电池领域，与本田合资组建 Blue Energy，主攻 HEV 市场；与三菱汽车组建 LEJ，主攻 PHEV 和 EV 市场 |
| 丰田 | 日本 | 汽车巨头。在锂离子动力电池产业链（从资源、材料到电池应用和充电设备开发等）有系统布局。其中在动力电池领域，与松下合资组建了 PEVE，在独立开发全固态锂离子电池技术，参与投资主攻储能应用的锂离子动力电池企业 ELIIYPower |
| 日产 | 日本 | 汽车巨头，主攻 EV 市场。与 NEC 合资组建了锂离子动力电池企业 AESC |
| 本田 | 日本 | 汽车和摩托车巨头，主攻 HEV 市场。与 GS 汤浅合资组建了 HEV 用锂离子动力电池企业 Blue Energy |
| 三菱汽车 | 日本 | 汽车巨头，主攻 EV 市场。与 GS 汤浅合资组建了 PHEV 和 EV 用锂离子动力电池企业 LEJ |
| 富士重工 | 日本 | 知名车企。在电动汽车及锂离子动力电池技术方面有深厚积累，在独立开发钒锂离子电池技术 |

| 企业 | 国家（地区） | 介入锂离子电池及其材料领域的相关情况 |
|---|---|---|
| 三菱重工 | 日本 | 重工业巨头。全球主要的太阳能电池制造商之一；同时与九州电力合作开发锂离子动力电池技术近 20 年，2010 年 8 月正式介入工业用锂离子电池的生产制造 |
| 日本 TDK | 日本 | 电气化工企业。2005 年 6 月全资收购知名的 ATL 公司，进军锂离子电池领域 |
| 村田制作所 | 日本 | 电子元器件企业。2006 年 9 月宣布进军锂电领域，主攻正极材料和电池制造 |
| 吴羽化工 | 日本 | 化工知名企业。是全球锂离子电池负极材料和 PVDF 的主要供应商之一，还在参与全固态锂离子电池的研究开发 |
| 三菱化学 | 日本 | 化工巨头。是全球为数很少的能同时供应锂离子电池 4 大关键材料的制造企业 |
| 日本化工 | 日本 | 化工知名企业。小型锂离子电池正极材料主要供应商之一，2010 年 3 月宣布·要进军车用锂离子动力电池关键材料的生产制造 |
| 日亚化学 | 日本 | 全球 LED 主导厂商，同时也是锂离子电池正极材料主导供应商 |
| 旭化成 | 日本 | 化学和材料知名企业。是全球为数很少的能同时供应锂离子电池 4 大关键材料的制造企业；和通用汽车一道参股美国锂离子电池企业 Envia Systems |
| 昭和电工 | 日本 | 综合性集团企业。锂离子电池负极材料主要供应商之一 |
| 宇部兴产 | 日本 | 综合性集团企业。锂离子电池领域隔膜和电解质材料的主导供应商之一 |
| 住友商事 | 日本 | 贸易巨头。与日产汽车合作探索将达到车载使用寿命的电动汽车电池用于储能应用 |
| 住友大阪水泥 | 日本 | 建材供应商。年产能为 1000 吨磷酸铁锂已于 2010 年正式投产，同时在开发磷酸锰锂 |
| 住友化学 | 日本 | 化工巨头。全球主要隔膜材料企业之一，计划进军锂离子动力电池用三元材料的生产制造 |
| 三井化学 | 日本 | 化工知名企业。已介入太阳能电池领域，同时是锂离子电池电解液的主要供应商之一 |

| 企业 | 国家（地区） | 介入锂离子电池及其材料领域的相关情况 |
|---|---|---|
| 三井物产 | 日本 | 商业巨头。与北京建龙重工合资组建天津捷威，专业生产锂离子动力电池；参股日本电动汽车技术开发公司 SIM－Drive |
| 三井造船 | 日本 | 船业知名企业。已介入磷酸铁锂正极材料的研发和生产 |
| 普利司通 | 日本 | 汽车零部件巨头。与中央硝子合作开发锂离子电池电解质材料 |
| 日本电装 | 日本 | 汽车零部件巨头。在汽车电子及车用动力电池管理系统方面有深厚的技术积累 |
| 大和房屋集团 | 日本 | 房地产巨头。联合大日本印刷和夏普等公司组建锂离子动力电池生产企业 ELIIYPower |
| 古河电工 | 日本 | 光纤龙头企业。是目前锂离子电池用铜箔的最大供应商 |
| 日本第一工业制药/DKS | 日本 | 知名药企。与英耐时和天津一轻组建双一力（天津）新能源，专业生产锂离子电池；与日本触媒公司合资组建 Solion，主要业务为太阳能发电系统的创新，研发制造金属锂为负极的全固态锂离子电池亦是其附属业务 |
| 日本倍乐生 | 日本 | 教育服务供应商。主导成立专业提供电动汽车技术的 SIM－Drive 公司 |
| 夏普 | 日本 | 电器巨头，世界最大的太阳能电池制造商。与大和房屋集团等合资组建 ELIIYPower |
| 出光兴产 | 日本 | 石油综合性巨头。计划 2012 年进军锂离子动力电池生产制造领域 |
| 日本钢铁工程 | 日本 | 钢铁巨头。已介入锂离子电池负极材料生产制造领域，正极材料技术也有较深厚积累 |
| 国际石油开发帝石/INPEX | 日本 | 石油巨头。与大和房屋集团、夏普等合资组建 ELIIYPower |
| 中央硝子 | 日本 | 全球玻璃基板主导制造商。是锂离子电池电解液材料的主要供应商之一 |
| 大日本印刷 | 日本 | 印刷巨头。已介入太阳能电池领域和锂离子电池软包装材料生产；与大和房屋集团、夏普等合资组建 ELIIYPower |
| IHI | 日本 | 船舶系统开发及制造领域知名企业。已开发出锂离子电池驱动的电动船舶，同时参加了 SIM－Drive 的电动汽车技术开发活动 |

| 企业 | 国家（地区） | 介入锂离子电池及其材料领域的相关情况 |
|---|---|---|
| 丸红 | 日本 | 商业巨头。与倍乐生等联合组建了设计与开发电动汽车（EV）的公司"SIM‑Drive"，同时也开始介入锂离子电池领域并推出了相关产品；另，在风力发电领域有深入涉足 |
| JX 日矿 | 日本 | 又称日矿金属，资源巨头。全球锂离子电池正极材料主要供应商之一，已介入负极用铜箔是研发和制造领域 |
| 东丽 | 日本 | 化工巨头。与埃克森美孚旗下的东燃通用石油共同出资组建锂离子电池隔膜企业；已推出新型硅负极材料 |
| 九州电力 | 日本 | 能源巨头。一直在与三菱重工共同研究开发锂离子动力电池技术 |
| 爱发科/ULVAC | 日本 | 研究型综合性企业集团。该公司 2008 年底开发出了全固态薄膜锂离子电池一条龙量产技术，同时还开发出了电动汽车充电系统 |
| 日本 NTT | 日本 | 通信巨头。一直在进行正极材料的研究开发 |
| *2JXNOE | 日本 | 原新日本石油公司，能源巨头。已进军锂离子电池负极材料领域，确定与 GS 加德士合作，在韩国合作建设车用锂离子动力电池负极材料工厂 |
| 伊藤忠商事 | 日本 | 贸易巨头。从关键材料到电动汽车有系统布局，意图打造完整的电动汽车产业链（下面会有相关的系统介绍） |
| 日本触媒公司 | 日本 | 化工知名企业。旗下尖端材料研究所致力于开发锂离子电池新材料，2003 年与 DKS 合资组建 Solion，全固态锂离子电池的研发制造是附属业务 |
| 三星集团 | 韩国 | 电子巨头。旗下三星 SDI 是全球锂离子电池主导供应商，目前在车用锂离子动力电池领域，与德国博世合资组建 SB LiMotive |
| LG 集团 | 韩国 | 化工巨头。旗下 LG 化学是全球锂离子电池主导供应商，目前在全球车用锂离子动力电池领域业务开拓得最好；锂离子动力电池方面，在美国设有子公司 CPI，在韩国与现代摩比斯合资组建 HL |
| 现代摩比斯 | 韩国 | 现代汽车旗下成员，零部件供应商。与 LG 化学合资组建锂离子电池企业 HL 绿色动力 |
| SK 集团 | 韩国 | 能源巨头。已成立锂离子动力电池企业 SK 能源，同时在隔膜方面也颇有造诣 |
| 韩国 GS 控股 | 韩国 | 石油巨头。旗下 GSCaltex 已推出全固态锂离子电池，与日本 JX‑NOE 合作 |

| 企业 | 国家（地区） | 介入锂离子电池及其材料领域的相关情况 |
|------|------------|----------------------------------|
| KEPCO | 韩国 | 韩国电力巨头。据报道已和现代汽车达成车用锂离子电池和充电设施供应合约 |
| 浦项制铁 | 韩国 | 钢铁巨头。2010 年开始致力于海水提锂技术的商业化，2015 年建成年产 2 万～10 万吨碳酸锂的量产体制 |
| 通用汽车 | 美国 | 汽车巨头。大力度进军电动汽车领域，在锂离子电池产业链方面有系统布局，并建有自己的锂离子动力电池模块工厂；同时投资入股美国锂离子电池企业 Envia Systems 和 Sakti3 |
| 福特汽车 | 美国 | 汽车巨头。正在建设自己的锂离子动力电池模块工厂 |
| 江森自控 | 美国 | 汽车配件和电池领域的巨头。与法国 Saft 合资组建锂离子动力电池企业 JCS（JQ - Saft），还计划与日立合资组建锂离子动力电池企业 |
| 通用电气 | 美国 | 技术服务巨头。致力于充电设施市场开发同时，在锂离子动力电池领域重点投资 A123 系统 |
| 谷歌 | 美国 | 互联网巨头。设立了 PHEV 投资项目 Recharge IT，专为下一代清洁交通工具的研发提供帮助，目前已向电动汽车厂商 Aptera Motors 和锂电技术企业 ActaCell 投资 |
| IBM | 美国 | 计算机巨头。计划进军锂离子动力电池产业，正在全力开发锂空气电池产业化技术 |
| 苹果 | 美国 | 电子产品巨头。正在积极开发锂离子电池技术 |
| 陶氏化学 | 美国 | 化工巨头。与韩国 Kokam 合资组建锂离子电池企业陶氏柯卡姆 |
| 美国 3M 公司 | 美国 | 矿业及机器制造巨头。在锂离子电池关键材料领域一直有很深的技术造诣；已牵头组建"美国高级运输用电池制造联盟"，建立开放式研发平台，开发车用锂离子动力电池技术 |
| 美国杜邦 | 美国 | 化工巨头。已开发出锂离子动力电池用隔膜材料 |
| 杜克能源 | 美国 | 能源巨头。与伊藤忠合作，探索将达到车载使用寿命的电动汽车电池用于储能应用；同时，杜克能源（Duke Energy）还计划进军电动汽车充电市场 |
| FMC | 美国 | 综合性企业集团。碳酸锂材料主要供应商，已涉足锂离子电池制造，负极材料也在开发 |

| 企业 | 国家（地区） | 介入锂离子电池及其材料领域的相关情况 |
|---|---|---|
| 美国铝业 | 美国 | 铝资源巨头。锂离子电池用铝箔材料的主导供应商，汽车零部件亦是其主营业务之一。旗下美铝汽车电气（Alcoa AFL Automotive）已进军中型混合动力卡车领域。美铝进军清洁能源领域的决心很大 |
| 埃克森美孚 | 美国 | 能源和化工巨头。旗下东燃化学是全球主要隔膜材料供应商，正在布局电动汽车产业链，推出 Maya-300 电动汽车，锂离子动力电池方面与 Electrovaya 合作 |
| 雪佛龙 | 美国 | 能源巨头。通过旗下 Caltex 公司与韩国 GS 控股合资组建的 GS Caltex 进军车用锂离子动力电池及关键材料领域 |
| 麦格纳集团 | 加拿大 | 零部件巨头。推出米拉电动汽车和 Mini 概念车的同时，已进军锂离子动力电池产业 |
| 洛克伍德集团 | 德国 | 化工产品供应商。旗下德国 chemetali 公司是全球碳酸锂材料主要供应商 |
| 瑞士科莱恩 | 瑞士 | 知名化工企业。以 27 亿美元收购德国南方化学，而间接控股加拿大 Phostech 公司 |
| 瑞士 ABB 集团 | 瑞士 | 电力和自动化技术巨头。投资 ECOtality 介入充电设施开发的同时·与通用汽车合作探索将达到车载使用寿命的电动汽车电池用于储能应用 |
| 瑞典 Vattenfall | 瑞典 | 能源巨头。致力于充电网络建设的同时，和沃尔沃合作开发电动汽车技术 |
| 法国雷诺 | 法国 | 汽车巨头。控股日产，间接控股 AESC，致力于成为全球电动汽车的龙头企业 |
| 法国 Imery | 法国 | 非金属矿粉体加工供应商。旗下 Timcal（特密高）是碳材料主要供应商 |
| 达索 | 法国 | 飞机制造商。致力于电动汽车技术开发，旗下 SVE（现已被陶氏柯卡姆并购）专业从事电动车辆及其锂离子动力电池的研发制造 |
| Bollore | 法国 | 综合性企业集团。致力于进军电动汽车和锂离子动力电池领域，旗下 BatScap 专业从事锂离子动力电池的研发制造业务 |
| 法雷奥 | 法国 | 汽车零部件供应商。2010 年下半年研制出 EV 样车，但不会推出自主品牌的 EV |

| 企业 | 国家（地区） | 介入锂离子电池及其材料领域的相关情况 |
|---|---|---|
| 米其林 | 法国 | 零部件巨头。致力于研究开发电动汽车及其相关的锂离子动力电池技术 |
| 圣戈班 | 法国 | 综合性企业巨头，在密切关注锂离子电池产业的发展，有计划介入其中 |
| 西门子 | 德国 | 机电巨头。致力于充电设施开发的同时，与德国 Ruf 合作推出 eRuf Greenster SUV EV |
| 大陆集团 | 德国 | 汽车零部件巨头。计划与韩国 SK 创新合资组建锂离子动力电池企业 |
| 赢创集团 | 德国 | 综合性巨头。正在系统布局锂离子动力电池产业链。旗下 Litarion 公司专业生产关键材料；与英耐时合资组建德固赛英耐时（安丘）普力昂，生产锂离子动力电池正极材料；旗下 Li‑Tec 专业生产锂离子动力电池；与戴姆勒合资组建 Deutsche Accumotive |
| 巴斯夫 | 德国 | 化工巨头。已介入正极材料产业，希望成为锂离子动力电池全球主导供应商 |
| 汉高 | 德国 | 应用化学领域的企业巨头。在锂电领域，汉高集团与中国电子合资组建有专业生产磷酸铁锂材料的企业"江苏中电长迅能源材料有限公司" |
| 戴姆勒—奔驰 | 德国 | 汽车巨头。与赢创集团合资组建锂离子动力电池模块企业 Deutsche Accumotive，控股 90%；入股特斯拉；与比亚迪合作开发电动汽车 |
| 意大利马瑞利 | 德国 | 菲亚特旗下成员，汽车零部件供应商。已进入锂离子动力电池产业 |
| 比利时优美科 | 比利时 | 资源供应商。全球主要正极材料供应商，生产基地设在韩国和中国 |
| 中信集团 | 中国 | 综合性企业巨头。正致力于打造从资源到电池的锂电产业链：中信国安盟固利从事钴酸锂材料和锂离子动力电池业务；青海国安从事锂资源及加工业务；尼科国润从事电池级碳酸锂业务 |
| 国家电网 | 中国 | 能源巨头。旗下上海电力与瑞华集团合资组建专业提供电动汽车技术的上海雷博 |

续表

| 企业 | 国家（地区） | 介入锂离子电池及其材料领域的相关情况 |
|---|---|---|
| 中航工业 | 中国 | 综合性企业巨头。投资 36 亿元打造中航锂电 |
| 中海油 | 中国 | 能源巨头。50 亿元投资天津力神并取得控股地位，介入锂离子动力电池领域；与中国普天合资组建普天海油，介入整车系统、充电站建设及运营等业务 |
| 兵工集团 | 中国 | 综合性企业巨头。旗下万宝矿业积极介入锂电资源领域的同时，战略投资湖南瑞翔；旗下西安物华新能源公司是正极材料企业；201 所是中国动力电池检测的权威机构 |
| 华为集团 | 中国 | IT 设备巨头。据说已介入锂离子电池产业 |
| 中国普天 | 中国 | 通信企业，正在大力度介入锂离子电池及其关键材料领域 |
| 航天科技 | 中国 | 综合性企业巨头。旗下上海航天电源技术公司专业从事锂离子电池及管理系统的研发制造 |
| 五矿集团 | 中国 | 矿业巨头。在锂离子电池材料领域有长远锂科、金天能源等企业 |
| 中国电子 | 中国 | IT 企业，在锂电及其材料领域有振华科技和中原电子等企业 |
| 中国电科 | 中国 | IT 企业，旗下 18 所在中国锂电界大名鼎鼎并持有天津力神部分股份 |
| 航天科工 | 中国 | 综合性企业巨头。旗下梅岭化工厂是中国航天电源的主要企业，已介入锂离子电池制造领域 |
| 比亚迪 | 中国 | 汽车和电池双料企业。和戴姆勒合作开发电动汽车；是全球锂离子电池主导供应商，致力于将锂离子电池与汽车、太阳能发电结合起来；在锂离子电池领域的目标是打通整个产业链 |
| 广晟集团 | 中国 | 大型综合性企业集团。旗下深圳华粤宝和肇庆风华锂电都是中国锂离子电池领域知名企业 |
| 德赛集团 | 中国 | 电子产品知名企业。旗下德赛电池（000049.SZ）是中国锂离子电池领域主要企业之一，计划进军锂离子动力电池领域 |
| 万向集团 | 中国 | 零部件供应商。已推出大巴、电力专用车、公务车等 EV 并已介入锂离子动力电池产业，与美国 Enerl 合资组建锂离子动力电池企业杭州万向 Enerl 公司，最近成功收购美国 A123 系统 |
| TCL 集团 | 中国 | 消费类电子产品供应商。旗下 TCL 金能是中国锂离子电池知名企业，计划进军车用市场，主攻电动自行车 |

| 联想集团 | 中国 | 消费类电子产品巨头。已介入锂离子电池产业，是苏州星恒的大股东 |
|---|---|---|
| 杉杉集团 | 中国 | 服装企业。已较深涉足正极材料、负极材料和电解液产业，还计划介入关键原材料的生产；与中南大学合资组建长沙杉杉动力电池公司，进军锂离子动力电池制造领域 |
| 长虹集团 | 中国 | 家电企业。较大力度介入锂电产业，旗下长虹电源专业生产电池并计划进军锂离子电池领域 |
| 铜陵有色 | 中国 | 资源企业。旗下铜陵金泰电池材料有限公司专业生产钴酸锂正极材料 |
| 建龙重工 | 中国 | 重工业企业。与日本三井物产合资组建天津捷威，专业生产锂离子动力电池 |
| 金川集团 | 中国 | 资源供应商。中国大陆钴资源的主要供应商 |
| 中化集团 | 中国 | 化工巨头。通过控股巨化集团介入六氟磷酸锂（电解液材料）产业 |
| 金龙铜管 | 中国 | 配件制造商。已深度介入锂电产业链，计划进军电动汽车 |
| 天津一轻集团 | 中国 | 日用消费品企业。与 DKS 等合资组建双一力（天津）新能源，专业生产锂离子电池 |
| 中材集团 | 中国 | 非金属材料企业。已介入隔膜材料产业 |
| 云锡集团 | 中国 | 资源企业。旗下圣比和是正极材料供应商 |
| 山东齐星集团 | 中国 | 电力和电解铝企业。旗下齐星新能源专业从事锂离子电池的生产制造，齐星新材料专业生产正极材料 |
| 奇瑞汽车 | 中国 | 汽车企业。与美国量子公司（Quantum）合资组建奇瑞量子，专业生产电动汽车；自己一直在开发锂离子动力电池；与明基友达集团旗下的明基材料（原达信科技）合资组建达尼特材料公司，专业生产锂离子动力电池隔膜材料 |
| 上海汽车 | 中国 | 汽车巨头。与 A123 系统公司合资组建了锂离子动力电池模块企业上海捷新动力 |
| 北京汽车 | 中国 | 汽车企业。计划进军电动汽车，与北大先行、东莞新能德合资组建了锂离子动力电池企业普莱德 |

| 企业 | 国家（地区） | 介入锂离子电池及其材料领域的相关情况 |
|---|---|---|
| 有研总院 | 中国 | 中国大陆规模最大的有色金属研发机构。在锂离子电池及关键材料方面有一定的技术积累 |
| 北京矿冶院 | 中国 | 矿业企业，旗下北京当升科技是中国代表性的正极材料企业之一 |
| 东方电气 | 中国 | 发电设备制造企业，正在积极开发锂离子电池及其材料技术 |
| 中国节能环保集团 | 中国 | 环保科技服务企业，旗下新时代集团正在浙江上虞打造一个大型正极材料生产基地 |
| 华能集团 | 中国 | 电力巨头，旗下华能新能源公司于 2011 年 9 月在江苏盐城的阜宁澳洋工业园上马一个年产能 60 万 kWh 的磷酸铁锂动力电池项目，总投资 3.58 亿元，建设 16 条生产线 |
| 大唐集团 | 中国 | 电力巨头。旗下四川大唐能源投资公司投资 30 亿元在成都双流航空港开发区建立锂离子动力电池及其延伸产品的产业化生产基地 |
| 神华集团 | 中国 | 资源巨头。正在积极开发锂离子电池储能技术 |
| 无锡尚德 | 中国 | 太阳能企业。投资的江苏益茂致力于电动汽车和锂离子动力电池的研发制造 |
| 台泥集团 | 中国台湾 | 台湾建材供应商。旗下能元科技是全球锂离子电池领域重要企业，可能会进军负极材料市场；旗下还有一家锂离子电池模组制造企业首能科技（SOLE） |
| 鸿海集团 | 中国台湾 | 台湾 IT 代工巨头。从关键材料到锂离子电池及成组，均有系统的产业布局，旗下主要锂离子电池企业有原瑞电池科技、锂科科技、新普科技等 |
| 台塑集团 | 中国台湾 | 台湾综合性企业巨头。旗下台塑长园专业从事正极材料制造，南电主攻锂离子动力电池 |
| 台达电子 | 中国台湾 | 台湾电子设备供应商。旗下有量科技专业从事锂离子电池组产品的研究开发 |
| 大同科技 | 中国台湾 | 台湾综合性企业集团。旗下尚志精密专业从事正极材料的生产制造 |
| 台湾中钢 | 中国台湾 | 台湾钢铁企业集团。旗下中钢碳素化学是台湾首家锂离子电池负极材料供应商 |

续表

| 企业 | 国家（地区） | 介入锂离子电池及其材料领域的相关情况 |
|---|---|---|
| 广达电脑 | 中国台湾 | 电子产品代工巨头，与日本企业 Standard Electric 合资成立电池模块厂上海斯丹达（Standard Plastic（Shanghai）Electric Co. Ltd.） |
| 明基友达 | 中国台湾 | 电子巨头，旗下明基材料与奇瑞合资组建达尼特材料公司，专业生产锂离子动力电池隔膜材料 |
| Flextronics 伟创力 | 新加坡 | IT 产品代工巨头。所投资的香港明美集团（TWS）在中国大陆设立了数家锂离子电池企业，如上海贯裕能源、上海逸众电池、杭州菱日科技等 |

注：表中列举的企业年营业收入都在百亿元人民币以上，称为"巨头"的都是进入过财富杂志评选的世界 500 强的巨型企业。对于中国政府而言，在锂电技术的开发方面，虽然政府应该具备超前的眼光而重视锂硫电池技术的发展，但未来三五年之内还是应把重心放在新型锂离子电池技术的开发上。原因不只是上述三点，更重要的是这样做可以与中国企业的技术开发工作相衔接，使政府工作不至于脱离产业发展的实际情况。中国企业在锂离子电池领域的技术开发工作一般习惯于跟进，当日本和欧美等国家的企业闯出了一条路之后，中国企业就会迅速跟进，并以更大的热情和更多的资本投入，而技术研发的重中之重也是降低成本和大规模生产。

# 第九章　锂离子动力电池产业发展

## 第一节　锂离子动力电池市场高速发展

对锂离子电池市场的统计研究，一般都是以"只"为单位，这样统计虽然很方便，但很不准确。每"只"锂离子电池的容量到底是多大，一般人并不清楚。还有一些机构以Ah（安时）为单位，但根据不同正极材料制造出来的锂离子电池，相同Ah的锂离子电池因电压不同导致电池的容量也会有所差别，也不能准确反映实际情况。因此，在本书中将尝试以kWh（千瓦时）为单位，以求尽可能准确、客观地反映这个大家很关心的市场的状况。本书仅统计锂离子电池电芯的产量，不统计电池组装企业的产品。

在全球经济环境不景气的情况下，锂离子电池销售呈现出逆势增长的良好态势。在电动汽车商业化的元年，汽车锂离子动力电池市场即取得了发展速度超过200%的佳绩，已经位列第三大锂离子电池应用市场。

近些年电动汽车市场已经从无到有，迅速成长为中国的第三大锂离子电池市场，仅次于传统的手机市场和笔记本电脑市场。在中国仅电动客车就消耗了约45万kWh的锂离子电池，接近整个中国锂离子电池市场的1/10。因此，虽然中国电动汽车的发展面临着很多问题，但毫无疑问，正是这个市场这几年支撑了中国锂离子电池市场的发展与全球基本同步；在3C小电池领域中国企业节节败退的这两年，也正是这个市场支撑了中国锂离子电池产业的维持和发展。

锂离子电池是一种二次电池（充电电池），它主要依靠锂离子在正极和负极之间移动来工作。在充放电过程中，$Li^+$在两个电极之间往返嵌入和脱嵌：充电时，$Li^+$从正极脱嵌，经过电解质嵌入负极，负极处于富锂状态；放电时则相反。

全球锂离子电池产业主要集中在中、日、韩三国，2019年中国锂离子电池产业规模为1750亿元，锂离子电池产量为157.2亿只。

我国锂离子电池进口额呈波动下降态势，出口额呈波动增长态势。2019年我国锂离子电池出口主要地区为中国香港、美国、德国、韩国、越南等地。2019年我国锂离子电池主要企业有宁德时代、比亚迪等。

### 一、2019年中国锂离子电池产量将近160亿只

2010~2019年期间我国锂离子电池产量呈逐年增长态势，增速较为波动，增速近两年有所放缓。2019年我国锂离子电池产量为157.2亿只，同比增长12.4%。

2010~2019年中国锂离子电池产量统计及增长情况

## 二、2019 年中国锂离子电池行业市场规模达到 1750 亿元

2010～2019 年期间我国锂离子电池产业规模呈逐年增长态势，年均复合增速为 14%。2019 年我国锂离子电池产业规模为 1750 亿元，同比增长 1.3%，增速逐年放缓。

## 三、中国锂离子电池进口额呈波动下降态势，出口额呈波动增长态势

2010～2019 年期间我国锂离子电池进口额呈波动下降态势，出口额呈波动增长态势。2019 年我国锂离子电池出口额为 130.3 亿美元，同比增长 20%；锂离子电池进口为 37.3 亿美元，同比下降 4%。欧洲为拉动我国锂离子电池出口金额增长的主要动力。

## 四、2019 年中国锂离子电池出口主要地区为中国香港、美国、德国、韩国、越南等地

2019 年我国锂离子电池出口主要地区为中国香港、美国、德国、韩国、越南等地，出口额均超 10 亿美元。其中中国香港出口额为 22.1 亿美元，为我国锂离子电池主要出口地区；美国出口额为 18.7 亿美元，仅次于中国香港；德国、韩国、越南地区出口额在 10～12.5 亿美元之间。

## 五、中国锂离子电池龙头企业有宁德时代、比亚迪等

我国锂离子电池主要企业有宁德时代、比亚迪等，2019 年宁德时代锂离子电池业务收入为 391.9 亿元，比亚迪收入 184.2 亿元，远高于其他企业。天津力神、珠海冠宇、亿纬锂能、国轩高科锂离子电池业务收入均在 40～60 亿元之间。

# 第二节　主要的锂离子动力电池企业

## 一、欧美日韩主要的锂离子动力电池企业及其发展变化

德意志银行认为的 10 大车用动力电池企业，分别是：AESC、PEVE、GS 汤浅、日立（Hitachi）、三洋电机、LG 化学、三星 SDI、JCS、A123 系统公司、EnerDel。这其中，只有 PEVE 现阶段主营镍氢电池业务（全球最大的镍氢电池企业），其他企业开发的车用动力电池技术均为锂离子电池。AESC 是日产与 NEC 的合资企业，日产控股 51%，二者的同盟关系目前十分牢固；PEVE 是松下与丰田的合资企业；JCS 是江森自控（JCI）与法国 Saft 的合资企业。

松下为了并购三洋电机，不得不将持有 PEVE 公司的股份由 40% 缩减至 19.5%，同时，因三洋电机是全球最大的锂离子电池企业，此次并购也使得丰田与松下在汽车锂离子动力电池领域的联盟关系得到了加强。现在三洋电机已经不再独立存在。现在，丰田在开

发全固态锂离子电池技术开发方面大有进展，并表示实现规模化应用。这可能意味着，PEVE 的主营业务可能会逐渐向全固态锂离子电池过渡。

日立已将旗下锂电企业日立万胜（Hitachi Maxell）、日立 HVE 等整合为一家名为 BSC（Battery Systems Company）的公司。GS 汤浅非常活跃，它与本田合资组建 HEV 电池企业 Blue Energy，与三菱汽车合资组建了 PHEV 和 EV 电池企业 LEJ，这两家公司 GS 汤浅均控股 51%。除此之外，GS 汤浅还在考虑与加拿大汽车零部件巨头麦格纳（Magna International）合资组建动力电池公司，GS 汤浅将控股 60% 以上。看来，麦格纳虽然花了 5000 万美元向韩国公司买来锂离子动力电池技术并在奥地利建立起了量产体制，但这几年相关业务开展的不尽人意，因此它还在谋求更多成熟的锂离子电池技术。

LG 化学（LG Chem Co. Ltd.）的美国子公司 CPI 在欧美电动汽车市场的业务进展风生水起，同时，LG 化学已与韩国零部件供应商现代摩比斯（Hyundai Mobis Co.）合资组建了专业生产锂离子动力电池公司 HL Green Power Co.，摩比斯控股 51%，公司专为现代一起亚等韩国国车企供应电池。此外，LG 化学可能还会与中国的长安汽车合资组建锂离子动力电池模组公司。三星 SDI 已经与博世合资组建 SBL 公司（SBLiMotive）。A123 系统过分关注技术开发而投入了大把金钱，但收入却难以支撑，现在陷入财务窘境，以致为了万向的 4.5 亿美元投资许诺不惜卖身。A123 系统已与上汽（Saic）合资组建了动力电池模组公司上海捷新动力（ATBS）。目前，A123 系统被浙江万向集团收购。

JCS 的股权经过几次变动之后，目前已为江森自控独家经营。但从现在的进展来看，江森自控从法国 Saft 那里获得的锂离子电池技术可能不足以支撑其业务的开展，江森自控决定与日立合资组建锂离子动力电池公司，同时，主打锰酸锂路线的江森自控也在开发磷酸铁锂离子电池技术（该技术可能也源自 Saft）。由于德尔福的退出，EnerDel 现在已成为 Enerl 的全资子公司。Enerl 收购了韩国 Saehan Enertech 公司而取得了锂电技术，但由于错误地控股挪威 Think 公司，受该公司拖累，目前 Enerl 濒临破产。Enerl 现已经与万向合资在中国浙江省的杭州组建了汽车锂离子动力电池公司万向 Enerl。

此外，还有一些颇具实力的企业（都是世界 500 强企业）非常有希望发展成为电动汽车市场最具竞争力的锂离子动力电池供应商。索尼（Sony）和东芝（Toshiba）这两家老牌日本锂电企业也在大力度开拓车用动力电池市场，东芝的"锰 + 钛"电池现在已颇有斩获，索尼的磷酸铁锂离子电池暗合中国大陆的发展路线，因此在中国大陆也是颇有市场的，只是我们没有在媒体上看到相关报道而已。德意志银行当时开列那 10 家企业的时候，东芝退出了小型锂离子电池业务，当时还没有宣布要进军锂离子动力电池领域；索尼当时发布了一个公司战略，宣称要集中精力发展小型锂离子电池业务，没有提及锂离子动力电池业务。因此，没有将这两家日本企业算进去，其实，它们应该比 Enerl、JCS 和 A123 系统这三家美国企业更有希望，因为它们在锂离子电池领域的制造经验更为丰富，而且技术上也不落后。

除了松下、日立、GS 汤浅、AESC、PEVE、东芝和索尼之外，日本还有一些动力电池企业值得重点关注。三菱重工（MHI）的毓酸锂离子电池技术目前已经非常成熟，该公司现阶段主攻工业设备和建筑设备市场（如电动挖掘机等），但如果能有机会进军电动汽车市场，它一定也不会错过。值得关注的是，三菱重工有可能会与日立合并。大和房建联合大日本印刷、夏普、国际石油开发帝石（Inpex）、丰田通商等企业，投资组建了锂离子动力电池企业 ELIIY‑Power，但该公司目前主攻大型储能市场。

日本电子工业巨头 TDK 花 1 亿美元代价收购了中国土生土长的东莞新能源（Amperex Technology Limited，ATL），现在看来这是一笔超划算的买卖。ATL 实现营收约 10 亿美元，仅以锂离子电池业务而言，是中国最赚钱的锂离子电池企业。有意思的是，ATL 的几个创始人都是从 TDK 香港公司出来创业的，创业有成之后再将 ATL 卖给 TDK。而 TDK 似乎有这样的传统，旗下有好几家企业都是这么来的。

欧美地区也还有一些企业值得重点关注。美国陶氏化学与韩国柯卡姆（Kokam，美国汤森先进能源公司旗下企业）合资组建了陶氏柯卡姆（DowKokam），实际上可以认为柯卡姆已被陶氏化学兼并，同时，原来法国达索旗下的 SVE 公司也成了陶氏柯卡姆的法国分部。需要提及的是，陶氏化学还有锂离子电池材料业务，正在生产销售正极材料和负极材料等锂离子电池关键材料。

现在看来，汽车电力化是不可逆转的发展趋势，而锂离子电池则是目前为止看起来最适合的选项，因此，欧洲正在锂离子动力电池方面急起直追，越来越多的欧洲企业巨头也开始介入锂离子电池领域，如德国的博世集团、大陆集团、赢创集团等。三星 SDI 和博世双方对外宣布，将解散 SBL 公司。博世集团表示，根据双方协议，SBL 在美国及德国的业务，包括 SBL 旗下的 Cobasys 公司，均将被并入博世集团，而韩国将保留 SBL 在韩国的业务。

德国大陆集团在很难继续谋求日本英耐时（Enax）的技术之后，转而选择与韩国 SK 创新（SK Innovation，由 SK 能源改名而来，为韩国 SK 集团旗下企业）合作，双方计划合资组建一个锂离子动力电池公司，由 SK 创新控股 51%。

德国赢创集团（Evonik，曾进入过财富 500 强榜单）已在正极材料、隔膜、锂离子电池及其模组领域有了系统布局，但在失去英耐时的技术支持后，目前还暂时没有传出与其他知名锂离子电池企业合作的消息。法国博洛雷（Bollore）旗下锂离子电池企业 BatScap，其实法国电力（EDF）也持有该公司股份，BatScap 是它和博洛雷共同组建的。在与江森自控分道扬镳之后，法国 Saft 没有放弃，一如既往地在加强其锂离子动力电池技术，目前其技术开发重心在磷酸铁锂离子电池方面。

欧美日韩主要的锂离子动力电池企业见表 9‑1。

表 9‑1　欧美日韩的锂离子动力电池企业（不完全统计）

| 企业 | 路线 | 简要介绍 |
| --- | --- | --- |
| 松下 | 锰酸锂 | 并购三洋电机之后，成为全球最大的锂离子电池企业；将退出镍氢电池业务，转移小电池产能，本土工厂主攻锂离子动力电池 |
| 东芝 | 锰酸锂 | 2004 年卖掉小型锂离子电池业务，2007 年 12 月宣布进军车用锂离子动力电池业务 |

| 企业 | 路线 | 简要介绍 |
| --- | --- | --- |
| 索尼 | 磷酸铁锂 | 电池业务确定为其三大引擎之一；锂动力离子电池领域已确定进军储能和车用市场 |
| GS 汤浅 | 锰酸锂和磷酸铁锂 | 除了与本田和三菱分别组建有锂离子动力电池企业之外，自己也单独有锂离子动力电池业务 |
| AESC | 锰酸锂 | 日产与 NEC 的合资企业，专业生产锂离子动力电池，日产控股 51% |
| 日立 BSC | 锰酸锂 | 整合日立集团内部相关业务（日立万胜、HVE 等）而成的专业生产锂离子动力电池的企业，主动电动汽车、工业设备和储能市场 |
| 英耐时 | 锰酸锂 | 技术型企业，与 DKS 和赢创分别组建有合资企业；锂动力离子电池领域参股上海卡耐（CENAT）公司，主攻车用和储能市场 |
| PEVE | 锰酸锂 | 丰田与松下的合资企业，丰田控股 80.5%，目前主要生产镍氢电池，计划逐步过渡到以锂离子电池为主 |
| Blue Energy | 锰酸锂 | 本田和 GS 汤浅的合资企业，后者控股 51%；专业生产锂离子动力电池，主攻 HEV 市场 |
| LEJ | 锰酸锂 | 三菱汽车和 GS 汤浅的合资企业，后者控股 51%；专业生产锂离子动力电池，主攻 PHEV 和 EV 市场 |
| Litcel | 锰酸锂 | 三菱汽车与 TDK 等合资组建的企业，主攻锂离子动力电池技术的研究开发 |
| TDK | 磷酸铁锂 | 锂电知名企业 ATL 是其旗下企业；与三菱汽车合资组建 Litcel 公司 |
| 村田制作所 | 锰酸锂 | 与英耐时合作，主攻 HEV 市场 |
| ELIIYPower | 磷酸铁锂 | 大和房屋集团、大日本印刷、夏普等联合投资建立，主攻工业设备和储能市场 |
| 三菱汽车 | 锰酸锂 | 除与 GS 汤浅合资组建有 LEJ 之外，还建有自己的锂离子动力电池模块工厂 |
| 三菱重工 | 锰酸锂 | 2009 年秋涉足锂离子动力电池生产制造，主攻工业设备市场 |

| 企业 | 路线 | 简要介绍 |
|------|------|----------|
| 出光兴产 | 全固态 | 2012 年实现锂离子动力电池的生产制造 |
| 富士重工 | 钒锂电池 | 有技术，何时介入生产未知 |
| Solion | 全固态 | 与日本触媒公司按 50：50 合资组建，专业生产用金属锂为负极的全固态锂离子电池 |
| 爱发科（ULVAC） | 全固态 | 2008 年即推出可量产全固态锂离子电池，目前相关生产技术授权给了韩国 GS 加德士 |
| 宇部万胜 | 锰酸锂 | 成立于 2011 年 2 月 1 日，由宇部兴产和日立万胜合资组建 |
| LG 化学 | 锰酸锂 | 全球重要的锂离子电池企业，正在全力开拓车用市场，取得了非常不错的成绩 |
| 三星 SDI | 锰酸锂 | 2012 年发展成为全球最大的锂离子电池企业，2008 年与德国博世按 50：50 合资组建的专业生产车用锂离子动力电池的企业 SB LiMotive，但该公司现已解散 |
| SK Innovation | 锰酸锂 | 原 SK 能源，韩国 SK 集团旗下企业，专业从事锂离子动力电池及关键材料的研发制造 |
| Kokam | 锰酸锂 | 主攻车用市场，现在已经不再单独出现，可能已经归属于陶氏，成了陶氏柯卡姆（Dow Kokam）的一部分 |
| GS 加德士 | 全固态 | 韩国石油巨头 GS 控股旗下企业，已购买了日本爱发科的相关量产技术并推出了全固态锂离子电池产品，主攻太阳能发电系统 |
| HL 绿色动力 | 锰酸锂 | 现代摩比斯与 LG 化学的合资公司，专业生产锂离子动力电池 |
| 麦格纳 | 锰酸锂 | 已在奥地利安装了锂离子动力电池生产设施，位于麦格纳斯太尔公司内；在加拿大本土规划建设锂离子电池生产基地 |
| Electrovaya | 锰酸锂 + 钛酸锂 | 加拿大锂离子动力电池企业，主攻车用市场 |
| ALP | 锰酸锂 | 加拿大企业，主攻车用锂离子动力电池成组技术和管理系统 |

续表

| 企业 | 路线 | 简要介绍 |
|------|------|----------|
| TM4 | 磷酸铁锂 | 加拿大魁北克水电旗下企业，专业生产电动机和锂离子动力电池 |
| Enerl | 锰酸锂＋钛酸锂 | 美国全球知名锂离子动力电池企业，主攻车用动力电池市场 |
| 江森自控和 JCS | 锰酸锂和磷酸铁锂 | 江森自控与法国 Saft 合资组建，现为江森自控全资控股。主攻车用和空间市场 |
| A123 系统 | 磷酸铁锂 | 磷酸铁锂材料和电池的杰出代表，主攻大型储能和电动汽车市场。目前该公司已被万向收购 |
| 陶氏柯卡姆 | 毓酸锂＋磷酸铁锂 | 美国陶氏化学与汤森资本、法国达索等联合投资组建的锂离子动力电池企业，主攻车用市场。目前，Kokam 的业务似乎全部移至此公司 |
| 威能（Valence） | 磷酸铁锂 | 磷酸铁锂代表性企业之一，在锂离子动力电池方面主攻车用市场 |
| LTC | 锰酸锂 | 以技术研发为主的锂离子电池及管理系统生产商，主攻车用及储能市场 |
| Sakti3 | 全固态锂离子电池 | 锂离子动力电池研发及制造企业，孵化中。通用汽车已入股该企业 |
| Envia Systems | 锰酸锂 | 主攻车用锂离子动力电池业务，通用汽车入股该公司 |
| Yardney | 锰酸锂 | Whittaker 公司旗下企业，是个技术型公司，以电池管理系统为主 |
| Boston – Power | 锰酸锂 | 2005 年创办，笔记本电池业务为主，锂离子动力电池领域主攻车用市场 |
| Flux Power | 磷酸铁锂 | 是从 LHV Power 中分拆出来的公司，侧重电池管理系统技术的研究开发 |
| 特斯拉 | 锰酸锂 | 电动汽车专业生产商，锂离子动力电池成组技术是其核心技术，对外销售电池组 |
| 美国 3M | 三元材料 | 在正极材料、负极材料、电解质材料等方面均有技术积累，计划进军锂离子动力电池领域 |

| 企业 | 路线 | 简要介绍 |
|---|---|---|
| Quallion | 锰酸锂 | 美国锂离子电池企业，计划进军车用市场 |
| EaglePicher | 锰酸锂 | 世界知名的锂一次电池供应商，在锂离子动力电池领域主攻空间市场 |
| EnerSys | 锰酸锂 | 通过收购 PSC 和 ModEnergy 进军锂离子电池领域，主攻国防和航天市场；与 LTC 有合作 |
| FMC | 碳酸锂 | 碳酸锂寡头，在中国江苏张家港设有锂离子电池工厂，供应笔记本市场；计划进军车用市场 |
| Ultralife | 锰酸锂 | 知名的锂一次电池供应商；在锂离子动力电池领域，计划进军储能/智能电网市场 |
| 通用汽车 | 锰酸锂 | 建有自己的锂离子动力电池模块工厂，同时投资入股锂离子电池企业 Envia 和 Sakit3 |
| 福特汽车 | 锰酸锂 | 正在建设自己的锂离子动力电池模块工厂 |
| Altair | 锰酸锂 + 钛酸锂 | 珠海银通控股 51%，Altair 原客户开拓工作是否会继续维持，目前尚未知 |
| 德国赢创 | 锰酸锂 | 旗下有锂离子电池生产企业 Li - Tec 公司；与日本英耐时建有合资企业；与戴姆勒—奔驰合资组建车用锂离子动力电池模块企业 Deutsche Accumo - tive，后者控股 90% |
| 德国博世 | 锰酸锂 | 与韩国三星 SDI 按 50：50 组建锂离子动力电池合资企业 SB LiMotive，现在该公司已解散，博世已掌握锂离子动力电池量产技术并建有相关量产体制 |
| 德国 GAIA | 锰酸锂 | 锂离子动力电池企业，1996 年在德国诺德豪森成立，2002 年为美国 LTC 所收购。目前主攻交通运输和固定设备市场 |
| 大陆集团 | 锰酸锂 | 自建有锂离子动力电池模块工厂，计划与韩国 SK 创新合资组建锂离子动力电池企业 |
| Deboch TEC. | 磷酸铁锂 | 德国中小创新企业，已推出能量密度较高的磷酸铁锂离子电池产品 |
| 法国 Saft | 锰酸锂 | 锂离子电池业务全部移至与江森自控合资组建的公司 JCS 中 |

| 企业 | 路线 | 简要介绍 |
|---|---|---|
| 法国 BatScap | 钒锂电池 | 法国 Bollore 旗下锂电池企业 |
| 挪威 Miljo Grenland | 锰酸锂 | 挪威锂离子动力电池企业，印度塔塔集团控股70% |
| 丹麦 Positive Energies | 锰酸锂 | 丹麦 Brian Hoehl 及 Lars Munks 联合中国台湾有量科技合资组建，电池组的组装企业，主攻车用锂离子动力电池市场 |
| 欧洲电池公司（EB） | 磷酸铁锂 | 与美国 K2 能源公司合作，在芬兰设立锂离子动力电池生产基地 |

从上述企业的锂离子动力电池发展路线来看，基本上走的是锰酸锂路线，走磷酸铁锂路线的企业只有寥寥数家。尽管锂离子动力电池市场还处在初期发展阶段，但这些企业却已投入或计划投入巨资进行相关的产能准备工作，而且针对的都是锂离子电池。

## 二、中国大陆与台湾地区的锂离子动力电池企业及其发展变化

比亚迪（BYD）、比克（CBAK）、天津力神（Lishen）、东莞新能源（ATL）这四家企业是中国锂离子电池领域最具代表性的企业，也是汽车用锂离子动力电池发展的主力军。其中前三家是民营企业（ATL 后来被日本 TDK 全资收购），天津力神本是地方国有企业，后来中海油 50 亿元砸向力神，占股32.87%，成为控股股东，力神也就摇身一变成了央企。中海油加入了国资委主导建立的央企电动车产业联盟，在中航锂电、上海航天电源、有研总院等组成的央企队伍中，天津力神因其江湖地位被推举为电池组组长，成为中国政府重点扶持的汽车锂离子动力电池企业。目前，天津力神是中国最大的锂离子电池企业。

不过，现阶段天津力神的工作重心并不在车用锂离子动力电池身上。力神的战略发展步骤是：（1）力神是靠手机电池起家的，手机电池在未来一段时间内还将会是力神的根本，也就是说，是力神的工作重心所在；（2）笔记本电脑市场是力神现阶段的主攻重点，力神目前致力于扩大 18650 圆柱形锂离子电池的产能，发展大客户；（3）在小型锂离子动力电池领域，力神致力于开拓电动工具和电动自行车市场，其中前者目前已经取得一定成就，Milwaukee 和 Bosch 等知名电动工具制造商已成为其客户；（4）在储能领域，力神总裁秦兴才和比亚迪的王传福想到了一块，上马太阳能电池项目，期望迅速做大的同时，将太阳能电池发电与锂离子电池储能相结合；（5）锂电技术难度最大的电动汽车市场，是秦兴才最后主攻的市场。

天津力神的锂离子动力电池走的是磷酸铁锂路线，在储能领域，该公司在积极开发"磷酸铁锂＋钛酸锂"组合的锂离子电池技术。

比亚迪肯定是中国大陆最负盛名的锂离子电池企业，比亚迪都是被重点提及的企业。比亚迪创始人兼总裁王传福一直向外界传递这样一个信息：比亚迪要重点发展电动汽车，以便将其汽车业务与锂离子电池业务有机结合起来。实际上，从比亚迪近两年的市场开拓

动向来看，储能领域也是比亚迪重点主攻的目标市场。储能市场的开拓则得益于国家电网和南方电网的大额订单。比亚迪的锂离子动力电池走的是磷酸铁锂路线。

比克经营业绩的持续疲软表明，要想实现可持续发展，继续在电池领域玩下去，就必须要大力发展锂离子动力电池业务。比克就对外明确表示，在 IT、通信向薄利化发展的当前，寻求下一个增长点是电池厂商的重要课题。对于比克来说，这个增长点不仅前景好，而且不是每个竞争对手都能跟进的。比克决定投资 3 亿美元在天津建设动力电池生产基地。这实际上已经指明了比克所说的增长点就是动力电池市场。

天津是中国最大的电动自行车生产基地，比克此意已经表明其锂离子动力电池主攻市场就是电动自行车。比克毫不讳言地对外宣称其锂离子动力电池发展战略是：先从做电动自行车等轻型电动车的动力电池开始，逐渐过渡到汽车动力电池。比克认为，这样可以在技术上逐步提高的同时，持续取得收入，也不至于被长达数年的投资期拖垮。比克的锂离子动力电池一开始走的是磷酸铁锂路线，现在同时关注小电池路线，已将其生产的 18650 电池提供给东风裕隆（东风汽车与台湾裕隆汽车的合资企业）的纳智捷电动汽车使用。

在苹果系列产品的带动下，软包聚合物电池市场这几年发展得非常快，这也使得东莞新能源迅速成长为中国大陆营收最高和最赚钱的锂离子电池企业。在锂离子动力电池市场的开拓方面，东莞新能源抱有非常积极的态度，东莞新能源联合北汽控股、北汽福田、北大先行等共同出资在北京大兴组建了专业生产车用锂离子动力电池的企业北京普莱德新能源电池科技有限公司，持股比例分别如下：北大先行 41%，北汽控股 24%，北汽福田 10%，东莞新能德（东莞新能源旗下企业）25%。普莱德的发展目标非常明确，就是要成为中国车用锂离子动力电池领域的主导型企业之一。在北汽的主导下，现在普莱德已介入负极材料制造领域，目的是打造一条锂离子动力电池产业链。

中国较有代表性的锂离子动力电池企业，还有中信国安盟固利和万向这两家企业需要重点提及，它们是中国最早开发车用锂离子动力电池的企业，21 世纪初就已经开始了相关的技术开发工作，也是最早开展试应用的两家中国企业，实证数据非常丰富。

凭借在北京奥运会上电动大巴成功的试运行，盟固利的锂离子动力电池组在中国（大陆）的电动汽车市场打出了名声。上海世博会和广州亚运会，盟固利都是电动大巴动力电池的主要供应商，而这些也进一步奠定了盟固利的江湖地位。在工信部的节能与新能源汽车公告中，试用盟固利锰酸锂动力电池组的车型是最多的。可以说，盟固利现在已经在电动汽车市场打下了极为良好的基础，下一步它能否发展成为中国车用动力电池领域的"大哥大"，就取决于它今后的运作了。

万向是除盟固利之外的路走得很踏实的另一家锂离子电池企业。万向电动车公司的磷酸铁锂动力电池组的实证路测数据非常丰富，万向在杭州 3 条公交线路上示范运行的 16 辆电动公交车已累计行驶超过 50 万 km；与国家电网公司合作，万向在 15 个省市投入 63 台纯电动电力专用车，建立 26 座充电站，累计运行近 50 万 km。

万向的锂离子电池业务主要由其旗下万向电动车公司运作。按照万向集团董事长鲁冠球的发展规划，万向电动车公司将会在电池、电机、电控的生产和销售取得突破之后，再伺机进军电动汽车领域。万向目前在同时走磷酸铁锂和锰酸锂两大路线。在磷酸铁锂方面，万向拥有较为成熟的电池技术，上述实证路测数据的取得都是基于磷酸铁锂路线。万向集团以 2.57 亿美元的价格收购美国 A123 系统获得了美国特拉华州破产法院的批准，下一步只等美国外资审查委员会关于美国国家安全的审查通过。初步判断万向能够收购成功，如此，万向就将拥有全球领先的磷酸铁锂离子电池技术。

万向研究开发锂离子动力电池，做的是锰酸锂。相继在大容量锂离子动力电池安全性、正负极材料、电解液研究等方面取得突破性进展后，万向的锰酸锂动力电池顺利通过了国家 863 计划电动汽车专项动力电池检测鉴定部门的检测，但在此之后却突然停止了相关工作，个中原因不得而知。

中国大陆的锂离子动力电池企业其实很多，如果从数量上来看，应该会超过全球其他国家和地区的总和，除了上述企业之外，中国还有一些锂离子动力电池企业值得关注，如中航锂电、环宇赛尔、上海航天电源、苏州星恒、天津捷威动力、上海卡耐新能源等。

位于河南洛阳的中航锂电是中航工业集团（央企）通过间接和直接持股而全资拥有的公司，划入中航工业旗下公司成飞集成（002190. SZ），前身是中国空空导弹研究院与深圳雷天（现更名为深圳温斯顿）合资组建的洛阳天空能源，专注于交通和储能用锂离子动力电池的研发和销售。中航工业的锂电产业链打造计划是以中航锂电为核心的，明确表示要举集团之力支持中航锂电的发展。在中航工业集团大力度地支持下，一跃而成为中国大陆仅次于比亚迪的锂离子动力电池企业，中航锂电走的是磷酸铁锂路线。

位于河南新乡的环宇集团是中国老牌的锂离子电池企业，现已退出 3C 小型锂离子电池业务，专注于锂离子动力电池业务。英国欧瑞投资基金（伦敦证交所代码 OPP）介入环宇的锂离子电池业务，双方为此合资组建了环宇赛尔，由环宇集团控股。环宇赛尔公司总部设在北京，生产基地设在河南新乡。在中国大陆仅次于比亚迪和中航锂电。美国 Wheego 公司与石家庄双环合作开发的、在美国市场销售的电动小贵族，使用的是美国 Flux Power 提供的锂离子动力电池组，而电池单元则来自环宇赛尔。环宇赛尔走的是磷酸铁锂路线。

苏州星恒是联想投资、中科院物理所、成都地奥等联合发起设立的高新技术企业，主营业务是锂离子动力电池的研发、生产及销售，产品主要应用在电动自行车领域，是目前中国最大的电动自行车用锂离子电池企业。从营收方面看，公司近几年处于快速增长过程中，公司产品以外销为主。

苏州星恒的发展战略是"两轮带动四轮"，希望在两轮领域取得初步成功的基础上开始涉足汽车动力电池领域。苏州星恒与上海燃料电池汽车动力系统公司合资成立"上海恒动汽车电池有限公司"，主攻汽车用电池市场。燃料电池车用锂离子动力电池组具备 1000 套的年生产能力。公司在电动自行车和电动工具领域走锰酸锂路线，在新能源汽车领域则走磷酸铁锂路线。

上海卡耐新能源是由中国汽车技术研究中心（简称"中汽中心"）与日本英耐时合资组建而成的，其中中汽中心是控股股东。该公司的发展目标是成为中国电动汽车市场的主要电池供应商，为此将投资 10 亿元在上海嘉定工业区建设生产基地，公司的所有生产设备均按照英耐时的要求引进，生产管理及主要操作人员由英耐时负责培训。公司走的是锰酸锂路线。

天津市捷威动力工业有限公司（Tianjin EV Energies Co.，Ltd.，J EVE）是由北京建龙重工集团在天津市西青区中北工业园区成立的，注册资本 1 亿元（后增加到 1.5 亿元），由北京建龙重工集团有限公司出资兴建。日本三井物产株式会社出资 2.1 亿元参股（20.98%）捷威动力，与北京建龙重工集团共同打造锂离子动力电池芯及电池组、电动汽车用驱动电机和动力总成系统等新能源电动汽车关键零部件生产基地。和苏州星恒一样，天津捷威动力采取"两轮带动四轮"的务实发展战略，现阶段主攻电动自行车市场，再在此基础上拓展到 HEV、LEV、PHEV、EV 和储能系统；走的是锰酸锂路线。

上海航天电源技术有限责任公司由上海航天工业总公司、上海空间电源研究所（航天八院 811 所）、杉杉股份与大族激光四方共同出资成立的，专注于电动汽车用磷酸铁锂动力电池的生产和销售。后来，天齐锂业也加入进来，成为上海航天电源的又一个股东。其中，上海航天工业总公司和上海空间电源研究所同为中国航天科技集团旗下企业。上海航天电源的技术来源于 811 所，是中国航天科技集团公司大力发展航天锂离子电池技术应用产业的支撑平台。

响应中央政府号召，中国普天（ChinaPotevi。Co.，前身为中国邮电工业总公司）开始高调介入电动汽车和锂离子动力电池产业链。这方面中国普天与中海油结成了较为紧密的联盟关系，双方确定各投资 50 亿元以上发展以动力电池为核心的新能源产业，其中中海油的 50 亿元投向了天津力神，而中国普天则投资 50 亿元在上海建立"中国普天新能源示范基地"，着重于动力电池的生产及磷酸铁锂材料产业，重点发展动力汽车电池成组技术。中国普天与中海油共同出资注册成立"普天海油新能源动力有限公司"，公司致力于新能源汽车电池、整车系统、充电站建设及运营等业务领域。

中国普天旗下的上海普天已经与上海市政府签署战略合作框架协议，从战略角度积极发展新能源产业。据了解，中国普天将在上海重点建设磷酸铁锂离子电池正极材料、动力电池管理系统产业化基地。上海市政府则将向中国普天提供包括动力电池市场、资金、政策在内的发展机会，支持中国普天生产新能源汽车关键零部件产品及新能源动力系统产品。

协议签署后，上海市政府和中国普天共同成立工作推进办公室，其日常工作由上海市经济信息化委、上海普天承担，负责组织落实和协调相关项目的实施。在发展锂离子动力电池事业方面，中国普天的思路目前已较为明朗，就是要利用台湾地区的相关技术。目前，在锂离子电池及模块方面，中国普天已经决定联合台湾必翔电能在上海共同投资成立合资公司，而在电动汽车电池组及充电系统开发则是与中国台湾新普科技合资组建合普新能源公司。

知名的锂离子电池企业主要有能元科技（E–ONE Moli Energy，由和信集团旗下台泥集团投资）、有量科技（AMITA，台达电子（Delta）旗下企业）、锂科科技（UCO，鸿海集团旗下企业）、必翔电能（PHET）、兰阳能源（LYNO）、长园科技（CAEC）、长泓能源、强德电能等。

总部位于台北市、成立的能元科技是台湾锂离子电池产业的杰出代表，也是台湾目前为止唯一规模稍大一点的锂离子电池制造商，和信集团旗下企业共持有该公司共约70%的股份。能元科技介入锂离子电池模组的研发和制造业务。能元科技在台湾挂牌上市，是台湾最早上市的锂离子电池企业。

能元科技的锂离子电池技术源自 NEC，是台湾最大的锂离子电池企业，但也只是在台湾称雄而已，放眼全球，它的规模和营收实在不算大。目前该公司的技术能力也不错，宝马用于收集实证数据的首款电动汽车 MINI–E，采用了它的电池组，就是对它能力的一种认可。而且，能元科技还有雄厚政商背景的、台湾五大家族之一的辜振甫家族的鼎力支持，资金方面不会存在问题。台湾代表性电动汽车产品纳智捷 EV 采用的就是能元科技的锂离子动力电池。

把圆柱形小电池做动力电池用，也一直是能元科技锂离子动力电池业务重心所在，但值得关注的是，能元科技同样并没有把自己局限在 18650 路线（不仅指 18650 电池，也包括相近的 26700 等圆柱形电池）上，而同时也在积极开发 10～30Ah 的方形大电池，希望能够推出多种不同类型的解决方案，满足不同客户的需求。在锂离子电池发展路线上，能元科技致力于走锰酸锂路线，但在整个台湾都致力于发展磷酸铁锂离子电池的大背景下，能元科技同时也在积极开发磷酸铁锂离子电池产品，公司已对外声称具备第二代磷酸铁锂离子电池的生产能力。

位于台湾新竹县湖口乡新竹工业区的必翔电能（PHET）的前身是太电电能，太电电能前几年主要生产钴酸锂、锰酸锂系列的锂离子电池，接触美国 A123 系统和 Valence（威能），为它们代工生产磷酸铁锂离子电池。因一直难以赢利，股东们将太电电能卖给台湾必翔实业（以生产医疗用电动代步车、电动轮椅等驰名世界），同时公司更名为必翔电能高科技股份有限公司。之后，必翔电能关闭了钴酸锂和锰酸锂离子电池生产线，全力投入研发磷酸铁锂离子电池相关技术。

必翔电能自称于电池安全与制程技术上，拥有多项世界主要国家之专利，是全球第一家全自动化量产磷酸铁锂离子电池的生产制造厂商。必翔电能的主打展品是 18650 圆形电池，其能量密度虽不及方型电池，但具有安全性最高、寿命长、大倍率充电及快速充电的优点，因此必翔认为 18650 磷酸铁锂电芯更适合用于电动车。在中国大陆，必翔电能将于中国普天合资组建锂离子电池及其模块企业；而在应用方面，上海世博会的数十辆电动巡逻勤务车中，就有电动车采用了必翔电能提供的锂离子动力电池组。

有量科技（AMITA）是台湾地区主要的锂离子电池企业之一，执行长兼技术长程敬义是公司的创办人之一，也是技术持有方。台达电子（Delta Electronics，2308. TW，全球交换式电源供应器（UPS 电源）与风扇产品的领导厂商）斥资 4.3 亿元，取得高功率锂离子电池电芯生产企业有量科技 37.1% 股权，成为其最大股东。

从电池路线来看，有量科技侧重走锰酸锂大电池路线，但近两年在积极开发磷酸铁锂大电池产品并取得进展，目前拥有锰酸锂、镍钴锰酸锂及磷酸铁锂等 3 种锂离子动力电池产品线，针对不同材料的特性差异，发展不同的应用产品，其中前两种电池主要用于电动交通工具，而磷酸铁锂离子电池则主要用于储能市场。

和能元科技一样，有量科技也一直没有在中国大陆投资设厂，但合资的对象是台湾企业，这比较特殊。有量科技与台湾乐荣集团（Lorom Industrial Co，全球电线电缆领域客制化代工领域（OEM/ODM）的知名厂商）在杭州萧山共同投资组建香港乐荣有量有限公司，公司的生产基地设在杭州，为杭州乐荣有量锂电科技有限公司。乐荣集团为香港乐荣有量的控股股东，有量科技除以技术入股之外，另投资 100 万美元。乐荣有量的最大目标市场是中国大陆的电动自行车市场。

兰阳能源科技（Lyno Power）是台湾人庄炳铭在东莞成立的一家专业从事磷酸铁锂离子电池的研发、生产和销售的公司，初期的业务主要以太阳能储能系统（太阳能路灯储能电池）为主，同时给锂离子电池企业 ODM 代工模组产品（Original Design Manufacturer，是一种从产品设计到生产均由自己完成、产品成型后被贴牌方买走的经营方式。与 OEM 不同的是，这种模式形成的知识产权属于 ODM 方而不属于贴牌方）。公司在大陆站稳脚跟之后，回到台湾发展。

兰阳能源被台湾"中央社"的一篇报道称之为台湾第一家具备高串并磷酸铁锂动力电池模块整合开发能力的公司，公司产品定位是高倍率放电且可多串并的车用动力电池模块，目前公司在台湾的业务重点是电动机车、油电混合动力船和电动船用锂离子动力电池组。兰阳能源的合作伙伴是台塑长园（磷酸铁锂材料厂商）。

兰阳能源明确对外表示，下一步将致力于开拓大陆的电动汽车市场，实现这个目标的主要办法是转让其动力电池模块技术，自己则提供电芯产品。兰阳能源积极拓展磷酸铁锂动力电池专业生产，以磷酸铁锂电芯开创未来电动车产业的庞大商机。至于其动力电池模块技术，则希望转让给下游模块厂商，协助策略伙伴建立动力电池模块技术，以推动动力电池模块标准化，为日后车电分离、电池交换系统之运行模式铺路。兰阳能源瞄准的是大陆地区电动汽车的换电模式市场。

总部位于台湾新北市的锂科科技（LICO Technology Corp.）一开始是以钴酸锂正极材料业务为主的材料企业，后来逐渐发展成为集材料、电池单元、模组制造于一身的锂离子电池企业。锂科科技的最大股东是台湾知名机车企业三阳工业（持股 8.52%），但鸿海集团通过旗下几家企业的持股而成为实际上的最大股东。

锂科科技的锂离子电池产能全部位于中国大陆地区，主要设在烟台。该公司非常看好中国大陆的电动自行车和电动汽车市场，特别是电动汽车市场。锂科科技随时准备因应市场庞大需求的来临，并期待能达到"3 年不开张，开张吃 30 年"的目标。据此，锂科科技计划在未来 5 年内投资 10 亿美元在中国大陆设厂生产，第一期是在山东烟台的生产基地进行建设，之后的几期应该分别在江苏盐城、安徽合肥和上海。当然，锂科科技自身不可能有此财力，它希望鸿海集团、三阳工业等股东能够给予其支持。

强德电能是台湾强茂集团（主营业务是太阳能电池）旗下企业，前身是瑞德电能。强德电能已经与中国大陆中海油旗下的天津力神合资组建了天津力强电能公司，专业研发制造电动汽车用锂离子电池模组以及风电、光电用储能电池组，由天津力神提供电芯。双方合计投资额为 2000 万元，强德电能持股 45%，天津力神以 55% 的股份控股天津力强电能。

长泓能源是由我国台湾的国钧实业等企业共同投资组建而成，长园科技提供技术及相关后续服务，公司专注于磷酸铁锂动力电池单元的制造业务。长园科技拥有磷酸铁锂材料和电池制造技术，公司目前已转型为技术研发和服务公司，台塑集团是其股东之一。目前，长园科技的材料技术转让给了台塑长园，而电池技术则转让给了长泓能源。

# 第三节　电池模组制造

动力电池模组制造，看起来已经成了兵家必争之地。全球主要的车企、零部件企业以及锂离子电池企业正在纷纷介入电池模组制造领域。

## 一、主要汽车企业与模组制造

绝大多数主流车企目前都已经介入了动力电池模组制造领域。这股浪潮是由日本车企带动起来的，随后席卷到全球。丰田（Toyota）最早和松下（Panasonic）合资成立了PE-VE，目前PEVE虽然生产镍氢电池模组，但将来肯定会转产锂离子电池模组。在锂离子电池大行其道之后，日产（Nissan）、本田（Honda）与、三菱汽车（Mitsubishi Motors）也纷纷走上了这条道路。

欧美主要车企也陆续加入了这股浪潮中。通用汽车（GM）、福特汽车（Ford）、戴姆勒一奔驰（Daimler）、宝马（BMW）、标致雪铁龙（PSA）等欧美车企纷纷建立属于自己的动力电池模组工厂。中国的一些车企亦是如此，如上汽（SAIC）、北汽（BAIC）、长安汽车（Changan）等。

## 二、主要零部件企业与模组制造

鉴于电动化是汽车工业发展的必然方向以及电池在电动汽车中的核心地位，现有的主要汽车零部件厂商也在纷纷介入动力电池模组制造领域，而且大都采取与锂离子电池企业合作或是并购某家锂离子电池企业的方式介入。德国博世集团（Bosch）与三星SDI合资组建了SBL（SB Limotive）（不过现在已经分家），德国大陆集团（Conti）一开始想谋求日本英耐时（Enax）的技术，现在计划与SK创新合资组建一家模组工厂；在混合动力系统方面，大陆集团是在与德国另一家汽车零部件厂商采埃孚合作。

江森自控（JCI）一开始是与法国Saft合资组建JCS，现在又计划与日立合资组建模组工厂；加拿大麦格纳（Magna）买了韩国一家企业的锂离子电池技术，但同样是因为技术的不足使得它现在想与GS汤浅合作；伊顿的HEV市场开拓得很成功，该公司目前在大量采购锂离子电池单元，已经介入模组制造领域；韩国最大的汽车零部件厂商现代摩比斯（Hyundai Mobis）与LG化学合资组建模组企业HL绿色能源（HL Green Power Co.）。

德尔福（Delphi，曾为通用汽车旗下专业从事汽车零部件生产和销售的子公司）曾经与Enerl合资组建过锂离子动力电池企业EnerDel，德尔福在积极开发HEV市场并颇有斩获，事实上它还在从事锂离子动力电池模组制造等相关业务。

还有一些汽车零部件巨头在密切关注动力电池模组制造领域并存在介入的可能。法国米其林一直在致力于开发使用锂离子动力电池的"主动车轮技术",这本身就需要开发模组技术;圣戈班是全球汽车玻璃主要供应商,目前该公司也在密切关注锂离子动力电池的发展动态,与 CNRS(全球磷酸铁锂专利联盟 LiFePCh + C Licensing AG 的核心成员之一)联系密切。

美国汽车内饰系统零部件供应商李尔集团(Lear)在其密歇根州南菲尔德(Southfield)全球供应中心设立了一家新能源实验室,计划向车企供应电动汽车充电设备、连接系统、电源转换器和能源管理单元等零部件产品。总部位于美国俄亥俄州 Maumee 的德纳公司(Dana)虽然目前没有宣布要介入电池模组制造领域,但通用汽车的雪佛兰 Volt PHEV、特斯拉(Tesla)的 Roadster 电动跑车的锂离子动力电池组所使用的铝制电池冷却隔板就是由该公司供应的(这是一种热交换系统,简而言之就是将锂离子电池散发的热量收集起来提供给空调系统,再反过来为电池降温。使用这种系统还可适当缩小电池组冷却装置的尺寸)。

## 三、主要锂离子电池企业与模组制造

对于锂离子电池企业而言,模组制造更是它们产业链必然延伸的一部分,是必须要介入的。松下、索尼(Sony)、日立(Hitachi)、东芝(Tbshiba)、日本电气(NEC)、GS 汤浅(GS Yuasa)、三星 SDI、LG 化学、SK 创新、能元科技(Molicel)、A123 系统(A123 Systems)、陶氏柯卡姆(DowKokam)、Enerl、法国 Salt、赢创集团(Evonik)等均拥有较为领先的锂离子动力电池模组技术,其中日本企业的技术水平相对更高一些,它们的锂离子动力电池模组产品用量很大,但到现在为止还没有出现过多少事故。

中国大陆地区主要的锂离子电池企业,虽然模组技术所表现出来的整体水平要差一些(目前循环寿命超过 1000 次的 EV 电池组几乎没有),但都在为之积极努力着。比亚迪(BYD)虽然出于融资需要,极为匆忙地推出了很不成熟、问题很多的 F3DM、e6 等电动汽车产品,但跟踪其发展过程,也明显可以看到其模组技术水平是处在一个进步过程中的。根据主流媒体的报道,e6 刚推出时其电池组寿命甚至只有 100 次左右,现在应该可以到六七百次甚至更长的寿命了。只是,这种完全靠实践来提高其技术水平的做法,会让消费者为之付出较大代价。

全球范围内,绝大多数的锂离子电池企业都和比亚迪及日韩锂离子电池企业一样,在自主开发模组技术,包括中国的东莞新能源(ATL)、环宇赛尔(Huanyu)、天津捷威(JEVE)、上海航天电源(SAPT)等主要企业。此外,也有少数锂离子电池企业采取合作的方式引进模组技术,学习并消化吸收,如天津力神(Lishen)、盟固利(MGL)、中航锂电(CALB)等。下面我们看看表 9 - 2。

表 9 - 2　主要锂离子电池企业介入动力电池模组制造的情况统计

| 锂离子电池企业 | 模组合作 | 内容摘要 |
|---|---|---|
| 松下 | 无 | 在并购了三洋电机之后,成为全球最大的锂离子电池企业和模组企业,目前在 EV 模组方面在与特斯拉合作;锂离子动力电池路线侧重走高镍化路线 |

| 锂离子电池企业 | 模组合作 | 内容摘要 |
|---|---|---|
| 日立 | 无 | 旗下 BSC 公司已成为全球主要的动力电池模组供应商之一，形成了从材料到模组的一整条产业链；正在逐步退出 3C 小电池制造领域；侧重走锰酸锂路线 |
| GS 汤浅 | 无 | 自己专事锂离子动力电池技术的开发和电芯制造，模组制造方面则是与其他企业合作，如与本田、三菱汽车和麦格纳等分别组建相关合资公司；磷酸铁锂和锰酸锂路线并重 |
| 索尼 | 无 | 拥有从电芯到模组的整套技术，目前以 3C 电子产品用聚合物锂离子电池业务为主，正在全力开拓储能和 EV 市场；侧重走磷酸铁锂路线 |
| NEC | 无 | 已退出 3C 小电池制造领域，和日产合资组建的 AESC 拥有从电芯到模组的整套技术；NEC 自己目前致力于开拓 t – bike 和储能市场；侧重走锰酸锂路线 |
| 东芝 | 无 | 早就退出 3C 小电池制造领域，拥有从电芯到模组的整套技术；侧重走"锰酸锂 + 钛酸锂"路线 |
| 三星 SDI | 无 | 拥有从电芯到模组的整套技术；视电芯制造为核心业务，在模组制造方面与德国博世合资组建 SBL 公司，但目前合作濒临破裂；侧重锰酸锂路线 |
| LG 化学 | 无 | 拥有从电芯到模组的整套技术；视电芯制造为核心业务，在模组制造方面愿意与车企合作，如与通用汽车和三菱汽车等的合作；侧重锰酸锂路线 |
| SK 创新 | 无 | 拥有从电芯到模组的整套技术；视电芯制造为核心业务，在模组制造方面与德国大陆集团合资组建相关公司；侧重锰酸锂路线 |
| 天津力神 | 美国迈尔斯、中国台湾强德电源 | 专注电芯制造业务，目前在模组开发制造方面分别与美国迈尔斯合资组建了力神迈尔斯公司、与中国台湾强德电能合资组建了天津力强公司，这两家公司力神均处于控股地位；动力电池领域侧重磷酸铁锂路线 |
| 比亚迪 | 无 | 致力于从资源到电动汽车的全产业链的构建，自主开发从电芯到模组的整套技术；动力电池领域侧重磷酸铁锂路线 |
| 比克 | 无 | 专注电芯制造业务，模组开发能力目前水平一般；动力电池领域磷酸铁锂路线和锰酸锂路线并重 |

| 锂离子电池企业 | 模组合作 | 内容摘要 |
|---|---|---|
| ATL | 无 | 自主开发从电芯到模组的整套技术，在模组制造方面已经与北汽、北大先行等合资组建了北京普莱德公司；动力电池领域侧重磷酸铁锂路线 |
| 环宇赛尔 | 无 | 自主开发从材料、电芯到模组的整套技术；目前已退出 3C 小电池制造业务；动力电池领域侧重磷酸铁锂路线 |
| 盟固利 | Plug Power 和伊顿 | 拥有电芯制造技术，在模组开发方面走合作引进道路：在 EV 电池模组方面与加拿大 PlugPower 合作，在 HEV 电池模组方面与伊顿合作；动力电池领域侧重锰酸锂路线 |
| 万向 | Enerl | 自主开发从电芯到模组的整套技术的同时，也在积极尝试合作引进，动力电池领域侧重磷酸铁锂路线，目前也在尝试走锰酸锂路线 |
| 天津捷威 | 无 | 自主开发从电芯到模组的整套技术；侧重走锰酸锂路线 |
| 中航锂电 | 深圳雷天 | 电芯制造技术源自深圳雷天（今更名为温斯顿），两套模组技术分别来自深圳雷天和一家德国企业；侧重走磷酸铁锂路线 |
| 上海航天电源 | 无 | 技术源自航天科技集团上海空间电源研究所（该公司的控股股东）；自主开发从电芯到模组的整套技术；侧重走磷酸铁锂路线 |
| 英耐时 | 无 | 自主开发从电芯到模组的整套技术；侧重锰酸锂路线。该公司原来主要依靠技术输出和技术服务获取收益，在更换大股东之后，目前发展方向未知 |
| ELIIYPower | 无 | 自主开发从电芯到模组的整套技术；侧重磷酸铁锂路线 |
| 三菱重工 | 无 | 自主开发从电芯到模组的整套技术；侧重锰酸锂路线 |
| A123 系统 | 无 | 自主开发从材料、电芯到模组的整套技术，曾是美国政府力捧的锂离子电池企业，目前已进入破产保护程序，公司的优质资产将会被江森自控收购；走磷酸铁锂路线 |
| 江森自控 | Saft 和日立 | 全力介入锂离子动力电池业务的汽车零部件巨头，模组制造技术方面自主开发的同时，积极考虑合作引进；锰酸锂和磷酸铁锂路线并重 |
| 陶氏柯卡姆 | 无 | 自主开发从材料、电芯到模组的整套技术；侧重走锰酸锂路线，但也在积极开发磷酸铁锂动力电池。陶氏柯卡姆实际上由三部分构成：陶氏的锂离子电池材料业务、柯卡姆和法国达索 SVE 的电芯和模组业务 |

| 锂离子电池企业 | 模组合作 | 内容摘要 |
|---|---|---|
| Enerl | 无 | 自主开发从电芯到模组的整套技术，较 A123 更早进入破产保护程序；侧重走"锰酸锂 + 钛酸锂"路线 |
| Valence | 无 | 自主开发从材料、电芯到模组的整套技术；走磷酸铁锂路线 |
| 波士顿动力 | 无 | 自主开发从电芯到模组的整套技术；侧重走锰酸锂路线 |
| 能元科技 | 无 | 自主开发从电芯到模组的整套技术；侧重走锰酸锂路线，也在积极开发磷酸铁锂动力电池技术 |
| 有量科技 | 无 | 自主开发从电芯到模组的整套技术；锰酸锂路线和磷酸铁锂路线并重 |
| 锂科科技 | 无 | 自主开发从材料、电芯到模组的整套技术；侧重走锰酸锂路线 |
| 赢创 | 无 | 锂电技术源自日本英耐时，现在是自主开发从材料、电芯到模组的整套技术；现阶段侧重锰酸锂路线，但在与南方化学合作，积极开发磷酸铁锂动力电池技术 |
| Saft | 无 | 自主开发从电芯到模组的整套技术；锆酸锂路线和磷酸铁锂路线并重 |
| BatScap | 无 | 自主开发从电芯到模组的整套技术；走机锂电池路线 |

## 四、模组热的冷思考

从锂离子动力电池产业的实际发展进程来看，模组制造技术的不足已经成为影响产业发展的重要因素之一。通用雪佛兰 Volt PHEV 16kWh 电池组之所以限定 30% ~80% 的使用范围，越来越多的电池组燃烧事故，固然与锂离子动力电池本身密切相关，但一定程度上也与模组技术水平不够有关。电池模组的循环寿命和性能表现，通常情况下，较电池单元相比，差距巨大。不过，这种状况同时表明电池模组技术还有很大的提高空间，模组产业还有很大的发展潜力，而这也使得全球主要的汽车企业、零部件企业和锂离子电池企业趋之若鹜，纷纷发展模组技术。也正是这种热潮，对于具体企业来说，自身是否适合介入模组制造领域，需要冷静思考。因为，大多数企业是要当分母做先烈的，最终冒出头的模组厂商会少之又少。

### （一）车企做模组是否有前途

虽然越来越多的车企巨头开始介入模组制造领域，但总体而言，欧美车企和日本车企呈现出截然不同的发展方向。欧美车企是由对外采购锂离子动力电池组到自建模组工厂，而日本车企却正好相反：一开始是自建模组工厂，现在开始考虑对外采购模组。

这两种战略选择各有优劣势。考虑到电池在电动汽车中的核心地位，拥有属于自己的动力电池模组工厂，可以在保证动力电池组稳定的产品质量和可靠供应的同时，对车企自身在电动汽车领域核心地位的建立也大有帮助。但这种方式有个明显的问题，就是当自己的锂离子动力电池模组工厂生产出的产品在性价比方面赶不上其他企业的时候，该怎么办？

目前在电动汽车事业发展的初期阶段，给消费者以先入为主的印象很重要，这就需要车企能够推出极具性价比优势的电动汽车，而这又在很大程度上取决于动力电池模组的性价比。日产之所以现在决定要采购日立的锂离子动力电池模组，就是因为 AESC 无法做到像 LG 化学那样，将动力电池单元的单位成本降低到 400 美元/kWh 以内。这在根本上是由两家企业的现实状况决定的。AESC 因为产品不愁销路，心理上动力不足，潜意识里不会为了降低制造成本而竭尽全力。

现阶段 Li‑tec 公司只有 40Ah、10Ah、6Ah 和 3Ah 等数种电芯产品，软包聚合物锂离子电池，使用镍钴锰酸锂材料，电压平台 3~6V，其中只有 40Ah 产品规划用于电动汽车，另外几种电芯产品主要用于混合动力车。93 个模块的电池组难以与 40Ah 电芯产品联系起来，因此，新款 Smart Fortwo ED 目前可能还是使用松下 18650 电芯产品（使用镍钴铝酸锂正极材料）。不过，即便如此，在熟练掌握了电池模组制造技术之后，未来 Deutsche Accumotive 所用电芯还是会以向 Li‑tec 采购为主。

从 SmartFortwo ED 三代产品的规划、进展及相关锂电产业布局情况来看，戴姆勒的意图和目的非常清晰，就是要掌握电动汽车从电池到整车的一整套核心关键技术，与比亚迪合资组建电动汽车公司，也是基于此考虑。至于这么做从成本对比方面是否合适。

第三代 Smart Fortwo ED 是一款微型电动汽车，尺寸与雷诺 Twizy 相当，比日产 Leaf 明显小一号。即便以最低的售价 15890 欧元看，Smart Fortwo ED 也比同级别的 Twizy 贵了一倍还多，所带来的直接结果就是雷诺 Twizy 在欧洲大卖而第三代 Smart Fortwo ED 却卖不动。

通过对奔驰 SmartFortwo ED 的详细介绍，大概可以了解戴姆勒—奔驰公司在车载动力电池方面的想法。简而言之，鉴于电池在电动汽车里的核心地位，戴姆勒想打造一条属于自己的车载电池产业链：参股锂离子电池单元制造企业 Li‑tec 公司，绝对控股电池模组制造企业 Deutsche Accumotive。从 Smart Fortwo ED 售价不断下降的情况来看，这几年戴姆勒—奔驰的电池模组技术应该取得了巨大进步。

为了掌握相关核心技术，欧美主流车企正在纷纷不计成本地介入锂离子动力电池模组制造，但日产汽车现在遇到的问题，欧美车企将来肯定也会遇到。真到了那个时候，这些车企针对旗下模组制造事业的未来，不外乎有三个选择：一是继续坚持，二是让其独立出去，三是放弃。汽车电池属于汽车零部件产业范畴，认真研究汽车零部件产业的发展历史，就基本上可以判断主流车企现有的模组制造事业会最终发展成什么样。放弃的会占大多数；少数车企的模组制造事业会发展起来并最终独立出去，成为公共的模组供应商，就像现在的德尔福和日本电装一样；继续坚持的最多只会有个别。

## （二）模组制造能否成为一个独立的细分产业

丰田现在在独立开发全固态锂离子电池技术，并到了即将实现量产的阶段。然而，即便丰田掌握了量产技术，在实际生产上可能还会借助松下的力量，因为在锂离子电池单元和模组的制造经验方面，丰田要远逊于松下，且难以追赶。正所谓闻道有先后，术业有专攻，在社会分工越来越细的现代社会，这句古语正显示出日益旺盛的生命力，能够包办一切的企业将来会越来越少。也正是这一点，我们可以认为，现在介入模组制造事业的这些汽车零部件企业，将来能坚持下去并成功闯出一条路来的也不会多。但相对于车企来说，它们的情况总体来说可能会好点，因为，对汽车零部件研发和制造的理解，它们相对要更深刻些。

现有的锂离子动力电池企业从事模组制造事业，它们的未来或许会比车企和零部件企业更光明一些。如果能有深刻理解和掌握电子软件等相关技术的专业厂商的密切配合和帮助，他们中间会有更多的企业更有可能发展成为汽车电池模组事业的领导厂商。也正是从这一点来看，本身在电子领域拥有巨大优势的那些日韩锂离子电池企业如松下、索尼、东芝、日立、三星、LG 等，在汽车动力电池模组制造领域更容易取得成功。

以 LG 化学为例，在 LG 集团旗下 LG 电子等企业的帮助下，该公司在电池模组技术开发方面其实很具优势。不过，LG 化学务实的车用动力电池事业发展思路更值得关注。从目前的情况来看，在汽车锂离子动力电池领域，LG 化学明显更为专注电池单元技术的开发和制造，它视这一块为自己的核心业务领域；在模组技术的开发方面，LG 化学愿意与车企和零部件企业合作并提供相关支持；而在模组制造方面，LG 化学甚至愿意让出这块业务给合作的车企和零部件企业。这种发展思路使得 LG 化学成为目前为止在电动汽车市场开拓方面做得最成功的企业。通用、福特、三菱、长安、雷诺等知名车企和现代摩比斯、伊顿等知名零部件企业纷纷与之合作。

在日韩之外的其他地区，由于同时拥有较为领先的电子技术和电池技术的企业非常少，因此很可能会崛起一批新的专事车用动力电池模组的企业。3C 小型锂离子电池模组产业就是这么发展的。相对于汽车电池模组，3C 电子产品的电池模组技术要简单得多，但即便如此，中国大陆和台湾地区还是诞生了一批专事模组研发和制造的企业，如台湾的新普科技、顺达科技、加百裕、统振（Welldone，旗下有专事手机电池模组的达振和专注两轮电动车用模组的统达）、新盛力科技等以及大陆的飞毛腿、欣旺达等，而主要的锂离子电池企业如天津力神、比克、ATL 等，模组事业都发展得不是非常好，比亚迪也只能做手机电池模组，笔记本电脑的电池模组都做不了。从这点看，现在的这些纷纷介入汽车电池模组研发和制造的锂离子电池企业，成功的会有几家，很难说。比克现在好像转变了动力电池发展战略，开始专注动力电池单元的研发和制造，这从它向东风裕隆供应 18650 电池单元而不是供应电池模组，就可见一斑。

在开发汽车电池模组的尝试不太成功之后，比克目前把模组技术开发的重点放在电动自行车市场，并为之投入巨大精力。期待在模组领域"两轮带动四轮"的，除了比克之外，还有天津捷威、苏州星恒、精进能源等锂离子电池企业，它们都在做着从电池单元到模组制造的产业链工作。其中，苏州星恒已发展成为全球最大的电动自行车电池模组供应商。

最终能够在电动自行车模组领域取得成功的泛中国区域的锂离子电池企业不会多，而像统振那样的专注模组制造的企业会多起来。苏州星恒现在主要占据的是中低端市场，而专事模组制造的台湾统振则占据着高端产品市场，戴姆勒与第三代 Smart Fortwo ED 同时推出的、价格高达 2849 欧元以上的 Smart 电动自行车（使用的是 400Wh 的电池组）和 Smart eScooter 电动机车，使用的就都是统振提供的锂离子电池模组。而统振用的电池单元，则是购自三星 SDI 等在国际上享有盛誉的、产品一致性表现最好的锂离子电池企业。

中国大陆的锂离子电池企业现阶段最好还是要把工作重心放在动力电池单元制造能力的提升上，特别是要致力于提高电池单元的一致性表现。要做到任意生产批次的电池单元产品，都能够随意拿来配组而不需要分选。中国锂离子电池企业普遍规模不大，长期以来利润也很薄，即使能保证每年的研发投入占到总营收的 3% 以上，从绝对经费额来看也不多，难以支撑从电池单元到模组技术的全过程研发。

综合来看，车用动力电池模组制造的未来，很可能会和现在的 3C 电子产品电池模组制造一样，发展成为一个半独立的细分产业。

# 第四节　磷酸铁锂路线的前途

中国绝大多数动力电池企业在车载电池路线方面选择了磷酸铁锂路线，绝大多数车企的电动汽车产品选择的也是磷酸铁锂离子电池，但是，目前质疑磷酸铁锂路线的声音越来越多，这条路线是否还有前途？

在讲这个问题之前，我们先来看看 A123 系统公司（NASDAQ：AONE）的有关进展情况。A123 系统的自我介绍是这样的：总部位于美国马萨诸塞州沃特敦，全球各地共有员工 1700 多人；目前每年生产数百万套锂离子动力电池组；在美国、中国和韩国等地拥有面积超过 100 万平方英尺的生产设施。

A123 系统年营收增长速度很快，但其净亏损额的增长速度更快，是一架典型的烧钱机器。虽然新兴产业的发展会有风险，但这明显是经营层面出了问题。因为，与此同时，美国另一家磷酸铁锂代表性企业 Valence（威能）的经营状况却比较良好。也正因此，通用电气（GE）、高通（Qualcomm）、宝洁（P&G）、红杉资本（Sequoia Capital）、安联（Alliance Bernstein L. P）、North Bridge Venture Partners 等全球大名鼎鼎的企业和投资商没有一家愿意再往里砸钱。

在 A123 系统破产保护启动之后，传出江森自控（JCI）有意收购其汽车电池业务的消息，江森自控将提供 7250 万美元资金继续维持 A123 运营，预计交易总价格为 1.25 亿美元。如果此举最终成行，江森自控是捡了个大便宜，以较低的价格收购了 A123 系统的优质资产，A123 系统的投资人的利益则会受损，这也有违美国精神和相关法律。也正是基于此判断，万向表示不会放弃对 A123 系统的收购，而 A123 系统也更欢迎愿意出更多钱的万向。

A123 系统正向破产法庭寻求来自万向 5000 万美元贷款的紧急批准。出于保护 A123 系统投资人权益的考虑，美国特拉华州破产法院法官暂时批准万向对 A123 系统的贷款。这样，万向就取代了江森自控成为在美国《破产法》第 11 章保护下的 A123 系统的债权人。事态的进展出现了一个 180 度大转弯。

万向集团收购美国 A123 系统公司获得了美国特拉华州破产法院的批准。下一步只等美国外资审查委员会关于美国国家安全的审查通过。根据 A123 系统公布的万向收购协议公告，万向将收购 A123 系统旗下除涉及军方订单外的所有技术、资产、产品和客户合同以及其在中国的制造业务。

## 一、A123 系统破产保护并不能表明磷酸铁锂路线失败

自打磷酸铁锂的发展热潮日益兴盛以来，磷酸铁锂技术进步的速度远远及不上人们的预期，同时，与锰酸锂技术进步速度的对比来看，差距也在越拉越大。近两年，业界质疑磷酸铁锂路线的声音一浪高过一浪。受 A123 系统破产保护这个事件的影响，这种质疑声再度甚嚣尘上，而中国大陆和台湾地区那些致力于走磷酸铁锂路线的企业，则显得有些不知所措，无以应对。一些从业人员，开始彷徨起来，不清楚自己是否该继续下去。

A123 系统破产保护这件事只是一个个案，并不能说明磷酸铁锂路线就没有了前途。诚然，受磷酸铁锂材料理论比容量（170mAh/g）的限制，电池单元能量密度的提高空间不大，目前做得最好的一般也只有 120Wh/kg 左右，较 AESC 用于日产 Leaf EV 上的电池单元（锰酸锂体系，33.1Ah/3.8V，能量密度 157Wh/kg）有较大差距。磷酸铁锂离子电池很多理论上的优势并没有表现出来，如更长的循环寿命、更低的价格、更安全等。因此，从技术角度看，磷酸铁锂技术还有较大的提升空间。

由于能量密度难以提升的缘故，锂离子电池技术的发展已经越来越跟不上下游应用市场发展的需求，无论从 3C 小型锂离子电池还是锂离子动力电池来看，都是如此。但是，这里面很容易存在一个理解误区，很多人把对能量密度问题的理解仅仅局限在关键材料和电池单元的身上。实际上，下游应用领域是要求电池模组要具备更高的能量密度。拿日产 Leaf EV 的电池组来说，280kg 的 24kWh 电池组，能产生电力的部件（电池单元）的总重量不到 153kg，这意味着将近 130kg 的部件非但不能贡献电力，还直接影响了电池组的能量密度，但出于安全和性能表现等考虑，这 130kg 的部件又是必须要配备的。

虽然锰酸锂离子电池单元的能量密度高于磷酸铁锂离子电池，但是，如果磷酸铁锂离子电池能切实做到更安全，在确保电池组安全性能不降低的情况下，较大幅度地减少安全部件的体积和重量，这样，同等体积和重量的电池组就可以容纳更多的电池单元，从而提升磷酸铁锂离子电池组的能量密度，使之不次于锰酸锂离子电池组。另外，若能在价格方面做到低于信酸锂，循环寿命方面也要明显优于锰酸锂，这样，从性价比方面看，磷酸铁锂离子电池组也会不次于甚至优于锰酸锂离子电池组。而这些假设条件并非就无实现的可能，因此，现在还远不到宣判磷酸铁锂路线死刑的时候。我们现在需要的是冷静，不可因噎废食，也不可一叶障目。

事实上，美国江森自控和陶氏这两家企业巨头近两年先后开始下大力气开发磷酸铁锂

离子电池技术，这至少表明它们还是看好这一路线的。索尼、住友等日本企业巨头也依然在坚持开发磷酸铁锂技术，没有受到这一事件的影响。德国巨头赢创集团在和南方化学（现为瑞士科莱恩旗下企业）联合开发磷酸铁锂离子电池技术，德国也还有一批中小企业在这么做，如上期月度报告我们提到的 Deboch 公司；法国 Saft 也一直在致力于开发磷酸铁锂离子电池技术，其美国子公司美国 Saft 还为此得到了美国政府的资金支持；法国圣戈班也在密切关注着磷酸铁锂的技术进展；等等。鲁冠球能把万向从一个很小规模的乡镇企业做到如今百亿美元以上营收规模的大型企业集团，可以认为他是一个具备超常经营能力和眼光的商人，绝对不会糊涂到对一个没有前途的企业要执意砸进去 4.65 亿美元巨资，而且在初次失败之后依然不气馁。

磷酸铁锂离子电池可能不太适合于电动乘用车，在经历了一个浑浊的发展阶段之后，电动乘用车电池领域，市场逐步选择了锰酸锂路线。A123 系统也是在这方面投入了大把金钱之后才收获了这个认识的。在这之前，受电动工具市场骄人成绩的影响，A123 系统错误地认为这条路也是可以走得通的。不过，这也不能怪 A123 系统。对于磷酸铁锂离子电池这个新事物，不去实践的话，是无从得知它究竟更适合哪个市场的。

为了取得通用汽车和克莱斯勒的电动乘用车电池订单，在美国政府的支持下，A123 系统倾其所有，但最后并未如愿。通用汽车顶住了美国政府的压力，将 Volt 的电池订单给了 LG 化学；克莱斯勒在破产重组之后选择了 SBL（SBLiMotive）为其首款电动乘用车菲亚特 500EV 的电池供应商。在电动乘用车市场节节败退的情况下，A123 系统不得已逐渐地将业务重心转向电网储能市场，但没想到柳暗花明，公司取得了骄人的市场成绩，是目前为止在电网储能领域取得销量最大的锂离子电池企业。

A123 系统接受了美国政府 2.49 亿美元的拨款以及密歇根州等地方政府 1.4 亿美元的拨款，由于法案的约束，这些资金必须用于扩张车用电池产能，建造生产设施以提高就业。而且，A123 系统还为之花掉了不少自有资金以配套（基本上是一半一半）。但与此同时，A123 系统却没有取得多少车用电池订单，造成产能大量闲置，严重影响了公司的资金周转。从这个角度看，可以说是美国的新能源政策害了 A123 系统。

A123 系统一边在开拓电网储能市场（这同样很花钱），同时，还不得不继续努力寻找车用电池订单。好不容易从 Enerl 手里夺得了菲斯克这个大客户，为菲斯克的 2000 多辆 PHEV 跑车提供电池，但由于制造经验的不足，菲斯克 Karma PHEV 跑车电池组出了几次燃烧事故，迫使 A123 系统不得不耗资 6680 万美元召回故障电池。赔了大量的钱不说，屋漏偏逢连夜雨，与此同时，因电动汽车市场发展不如预期，菲斯克还削减了电池的订单量，直接导致 A123 系统没有获得预期的销售收入。这些因素叠加在一起，使 A123 系统迅速走向了破产保护。

有人说 A123 系统倒在了黎明的前夜，A123 系统在电网储能领域的市场开拓成绩非常好，而且后续还在不断地有订单到来。这一块业务是赚钱的，能够走上一条良性发展的道路。A123 系统自己也越来越坚定地认为：对于磷酸铁锂离子电池产业，储能市场会先于电动汽车市场发展起来。只是现阶段它没有办法放弃电动汽车市场，多线作战对于财力不够的 A123 系统来说，结局其实已经注定。如果 A123 系统能够获得足够的资金支持，它应该能够见到黎明的曙光。这可能也是万向集团创始人鲁冠球对 A123 系统未来前途的判断。

对于各种电池在储能领域的应用，目前全球范围内，多数选择了锂离子电池。而在各种不同的锂离子电池之间，大多数选择了磷酸铁锂动力电池，少数在选用"锰酸锂 + 钛酸锂"组合，就连日韩两国也是如此。为了开拓储能市场，LG 化学就在与南方化学合作，开发磷酸铁锂离子电池用于电网储能。

## 二、由 A123 系统破产保护所想到的

通过这次 A123 系统破产保护事件，本文觉得倒是有两个问题值得我们思考：①政府的扶持对新兴产业和具体企业的发展来说，究竟是好事还是坏事？②对于美国主导的技术研发潮流的兴衰，我们该如何理性去对待？

在市场经济国家，A123 系统的破产保护，美国政府是要负有一定责任的。在磷酸铁锂离子电池更适合哪个领域尚不明朗的情况下，美国政府就极力扶持 A123 系统公司，推动它往电动汽车的方向走。现在看来，这不但浪费了纳税人的钱，也间接阻碍了 A123 系统的战略转变进程。

与 A123 系统并列被称为美国磷酸铁锂双雄的 Valence，一开始也重点开拓电动乘用车市场，由于 Valence 没有接受美国新能源法案的资助，这种转变进行得较为彻底，也使得 Valence 在电动车市场还没怎么起来的时候，也能健康地活下来。

不过，政府的扶持过程往往伴随着社会财富再分配和社会资源再分配的过程，因此，对于新兴产业和具体企业来说，在可以预见的未来，不一定是件坏事。而且，中国政府往往在规划的制定和执行方面结合得不是很紧密，纳税人的钱真正到了企业手里的时候，具体怎么花，其实是很灵活的。因此，对于具体的企业而言，跟着政府的指挥棒走，与其他同行对比，很多时候确实能取得"一步先，步步先"的战略效果。但是，从更大的范围和更长的时间来看，所扶持产业和企业的最终发展结果，往往会与中国政府的意愿相违。汽车产业就是这样一个典型案例。对锂离子动力电池产业的扶持，如果体制改革跟不上，结果也难以逃脱这样的"怪圈"。

毋庸置疑，在锂电领域，美国和日本一道主导着全球技术研发的潮流。事实上，美国的技术研发步伐甚至还走在日本的前面，成了一个方向标。镍钴锰酸锂、钛酸锂、磷酸铁锂和现在正处于开发热潮中的固溶体类正极材料（富锂车孟基材料）等材料和电池技术的发展进程就足以表明，目前这些材料和电池的核心专利还大多把持在美国人手中。要研判全球锂电技术的发展方向，就需要关注美国科研机构和企业的研发动态，需要关注美国政府的支持方向。

从锂电技术和产业的发展历史来看，美国在技术方面的领先优势并没有带到产业的发展上来。基本可以确定，在锂电领域，美国人搞技术可以，做产业不行。

从这点看，美国人放弃的技术，不一定在产业方面就做不起来。美国企业最早开发钛酸锂离子电池，涌现出 Altair 和 Enerl 等钛酸锂离子电池的代表性企业，然而，Enerl 到现在为止所获得 EV 电池订单也非常少，Altair 甚至干脆被卖给了中国的珠海银通。通过这些，基本可以认为美国政府已抛弃了钛酸锂离子电池技术，因为钛酸锂离子电池的能量密

度较低，不适应电动汽车。但是，东芝却一直在开发用于电动汽车的钛酸锂离子电池技术，并在市场上大有斩获，本田、三菱汽车、大众、菲亚特等先后与东芝签署了相关合作协议。

镍钴锰酸锂材料（三元材料）的核心专利技术把持在美国 3M 公司手中，要在全球范围内销售三元材料，或以三元材料制造电池产品，都必须向 3M 公司缴纳专利费。但 3M 公司到现在为止也没有把三元材料产业做起来，而只是让湖南瑞翔代工生产。一直未见其他美国公司做三元材料，只有户田工业和巴斯夫在做，这两家一家是日企，一家是德企。现在三元材料大有取代钴酸锂材料而成为用量最大的正极材料的趋势。材料如此，电池领域也是一样。美国企业以三元材料为正极材料的锂离子电池产品，全球市占率不到1%。

在锂电产业链上，从深层次分析，美国人做产业的思维与东亚三国有明显的区别。美国企业是技术主导型思维，产品开发的首要目的要尽可能展现其技术特点，买方的意见虽然会倾听，但从心底并不认为有多重要。这样做的直接结果就是成本提高、售价攀升，同时市场开拓工作也会更加困难。A123 系统自称其电池单元的能量密度能做到 140 Wh/kg，是全球表现最优异的，能够赶得上锰酸锂离子电池，但是成本也要高得多。以 A123 系统用于 EV 的 20Ah/3.3V 软包聚合物电池单元产品（型号 APP72161227，重量 520g，循环寿命 1500 次（100% DOD）；能量密度 126.9Wh/kg，与其自称的 140Wh/kg 有一定差距）为例，销售单价超过了 1000 美元/kWh，这意味着电池组的售价会更高，这也就是为什么通用汽车敢忤逆美国政府的意愿，将 Volt 电池组订单给了 LG 化学的最大因素。

中国企业完全是市场主导型思维，做产品的首要目的就是卖出去，买方的意见决定一切，这最终导致了产品的"唯成本论"，为最大限度地降低成本，其他的都可以不在乎。韩国企业也特别看重成本问题，但在降低成本的同时也比较注意产品的品质。日本企业的思维与美国企业相对更接近，但是在关注成本的前提下去注重产品的技术表现，因此在本质上也不太相同。拥有丰富的研发和制造经验的日本企业很关注锂离子电池产品的能量密度、输出特性等关键指标，这也是导致目前阶段锰酸锂路线的技术进展明显快于磷酸铁锂的主要原因。

日本的锂离子电池之父西美绪（索尼公司原董事）就曾对日本企业的这种倾向表示过担心，在锂离子充电电池导入期，电池技术人员与营业人员一起向使用方的技术人员做介绍，明确告诉对方什么能做、什么不能做。而现在销售是营业主导，这种场面越来越少。现在成本竞争越来越激烈，销售方对技术方及生产现场提出的降低成本的要求越来越高。虽然可以想到换成便宜材料及缩短制造周期等方法，但技术方面要弄清这些对电池性能尤其安全性会造成什么影响，保持不能让步的地方绝不妥协的姿态。希望电池厂商不要忘记相对于成本更要重视品质和安全性的原则。否则，不管怎么提高能量密度以及输出特性，最终都将变成海市蜃楼。不过，在索尼、松下等主导厂商的笔记本电脑电池产品出现过大面积事故之后，到目前为止，日本企业还没有出现过造成一定影响的 EV 电池燃烧事故。这说明日本企业越来越重视锂离子电池产品的品质和安全，西美绪的担心看来不会成为现实。

## 参考文献

[1] 鲁植雄. 新能源汽车 [M]. 南京：江苏凤凰科学技术出版社，2019.

[2] 吴兴敏，于运涛，刘映凯. 新能源汽车 [M]. 北京：北京理工大学出版社，2015.

[3] 胡萍. 新能源汽车概论 [M]. 重庆：重庆大学出版社，2021.

[4] 廖小峰. 新能源汽车技术系列教材新能源汽车概论 [M]. 重庆：重庆大学出版社，2021.

[5] 欧阳波仪，旷庆祥. 新能源汽车概述 [M]. 北京：北京理工大学出版社，2019.

[6] 吴兴敏，张忠哲，陈兆俊. 新能源汽车概论 [M]. 北京：北京理工大学出版社，2019.

[7] 杨小刚. 新能源汽车维护与保养 [M]. 北京：北京理工大学出版社，2020.

[8] 付铁军，郭传慧，沈斌. 新能源汽车关键技术 [M]. 北京：机械工业出版社，2020.

[9] 周侠. 新能源汽车设计基础 [M]. 北京：机械工业出版社，2020.

[10] 胡振川，王超，王阳. 新能源汽车电气构造与维修 [M]. 重庆：重庆大学出版社，2021.

[11] 梁灿基，文培辅，余孔平. 新能源汽车底盘 [M]. 镇江：江苏大学出版社，2018.

[12] 马文胜，贾丽娜，郝金魁. 新能源汽车技术 [M]. 北京：北京理工大学出版社，2018.

[13] 李凯. 新能源汽车概论 [M]. 北京：北京交通大学出版社，2018.

[14] 郭医军，于红花. 新能源汽车电力电子技术 [M]. 北京：北京理工大学出版社，2021.

[15] 向蓬林，李贞惠. 新能源汽车构造与原理 [M]. 重庆：重庆大学出版社，2019.

[16] 李欢. 新能源汽车维护与保养 [M]. 西安：西安电子科技大学出版社，2019.

[17] 孔超. 新能源汽车动力电池拆装与检测 [M]. 北京：北京理工大学出版社，2020.

[18] 毛彩云，周锡恩，龙纪文. 新能源汽车检测与诊断实验 [M]. 北京理工大学出版社有限责任公司，2020.

[19] 张思杨，聂进，高宏超. 新能源汽车概论 [M]. 成都：电子科技大学出版社，2017.

[20] 米晓彦，赵臻，赖武军. 新能源汽车技术 [M]. 北京：航空工业出版社，2017.

[21] 徐利强. 新能源汽车辅助系统拆装与检测 [M]. 北京：北京理工大学出版社，2020.

[22] 刘春晖，魏代礼. 新能源汽车维修技能与技巧点拨 [M]. 北京：机械工业出版

社，2020.

[23] 何泽刚. 智能新能源汽车认知与操作安全［M］. 北京：北京理工大学出版社，2020.

[24] 李俊亚，祝潇，吉文哲. 新能源汽车技术［M］. 哈尔滨：哈尔滨工业大学出版社，2017.

[25] 林慧起，马林旭. 新能源汽车概论全彩版［M］. 北京：北京理工大学出版社，2020.

[26] 王晶，李波. 新能源汽车技术［M］. 上海：上海交通大学出版社，2017.

[27] 陈美多，彭新. 新能源汽车技术［M］. 成都：西南交通大学出版社，2017.

[28] 吴荣辉. 新能源汽车认知与应用［M］. 北京：机械工业出版社，2018.

[29] 谷亦杰，孙杰. 动力及储能锂离子电池关键技术基础理论及产业化应用［M］. 北京：科学出版社，2020.

[30] 谭思明，管泉，王云飞. 动力型锂离子电池专利分析［M］. 青岛：中国海洋大学出版社，2015.

[31] 葛飞. 中国盐湖锂产业专利导航［M］. 北京：知识产权出版社，2018.

[32] 崔少华. 锂离子电池智能制造［M］. 北京：机械工业出版社，2021.

[33] 卢赟，陈来，苏岳锋. 锂离子电池层状富锂正极材料［M］. 北京：北京理工大学出版社，2020.

[34] 常龙娇，王闯，姚传刚. 锂离子电池磷酸盐系材料［M］. 北京：冶金工业出版社，2019.

[35] 任海波. 锂离子电池与新型正极材料［M］. 北京：中国原子能出版社，2019.

[36] 冯莉莉. CuO 在锂离子电池负极中的应用［M］. 北京：中国原子能出版社，2020.

[37] 罗学涛，刘应宽，甘传海. 锂离子电池用纳米硅及硅碳负极材料［M］. 北京：冶金工业出版社，2020.

[38] 王丁. 锂离子电池高电压三元正极材料的合成与改性［M］. 北京：冶金工业出版社，2019.

[39] 徐晓伟，林述刚，纪建华. 锂离子电池石墨类负极材料检测［M］. 哈尔滨：黑龙江人民出版社，2019.

[40] 张现发. 高性能锂离子电池电极材料的制备与性能研究［M］. 哈尔滨：黑龙江大学出版社，2019.